经济学基础

JINGJIXUE JICHU

主　编　吴波虹　张　蕊
副主编　刘仲吉　黄春平　陈鑫雨

湖南大学出版社
长沙

图书在版编目（CIP）数据

经济学基础 / 吴波虹，张蕊主编. -- 长沙：湖南大学出版社，2024.5
ISBN 978-7-5667-3605-5

Ⅰ.①经… Ⅱ.①吴… ②张… Ⅲ.①经济学—高等学校—教材 Ⅳ.①F0

中国国家版本馆CIP数据核字（2024）第108999号

经济学基础
JINGJIXUE JICHU

主　　编：	吴波虹　张　蕊
责任编辑：	全　健
印　装：	三河市悦鑫印务有限公司
开　本：	889 mm×1194 mm　1/16　　印　张：14　　字　数：395 千字
版　次：	2024 年 5 月第 1 版　　　　　　印　次：2024 年 5 月第 1 次印刷
书　号：	ISBN 978-7-5667-3605-5
定　价：	52.00 元

出 版 人：李文邦
出版发行：湖南大学出版社
社　　址：湖南·长沙·岳麓山　　　邮　编：410082
电　　话：0731-88822559（营销部）　88821594（编辑室）　88821006（出版部）
传　　真：0731-88822264（总编室）
网　　址：http://www.hnupress.com
电子邮箱：437291590@qq.com

版权所有，盗版必究
图书凡有印装差错，请与营销部联系

前言 PREFACE

"经济学"有悠久的历史，有深厚的学术沉淀，有汗牛充栋的著作和教材，但经济学教材必须不断更新，因为社会经济生活和经济体制在不断变化。作为大学生理论知识基本来源的教材，必须反映变化了的现实，适应现实的需要，为现实服务。同时，古老的经济理论发展到今天，正处在一个创新和更新的浪潮期，经济学教材必须及时、系统地反映理论创新的成果，以及最新的学科前沿知识。

本书具有以下特点：

（1）坚持和发展相统一。坚持对现实具有解释能力和指导作用的经济学基本原理毫不动摇，写法上删繁就简，通俗易懂。

（2）系统完整和突出重点相统一。系统性地用通俗语言娓娓讲述经济学的基本理论，又突出经济学在中国经济和社会中的应用与发展。

（3）坚持理论和实践相结合。本书不是纯理论的叙述，也不是纯材料的堆积，而是用历史材料和现实材料来讲述基本理论，使本书的观点建立在严密的理论推导、自然的逻辑延伸和坚硬的事实证明相结合的基础上，具有实实在在的特点。

（4）具有较大的包容性和广泛的适用性。本书内容在兼收并蓄的同时，力求弘扬实事求是、追求科学、追求真理、与时俱进的科学精神。

（5）编写团队多年来从事经济学基础课程教学实践与研究，教学、实践经验丰富，对经济学现象的剖析和经济发展具备敏锐的观察和独特的视角。

本书微观经济学部分囊括了供求理论、消费者行为理论、生产与成本理论、市场结构理论以及收入分配理论；宏观经济学部分包括了国民收入核算与决定理论、失业与通货膨胀理论、经济周期与经济增长理论以及宏观经济政策。本书理论部分精简，并巧妙地加入课程思政内容，开展爱国主义、集体主义以及社会主义核心价值观教育，以帮助学生树立正确的世界观、人生观和价值观，引导学生不断增强"四个意识"，坚定"四个自信"，做到"两个维护"，激励学生为实现中华民族伟大复兴的中国梦而努力学习。

本书在编写过程中参考、借鉴了许多专家、学者的专著和教材，在此表示衷心的感谢。尽管如此，书中疏漏和不足之处仍在所难免，恳请业界专家、同行和广大读者批评指正，并提出宝贵意见。

编　者

2024 年 03 月

目录 CONTENTS

第一章　经济学导论 ……………………………………………………… 001
　　第一节　经济学的研究对象 ……………………………………………… 001
　　第二节　经济学的主要内容 ……………………………………………… 009
　　第三节　经济学的研究方法 ……………………………………………… 013
　　知识点小结 ………………………………………………………………… 017
　　思考与练习 ………………………………………………………………… 018

第二章　供求理论 ………………………………………………………… 020
　　第一节　需求理论 ………………………………………………………… 020
　　第二节　供给理论 ………………………………………………………… 025
　　第三节　均衡价格理论 …………………………………………………… 029
　　第四节　价格政策 ………………………………………………………… 032
　　第五节　弹性理论 ………………………………………………………… 035
　　知识点小结 ………………………………………………………………… 040
　　思考与练习 ………………………………………………………………… 041

第三章　消费者行为理论 ………………………………………………… 043
　　第一节　效用一般理论 …………………………………………………… 043
　　第二节　基数效用理论 …………………………………………………… 047
　　第三节　序数效用理论 …………………………………………………… 058
　　第四节　消费者行为理论的运用 ………………………………………… 061
　　知识点小结 ………………………………………………………………… 064
　　思考与练习 ………………………………………………………………… 064

第四章　生产与成本理论 ………………………………………………… 067
　　第一节　生产函数 ………………………………………………………… 067
　　第二节　短期生产函数 …………………………………………………… 071
　　第三节　长期生产函数 …………………………………………………… 076
　　第四节　成本 ……………………………………………………………… 081
　　知识点小结 ………………………………………………………………… 090
　　思考与练习 ………………………………………………………………… 091

第五章　市场结构理论 092
第一节　完全竞争市场 092
第二节　完全垄断市场 098
第三节　垄断竞争市场 103
第四节　寡头垄断市场 106
知识点小结 110
思考与练习 110

第六章　收入分配理论 112
第一节　生产要素的需求与供给 112
第二节　生产要素价格的决定 115
第三节　完全竞争条件下的工资、利息、地租和利润 125
第四节　社会收入分配 128
知识点小结 132
思考与练习 132

第七章　国民收入核算与决定理论 135
第一节　国民生产总值 135
第二节　国民收入的决定与均衡 141
第三节　IS-LM模型 144
知识点小结 148
思考与练习 148

第八章　失业与通货膨胀理论 150
第一节　失业理论 150
第二节　通货膨胀理论 159
第三节　失业与通货膨胀的关系 170
知识点小结 174
思考与练习 174

第九章　经济周期与经济增长理论 176
第一节　经济周期理论 176
第二节　经济增长理论 180
第三节　解析经济发展 184
知识点小结 189
思考与练习 189

第十章　宏观经济政策 192
第一节　宏观经济政策的目标 192
第二节　财政政策 198
第三节　货币政策 206
第四节　财政政策与货币政策的搭配 213
知识点小结 215
思考与练习 215

参考文献 218

第一章 经济学导论

PROJECT 1

知识目标

○了解经济学的一般含义和主要内容；
○了解经济学的研究对象与研究的基本问题；
○理解由资源稀缺引起的资源配置等问题；
○掌握经济学的主要研究方法。

能力目标

○能对周围发生的经济现象有一定的敏感度；
○初步学会从经济学角度分析各种社会问题。

很多初学经济学的人都会有一些疑问：为什么要学习经济学？每个人可能都有自己的答案：有些人认为学习经济学就是为了赚钱；有些人是不愿成为不懂得基本供求规律的现代文盲；有些人是出于对一些问题的兴趣，如为什么有的国家富裕而有的国家贫穷？生活在当下，如果不懂一点经济学，不知道需求、供给、GDP、CPI、股票指数和个人所得税，就会觉得自己仿佛置身于世外，简直是寸步难行。

什么是经济学？你心中的经济学是怎么样的呢？经济学研究的是赚钱吗？股市状况如何？牛市还是熊市？哪种股票比较好？基金又如何？房价为什么居高不下？物价水平是高还是低？现在的经济形势怎么样？央行为什么要调整利率？这些问题可能困扰着还不了解经济学的人们。

学习经济学又有什么用呢？学习经济学的目的可能有很多，其中最重要的一个理由是，在你的一生中——从摇篮到坟墓——都会面对无情的经济学真理。作为一个选民，你要对政府赤字、税收、自由贸易、通货膨胀及失业等问题作出判断，而只有等你掌握了经济学基本原理之后，才能够理解这些问题。

选择将来从事的职业，也许是你一生中的重大决策，你的未来不仅取决于你的能力，也取决于你不能控制的经济环境。面对复杂多变的环境，经济学也许可以帮助你作出最佳的选择。简言之，通过这一门课学到的是一种思考方式，那就是"像经济学家那样思考"。

第一节 经济学的研究对象

案例导入

日常生活中的经济学

在日常生活中，每个人其实都在自觉不自觉地运用着经济学知识。比如：在自由市场里买东西，我们喜欢与小商小贩讨价还价；到银行存钱，我们要想好是存定期还是活期。

在包括经济学初学者在内的大多数人看来，经济学既枯燥又乏味，充满了统计数字和专业术

语,而且经济学总是与货币有着割舍不断的联系,因此人们普遍以为,经济学的主题内容是货币。其实,这是一种误解。经济学真正的主题内容是理性,其隐而不彰的深刻内涵就是人们理性地采取行动的事实。经济学关于理性的假设是针对个人而不是团体。经济学是理解人们行为的方法,它源自这样的假设:每个人不仅有自己的目标,而且还会主动地选择正确的方式来实现这些目标。这样的假设虽然未必总是正确,但很实用。在这样的假设下发展出来的经济学,不仅有实用价值,能够指导我们的日常生活,而且这样的学问本身也由于充满了理性而足以娱人心智,令人乐而忘返。尽管我们在日常生活中时常有意无意地运用一些经济学知识,但如果对经济学知识缺乏基本的了解,就容易在处理日常事务时理性不足,给自己的生活平添许多烦扰。比如,刚刚买回车子,没过两天,这款车子却降价了,大部分人遇到这种情况的时候都垂头丧气,心里郁闷得很;倘若前不久刚刚买了房子,该小区的房价最近就上涨了,兴高采烈是一般购房者的正常反应。这些反应虽然符合人之常情,但没必要由于跌价郁闷。

经济学认为,正确的反应应该是:无论是跌价还是涨价,都感觉更好。经济学认为,对消费者而言,最重要的是你消费的是什么——房价、车价是多少以及其他商品的价格是多少。在价格变动以前,你所选择的商品组合(房子、车子加上用收入余款购买的其他商品)对你来说就是最好的东西。如果价格没有改变,你会继续这样的消费组合。在价格变化以后,你仍然可以选择消费同样的商品,因为房子、车子已经属于你了,所以,你不可能因为价格变化而感觉更糟糕。但是,由于房子、车子与其他商品的最佳组合取决于房价、车价,所以,过去的商品组合仍然为最佳是不可能的。这就意味着现在还有一些更加吸引人的选择,因此,你的感觉应该更好。新的选择虽然存在,但你却更钟情于原来的最佳选择(原来的商品组合)。

在日常生活中,我们还常常烦扰于别人挣得比自己多,总是觉得自己得到的比应得的少,而经济学却告诉我们这样的感觉是庸人自扰,也是错误的。经济学认为别人比自己挣得多是正常的,自己得到的就是应得的,如果不能理性地坦然面对,只会给自己的生活带来烦扰和忧愁。

(资料来源:李志强. 经济学基础[M]. 北京:北京出版社,2020:2.)

问题:

为什么我们在日常生活中经常会遇到这样那样的烦扰呢?这与经济学有什么关系吗?

案例解析

我们之所以会在日常生活中遇到这样那样的烦扰,主要还是因为对经济学有一些误解。"供给与需求""价格""效率""竞争"等都是大家耳熟能详的经济学词语,意思也是显而易见的,因此很多时候似乎人人都是经济学家。人们不敢随便在一个物理学家或数学家面前班门弄斧,但在一个经济学家面前,谁都可以就车价跌了该高兴还是该郁闷等实际问题随意发表自己的见解。其实,经济学中有许多并非显而易见的内容,并不像每个人想象的那么简单。在经济学领域,要想从"我听说过"进入"我懂得"的境界并不是一件轻而易举的事情。

因此,掌握正确的经济学知识,将思考经济学问题的方法运用到日常生活,使我们能够更加理性地面对生活中的各种琐事,小到油盐酱醋,大到谈婚论嫁,就会减少生活中的诸多郁闷和不快,多一些开心,多一些欢笑。

一、经济学的产生

什么是经济学？经济学实际上就是我们对日常生活现象的本质的探索和思考。要了解经济学的定义，首先要弄清楚经济学定义中的几个关键词：稀缺性、选择、机会成本等。

（一）稀缺性（scarcity）

假如我们生活在一个物质财富极度丰富的天国里，所有物品都免费，那么所有购买的价格也都为"零"，市场也因此无所作为。如果任何资源都取之不尽、用之不竭，甚至达到人尽所需的地步，节俭就没有必要，经济学也就不会产生。但现实并不是这样的，假如你想买一台电脑，而且只有一笔不多的金钱，你会怎样选择呢？买一台苹果电脑还是其他品牌电脑？苹果电脑精美的、人性化的设计，卓越的图像处理功能，让你爱不释手；而其他品牌电脑的兼容性好，价格也便宜。买了电脑，配套设备更不能少，如数码相机扫描仪、摄像头、彩色打印机、刻录光驱等。这时候你肯定会想，你有那么多钱吗？需要的东西太多，而金钱却是一定的，从而难以抉择。

人类存在就有需求，而且需求是多层次、无限增长的，但满足人的需求所需的资源是有限的，这里就体现了资源的稀缺性。

1. 稀缺与稀缺法则

人的欲望是无穷的，可是资源毕竟是有限的，这就会产生资源的"稀缺性"。相对于人类无穷的欲望而言，用于生产（购买）这些物品需要的资源总是不足的，这种资源的相对有限性就是资源的稀缺性。经济学家认为，经济学是为解决人类经济活动中经常面临的欲望的无限性与资源的稀缺性之间的矛盾而产生的。稀缺性具有相对性和绝对性。

（1）相对性是指资源是否稀缺并不取决于资源物品本身绝对数量的多少，而是相对于人们无限增长的需要而言的。在生活中，总是存在一个显而易见的事实，那就是人们的需要总是超过自己能得到的东西，很难想象存在一个所有的需要都能被满足的社会。只要目前列出的需要超出了自己满足这些需要的能力（这是确定无疑的），就会面临稀缺问题。

（2）绝对性是指稀缺是人类社会永存的问题，任何人、任何社会都无法摆脱稀缺性，即使在长时期内，物品的质和量可以改变，但仍然是有限的。

由于稀缺的存在对人们的经济行为产生了客观要求，就有了人类社会的一个基本规律，即稀缺法则。

稀缺法则是指资源和物品相对于人类无限欲望的有限性及由此产生的合理使用资源和物品（有所选择）的客观要求。如果资源是无限的，能够无限量地生产任何物品，或者人类的需要已经完全满足，那么每个人都能随心所欲地得到自己需要的东西，也就不会产生任何问题。正是由于资源有限，才在客观上要求人类面临各种选择，违背了这个规律，就会受到惩罚——企业破产是最典型的。这也是经济学产生的原因。

2. 自由物品和经济物品

物品与劳务根据资源稀缺与否和满足需要的程度分为两大类。

（1）自由物品（自由财货，free goods），即不受限制、不付代价就可以任意取用的物品。这类物品是由非稀缺资源形成的，相对于人的需要来说是丰富的，人们可以随心所欲地消费这种物品而不会影响他人的享用，如风和日丽的春天和迷人的夏日。自由物品的种类是屈指可数的。

（2）经济物品（economic goods），是用稀缺资源生产的，相对于人们的需要来说是有限的物品。这类物品对个人和社会来说，不能以充足的数量满足人们现有的需要，必须节约使用。物品之所以稀缺，最终的根源在于用来生产消费品的资源是稀缺的。这些稀缺的生产资源就是通常所说的生产要素，包括土地、劳动、资本和企业家才能等。经济资源的价值在于它们可以组合，生产出人们希望消费的最终物品和服务。稀缺资源也称为经济资源，判断标准是价格大于0。

课堂讨论

砂石和水是经济物品吗？试想想生活中见到的物品，哪些是经济物品？哪些是自由物品？

（二）选择（choice）

《拉封丹寓言》中有一只非常有名的布里丹毛驴，它面对两捆干草时不知该吃哪一捆才好，最后竟然饿死了。在现实中，布里丹毛驴面临的问题，正是经济学家说的"选择"。稀缺性决定了每个社会和个人必须作出选择。同一资源和物品有多种用途，人类的欲望也有轻重缓急之分，因此，在用有限的资源与物品去满足人类的不同欲望时，就必须作出选择。

生活中，权衡取舍的情况与人们息息相关，随处可见。每个人都会面临各种不同的选择，因此，生活就是一个不断权衡取舍的过程。就像，早饭吃油条还是包子；上课是认真听课还是思想翘课；下课是去图书馆看书还是出去玩；逛街时看中了两件衣服，到底买哪一件；是买房还是投资；大学毕业了，是工作还是继续学习……可见，我们时时刻刻都在权衡取舍。

选择有三个特征：一是选择是相对于稀缺资源而言的；二是资源可以被选择到多种用途上；三是选择同时意味着放弃，即选择是要付出代价的。

（三）机会成本（opportunity cost）

选择就意味着放弃，要选择就必须敢于放弃。这是经济学中的基本原理，同时也是生活中的简单道理。如同汉语中的"舍得"，只有先舍弃才能有所得；不会或者不敢舍弃，总是"既想马儿跑又想它不吃草"，就不可能有好的"所得"。把既定资源投入某一特定用途而放弃的在其他可能的用途中获得的最大收益就是机会成本。

案例阅读

跳槽的成本

有选择才有自由，而选择的同时也出现了机会成本。2022年10月，小王跳槽到一家新的公司，职务是技术主管，该公司的董事会还承诺给他一定的期权。就任时，小王信心十足，准备大展宏图。结果第二年的5月份，小王又要离开这家公司，理由是这个公司的文化氛围太差，且公司内部的权力斗争太严重，人际关系太复杂，他实在不适应。于是，小王作出了下一步的打算，说："我在家里等着原来的公司找我回去，因为我在那里的时候业绩很好，而且我离开时他们曾极力挽留我，只是我走得太毅然决然。"

"好马不吃回头草"，这在经济学看来，是因为回头也是需要成本的。首先，想办法把这段跳槽历史阐释清楚，是一笔成本；其次，跳槽之后再回来，就好比离婚之后再复婚，身价可能会降低一些，这又是一笔成本；最后，回到以前的公司之后，要花时间重新恢复信任，这还是一笔成本。既然付出了这么多成本，今后若要再自由地选择，就更困难了，因为再选择的成本会越来越大。

从经济学的视角看，作出选择有所得就会有所失，即"天下没有免费的午餐"。为了得到某种东西而放弃的另外的多种选择中可能得到的最大收益就是作出决策的机会成本，也可以说是作出一种选择而放弃另一种选择的实际代价。从理论上说，机会成本是某资源改作他用的各种可能中的最优选择；但由于信息不完全，只能是其他使用中能够获得的比较满意的选择。学习机会成本要注意三个问题：机会成本不是实际支出的成本，而是一种经济分析的成本，不是会计成本；机会成本并不全是由个人的选择引起的；机会成本是作出一种选择时要放弃的其他若干种可能的选择中最好的一种。

课堂讨论

上大学的机会成本是什么？

二、经济学研究的基本问题

(一) 资源配置

如何选择有效的方式利用有限资源，更多地满足人们的需要，是经济学研究的主要问题。如何选择，面临着三个基本问题。

1. 生产什么 (what)

生产什么是指生产什么样的产品和劳务，各生产多少。由于资源有限，用于生产某种产品的资源多一些，用于生产另一种产品的资源就会少一些。人们必须作出抉择：用多少资源生产某一种产品，用多少资源生产其他产品。

2. 如何生产 (how)

一个社会必须决定用什么方法生产，主要有四个问题：其一，由谁来生产；其二，用什么资源生产；其三，用什么技术生产；其四，用什么样的组织形式生产。例如，谁去打猎谁去钓鱼；用热力还是水力或是原子能发电；大规模生产还是小规模生产；机器生产还是手工生产。

3. 为谁生产 (for whom)

为谁生产是指社会产品如何分配给不同的个人和家庭，谁来享用或受益于所生产的物品和劳务。经理、工人和资本所有者，谁应当得到高收入？根据什么原则、采用什么机制分配产品？如何把握分配的数量界限？

生产什么、如何生产和为谁生产这三个问题，是任何社会、任何国家在生产时都必然面临和需要解决的基本经济问题，因而被称为资源配置问题。经济学正是为解决这三个问题而产生的。

(二) 资源利用

在现实中，人类社会往往面临这样一种矛盾：一方面资源是稀缺的；另一方面稀缺的资源还得不到充分利用，存在资源浪费的现象。我们常听到的"产能过剩"就会造成资源的极大浪费。

2021年国内乘用车依旧"产能过剩"

尽管国内汽车市场销量持续增长，但汽车产业发展仍须正视产能与销量的不平衡关系。乘用车市场信息联席会最新发布的统计数据显示，2021年国内汽车生产企业广义乘用车（包括微型汽车）销售2 145.6万辆，同比增长6.6%。在结束三年连续的负增长，终于转成了正增长的好消息背后，"产能过剩"依然是汽车行业的隐忧。乘联会数据显示，2021年全国乘用车产能合计4 089万辆，产能利用率为52.47%。虽然比2020年的48.45%提高4%，但还是处于产能严重过剩的区间。

超七成车企产能利用率低于50%

乘联会指出，在2021年统计的乘用车企业中，有销量的共计86家，这些企业合计产能

为3 703.8万辆，这也意味着其他无销量的企业有385万辆产能是完全闲置的。其中，销量大于60万辆的企业共计16家，这些企业合计销量达1 661.06万辆，占总销量的77.42%；合计产能2 039万辆，占总产能的近50%，平均产能利用率为81.03%，处于合理区间。

在产能利用率方面，有11家企业的产能利用率高于100%，基本开足三班制，其中有6家是外资在中国的独资或合资企业，5家是本土企业。同时，得益于2021年新能源市场红利，有4家新能源汽车企业的产能利用率超过100%，包括特斯拉。其他剩余的70多家企业中，产能利用率均不太理想。有64家企业年销量低于20万辆，产能利用率低于50%；甚至有29家企业年销量小于1万辆，产能利用率仅为2.02%。

集邦咨询警告称，产能过剩需要警惕。未来巨大的市场需求下，谁能抢占市场份额关键还得看实际出货量。总体来看，随着汽车消费趋向成熟，市场头部效应明显，优胜劣汰逐步加剧。目前销量规模越大的车企，产能利用率越高，反之越低。规模较小、销量较低的企业，不仅产能严重过剩，在行业呈现正增长时，销量依然表现不佳。如无根本性的改变，扭转产能过剩的状况基本无望，乃至面临生存大关。

新能源旺，产能仍在扩张

产能大幅过剩的应对举措，理应是合理减产，但随着新能源市场一路高歌，产能依然在快速扩张。乘联会指出，目前已经具备生产资质的企业还有1 046万辆将陆续建成投产，"在建的大部分是新能源汽车项目"。据公开资料，2022年将有不少汽车新项目陆续投产，包括光束汽车位于张家港的年规划产能16万辆的新能源汽车项目，一汽丰田位于天津的年规划产能20万辆的新能源汽车项目，一汽红旗位于吉林长春的规划年产能20万辆的新能源汽车项目等。

乘联会数据显示，2021年新能源乘用车销售332.6万辆，而新能源乘用车的专用产能已经有569.5万辆，产能利用率是58.4%。"汽车行业在解决传统汽车产能过剩问题的同时，还要防止新能源汽车产能过剩。"乘联会表示，传统汽车企业的现有产能部分也可共线生产新能源汽车。

记者留意到，针对产能过剩，工信部在去年3月份发文指出，将对过剩产能进行改造或者调配，甚至是代工，让改造后的过剩产能为产能不足企业服务，朝着新能源汽车产能转变。《新能源汽车产业发展规划（2021—2035年）》中明确提出，"建立健全僵尸企业退出机制，加强企业准入条件保持情况监督检查，促进优胜劣汰"。此外，乘联会指出，随着2022年12月31日新能源汽车补贴终止，不少产能过剩、销量不足的车企将加速淘汰。

（资料来源：广州日报. 国内乘用车依旧"产能过剩"，去年利用率刚过半 [EB/OL].https://baijiahao.baidu.com/s?id=1724266067578635038&wfr=spider&for=pc,2022-02-09.）

资源利用就是人类社会如何更好地利用现有的稀缺资源，使之生产出更多的物品。资源利用包括三个问题：

（1）充分就业问题。为什么稀缺的资源得不到充分利用？有些产业为什么会出现如此严重的产能过剩？如何解决失业、实现充分就业？

（2）经济波动和经济增长问题。在资源总量不变时，为什么产量有时低有时高，起伏不定？怎样才能使经济稳定增长呢？这是短期经济波动或者说经济周期问题，各国经济经常面临着这种波动。政府调节经济的一个重要目的就是平滑这种波动。与此相关的是，如何用既定的资源生产出更多的产品和服务，即实现经济增长。

（3）物价稳定问题。在纸币流通条件下，物价总水平的不断上升似乎是一个普遍现象，如果物价总水平大幅上升，必然导致货币贬值、通货膨胀，严重影响居民生活，加剧社会分配不公，扭曲市场价格，冲击企业的正常生产经营活动，助长投机行为；同时，物价大幅上涨也容易导致总供求失衡，严重制约经济的稳定与增长。

由此可以看出，稀缺性不仅引起了资源配置问题，还引起了资源利用问题。前者由微观经济学解决，后者则是宏观经济学的课题。

三、经济制度

经济制度就是一个社会作出选择的方式，或者说是资源配置和资源利用的方式。任何一种社会经济制度都面临着如何把既定的稀缺资源有效率地分配使用的问题，但解决这个问题的原则和方式方法的差别很大。当前，世界解决资源配置与资源利用的经济制度类型基本上有三种。

1. 计划经济

计划经济，是指一种以计划作为资源配置的主要方式的经济体制。在计划经济体制下，生产资料和各种资源都为国家所有或主要为国家所有，企业只是政府的附属物。资源配置是通过中央政府统一计划进行的。

首先，中央政府要搜集和掌握有关资源的拥有量、社会对各种产品的需求量，再根据政府的特定目标来编制统一的国民经济计划，然后把这个计划按照行政层次逐层分解下达，最后到达企业或其他生产单位。也就是说，由中央政府来决定生产什么、生产多少和如何生产等问题，企业或生产单位完全是计划的执行者，对资源配置没有什么影响。

我国计划经济时期的物品供应方式

1953 年我国宣布第一个"五年计划"，实行计划经济。计划经济就是对社会资料产品的配置形式采取有计划生产，而对商品采用计划供应，对单位个人进行计划分配。

为了适应人民生活基本的需求而采取当时最为有效的方法，就是印发了各种票证，有计划地分配到单位或城镇居民手中。我国最早实行的票证种类是粮票、食用油票、布票等。

我国的票证种类数量堪称"世界之最"，全国 2 500 多个市县，还有一些镇、乡都分别发放和使用了各种商品票证，进行计划供应，还有一些大企业、厂矿、农场、学校、部队、公社等也印发了各种票证，种类繁多。

各地的商品票证通常分为"吃、穿、用"这三大类：

吃的除了各种粮油票外，还有猪、牛、羊肉票，鸡鸭鱼肉票，鸡鸭蛋票，各种糖类票，各种豆制品票及各种蔬菜票等。

穿的除了各种布票外，还有化纤票、棉花票、汗衫票、背心票、布鞋票、棉胎票等。

用的有手帕票、肥皂票、手纸票、洗衣粉票、火柴票、抹布票、煤油票，商品购买证、电器票、自行车票、手表票，还有临时票、机动票等。真是五花八门，涉及各个领域的方方面面。

总之，大多数商品都是凭票供应的。什么样的商品就用对应的票去购买，对号入座，缺一不可。

（资料来源：张满林，刘素梅. 经济学基础［M］. 北京：中国经济出版社，2011：17.）

在生产力不发达的情况下，实行计划经济有必然性和优越性，可以集中有限的资源实现既定的经济发展目标。但在生产力越来越发达以后，管理就出现困难，计划经济就无法有效地配置资源了，经常出现物品短缺。因而，自20世纪80年代后，原来采取计划经济的国家纷纷转向市场经济，以便提高资源的配置效率。

2. 市场经济

市场经济也称"自由放任型经济"，三大基本问题等有关资源配置的问题主要由市场供需所决定，也就是说，市场经济的资源配置是通过市场机制或价格机制实现的。

在市场经济中，每个消费者、生产者或经营者都是相互独立的。政府对企业的经营决策一般不直接干预，生产什么、生产多少和如何生产都完全由企业按照自己的经营目标，根据市场价格的变动和市场供求状况来决定。

市场经济是如何解决生产什么、如何生产和为谁生产这三个问题的呢？

厂商生产什么产品，取决于消费者的货币选票，也就是取决于消费者的需求。例如，消费者喜欢看科幻片，好莱坞就会不停拍摄类似的科幻片。如何生产，取决于不同生产者之间的竞争。在市场竞争中，生产成本低、效率高的生产方法必然取代成本高、效率低的生产方法。例如，2005年美国《公平劳动标准法》规定，最低工资为5.15美元/小时，而中国的纺织工人每月只有两三千元人民币。因此，美国纺织业应少雇工人，实行资本技术密集型的生产方式，而中国则适宜劳动密集型的生产方式，这样才能实现成本最低。为谁生产是分配问题，在市场经济中，分配的原则是按要素分配。

在这里，市场机制或价格机制就如同一只"看不见的手"在引导着生产者、经营者和消费者的经济活动，从而支配着资源在社会范围内的配置。中国经济四十多年来取得的巨大进步，主要是依靠改革开放。改革就是用社会主义市场经济体制取代原来的计划经济体制。

3. 混合经济

纯粹的计划经济和市场经济都各有其利弊，所以现实中的经济制度大多是一种混合的经济制度，即以市场经济为基础，又有政府适当干预的经济制度。目前，大部分国家的经济体制都是混合经济。例如，美国是以私有制为背景的混合经济，而中国是以公有制为主体的混合经济。同时，因为没有纯粹的市场经济，所以市场经济本身就是一种混合经济。把市场经济说成是混合经济，是为了强调政府干预在其中的作用。混合经济绝不是市场经济和计划经济的混合，而是对市场经济的改进，因而又称为现代市场经济。

四、经济学的学科性质

关于经济学的研究对象，西方学者有多种表述。

美国《国际社会科学百科全书》给经济学的定义：经济学是研究稀缺资源在无限而又有竞争性的用途中间配置的问题。它是一门研究人与社会寻求满足物质需求与欲望的方法的社会科学，其原因是人与社会所支配的资源不可能满足一切欲望。

萨缪尔森提出：经济学研究人和社会如何作出最终抉择，在使用或不使用货币的条件下，使用可以有其他用途的稀缺的生产性资源，在现在或将来生产各种商品，并把商品分配给社会的各个成员或集团以供消费之用，分析改善资源配置形式所需的代价和可能得到的利益。

许多经济学家认为，经济学是研究如何实现资源的最佳配置以使人类需要得到最大限度满足的科学。

正是普遍存在的稀缺性与人类需要的无限性之间的矛盾，决定了任何社会面临的基本经济问题，确定了经济学要研究的对象。这个表述从一个角度强调了一个重要的事实，就是资源的稀缺性构成人类满足各种需要的约束条件：一个社会只能在资源允许的范围内实现经济增长；一个人的花费不能超过他的收入。后者归根结底又取决于他的资源禀赋。这一定义也从另一个角度强调了一个真理：稀缺的资源必须节约使用，有效、充分地使用。从这个意义上说，经济学是关于节约的科学，经济问题和经济学之所以产生，就是因为稀缺的普遍存在迫使我们必须节约。

显然，一个社会不可能只消费一种物品，它必须把稀缺的资源在多种物品的生产之间加以配置，以满足社会不同成员的不同偏好。同样的，一个社会也不能只顾眼前消费，把全部资源都用于消费品生产，它必须把有限的资源在消费品和资本品生产之间加以配置，以便兼顾社会成员的眼前利益和长远利益。总之，需要的无限性和多样性与资源的稀缺性和用途的多样性，要求我们必须在各种资源配置之间作出选择。

确切地说，经济学是研究在一定经济体制下有效配置和合理利用稀缺资源的科学。

课堂讨论

如何理解资源的稀缺性？

第二节 经济学的主要内容

案例导入

我国楼市三大"神话"终结

自1998年房改以来，我国商品房价格一路走高，大量投资者蜂拥而入，一部分企业和个人因此"变富"，而与此同时，不少中低收入者买不起房或背负了沉重的房贷。

在房地产市场过热时期，国家针对楼市采取了增加保障房供给、限购、限贷、提高法定准备金率和利率等一系列措施。党的十九大报告明确提出："坚持房子是用来住的、不是用来炒的定位，加快建立多主体供给、多渠道保障、租购并举的住房制度，让全体人民住有所居。"在严厉的调控政策下，楼市的三大"神话"终结。其一，"以钱炒钱"的模式终结，许多投资者靠的是借钱运作，一旦资金全面卡紧，便会陷入缺钱的境地。其二，"只赚不赔"的现象终结，查询人民法院公告网的相关文书，2020年全国共计有408家房地产企业发布了相关破产文书，2021年有所减少，但仍高达396家。其三，"全民炒房"的时代终结。

（资料来源：邓先娥. 经济学基础［M］. 北京：人民邮电出版社，2022：1.）

问题：
政府为何要对楼市进行调控？

案例解析

房地产市场过热时期，导致"全民炒房"，同时不少中低收入者买不起房或背负了沉重的房贷。国家针对楼市采取了增加保障房供给、限购、限贷、提高法定准备金率和利率等一系列措施，"全民炒房"的时代终结。

一、微观经济学（microeconomics）

"微观"一词源于希腊语"micro"，意思是"小"。微观经济学以单个经济单位为研究对象，通过研究单个经济单位的经济行为和相应的经济变量单项数值来说明价格机制如何解决社会资源的配置问题。

(一) 微观经济学的含义

1. 研究的对象是单个经济单位的经济行为

单个经济单位是指经济活动的最基本的单位，包括个人、家庭和企业。其中，个人和家庭又称居民户，是经济中的消费者；企业又称厂商，是经济中的生产者。

2. 解决的问题是资源配置

微观经济学从研究单个经济主体追求利益最大化的行为入手（消费者要实现满足程度最大化，生产者要实现利润最大化），以解决社会资源的最优配置问题。如果每个经济主体都实现了利益最大化，整个社会的资源配置也就实现了最优化。

3. 中心理论是价格理论

在市场经济中，消费者和厂商行为都要受价格的支配，生产什么、生产多少、如何生产、为谁生产均由价格决定。价格就像一只"看不见的手"，调节着各经济主体的经济行为。通过价格调节，社会资源的配置实现了最优化。微观经济学要说明的正是这一经济运行的全过程。因此，从这一意义上说，微观经济学的中心理论是价格理论，其他内容都是围绕这一中心问题展开的。

4. 研究方法是个量分析

个量分析是研究决定经济变量的单项数值。

(二) 微观经济学的基本假设

经济学的研究是以一定的假设为前提的。微观经济学的理论研究有三个基本假设条件。

1. 理性人假设

理性人假设又称经济人假设，或最大化原则。"经济人"被规定为经济生活中的一般的人的抽象，其本性被假设为是利己的。理性人假设是西方经济学中最基本的前提假设。

2. 信息完全假设

信息完全假设是指市场上每个从事经济活动的个体对有关的经济情况都具有完全的信息。价格机制是传递供求信息的经济机制，信息完全假设具体体现在自由波动的价格上。

3. 市场出清假设

市场出清假设是指无论劳动市场上的工资还是产品市场上的价格都具有充分的灵活性，可以根据供求情况迅速调整。它与前两个基本前提假设具有明确的因果关系，是前两者的逻辑推论。

只有在上述三个假设条件下，微观经济学关于价格调节实现资源配置最优化，以及由此引出自由放任的经济政策，才是正确的。但是事实上，这三个假设条件并不一定完全具备或同时具备。这也是传统微观经济学遭到现代经济学家质疑的主要原因。

(三) 微观经济学的基本内容

微观经济学主要包括供求理论、消费者行为理论、生产与成本理论、市场结构理论、收入分配理论等，这些是本书第二章到第六章要讲解的内容。其中供求理论是微观经济学的核心理论，其他内容是围绕这一中心问题展开的。微观经济学的核心理论实际上是解释英国古典经济学家亚当·斯密"看不见的手"这一原理的。亚当·斯密认为，每个人在追求自己的个人利益时，由于受一只"看不见的手"的指引，就会增进社会的利益。"看不见的手"就是价格。微观经济学的中心就是要解释价格如何实现资源配置的最优化。

知识链接

亚当·斯密的故事

亚当·斯密1723年6月5日出生在苏格兰柯科迪的柯卡尔迪,英国经济学家、哲学家、作家,经济学的主要创立者。他3岁丧父,和母亲相依为命,终生未娶,自小生长在一个小渔村里,那里有个码头。船员们出海回来就坐在那里一边喝啤酒,一边谈论其见闻。由于贸易发展,后来那里发展成为一个城市。

亚当·斯密自小就是个智力超群的孩子,14岁进入格拉斯哥大学,17岁获得硕士学位,1746年毕业于牛津大学巴利奥尔学院。他先在爱丁堡大学任讲师,28岁担任格拉斯哥大学逻辑学教授,29岁改任道德哲学教授,他因为教学水平高超、极富思辨力而远近闻名。

1763年,他辞去教授职务,担任布莱克公爵的私人教师,年薪非常优厚——300英镑加旅费再加300英镑津贴。

1764年,他陪着年轻的公爵开始欧洲之旅。他们先后到了法国、德国等国家,游历了欧洲,极大地增长了见闻。在此期间,他拜访了很多研究经济的学者,如重商学派、重农学派等,前者主张商业创造价值,后者主张农业创造价值。斯密则提出,劳动创造价值。在欧洲侍学两年半后,斯密带着丰厚的报酬回到英国。随后十年,他深居简出,思考着一个问题:这个社会究竟是怎么运转的呢?(社会财富是怎样产生的?怎样才能创造出财富?)

经过十年的冥思苦想,他终于发现,原来这个社会的运转靠的是一只"看不见的手":每个人在做事时,并没有首先想到社会利益,而是如何最有利于自己,追求的是个人利益。当每个人追求个人利益时,就好像有一只"看不见的手"在牵着他,其结果要比他真正想要促进社会利益好得多。

斯密认为自己发现了经济社会(当时是资本主义社会)运转的真正内核。为此,他兴奋异常,在屋子里来回踱着步子。于是,一部旷世之作《国富论》诞生了。正是从斯密开始,人类才有了现在意义上的经济学。

斯密主张国家不要干预经济,而要让经济自由发展,让价格机制自发地起作用。每个人都会自动按照价格机制根据自己的利益去做事,这样经济自然就会发展了。

在其思想指引下,英国经济首先得到发展,接着是西欧,之后是美国。斯密的思想统治了资本主义世界150年之久。在一个半世纪里,人们用他的理论管理国家,政府不干预经济,只做"守夜人",让经济自由发展。

二、宏观经济学(macroeconomics)

"宏观"一词出自希腊语"macro",是"大"的意思。宏观经济学以整个国民经济为研究对象,通过研究经济中各有关总量的决定及其变化,来说明社会资源如何才能够得到充分利用。

(一)宏观经济学的含义

1. 研究的对象是整个经济

如果说微观经济学研究的是树木,宏观经济学研究的就是由这些树木组成的森林。宏观经济学

是以整个国民经济为研究对象，因而它考察的是社会的经济总量。

2. 解决的问题是资源利用

宏观经济学研究现有资源不能得到充分利用的原因、达到充分利用的途径及如何保持经济增长等问题。

3. 中心理论是国民收入决定理论

在宏观经济领域，国民收入是一个最基本的经济总量，综合反映了其他的经济总量及变动状况。宏观经济学以国民收入的决定为中心来研究社会资源的充分利用问题，分析整个国民经济的运行。

4. 研究方法是总量分析

总量是指能反映整个经济运行情况的经济变量。总量分析就是分析这些总量的决定、变动及相互关系，并通过这种分析说明经济的运行状况，制定相应的经济政策。

（二）宏观经济学的基本假设

1. 市场机制是不完善的

市场机制自发地调节经济并不能完美地实现帕累托最优。帕累托最优是指资源分配的一种理想状态，即假定固有的一群人和可分配的资源，从一种分配状态向另一种分配状态变化，在没有使任何人的境况变坏的前提下，也不可能使某些人的处境变好。换句话说，就是在不可能改善某些人的境况时，而不使其他人受损。

2. 政府有能力调节经济

经济社会的行为目标是追求福利最大化。既然市场机制是不完善的，人类就不能只是顺从市场机制的作用，而应在遵从基本经济规律的前提下，能动地调节经济。

（三）宏观经济学的基本内容

宏观经济学的基本内容包括国民收入核算与决定理论、失业与通货膨胀理论、经济周期与经济增长理论、宏观经济政策等知识。这些是本书第七章到第十章要讲解的内容。

宏观经济学研究的一个中心问题是：国民收入的水平是如何决定的？宏观经济学认为，国民收入水平，反映着整个社会的生产与就业的水平，所以通过对某一时期的社会总需求和总供给的研究，可以分析一个国家的短期国民收入问题。而一个国家长期的国民收入水平是由该国生产潜力的增长决定的。同时，宏观经济学还认为政府应该而且也能够运用财政政策、货币政策等手段，调节总需求，平抑周期性经济波动，既克服经济衰退，又避免通货膨胀，以实现"充分就业均衡"或"没有通货膨胀的充分就业"。

约翰·梅纳德·凯恩斯的生平简介

约翰·梅纳德·凯恩斯（John Maynard Keynes，1883—1946），现代西方经济学最有影响的经济学家之一，他创立的宏观经济学与弗洛伊德所创的精神分析法和爱因斯坦发现的相对论一起被称为20世纪人类知识界的三大革命。

凯恩斯1883年6月5日生于英格兰的剑桥，14岁以奖学金入伊顿公学（Eton College）主修数学，曾获托姆林奖金（Tomline Prize）。毕业后，以数学及古典文学奖学金入学剑桥大学国王学院。1905年毕业，获剑桥文学硕士学位。之后又滞留剑桥一年，师从马歇尔和庇古攻读经济学。从1911年起，凯恩斯出任英国皇家经济学会《经济学杂志》主编。1930

年任内阁经济顾问委员会主席，1941年担任英格兰银行董事，1944年以英国代表团主席身份出席在布雷顿森林召开的国际货币金融会议，并出任国际货币基金组织和国际复兴开发银行的董事。凯恩斯一生著述颇丰，主要有《印度的通货和财政》《货币改革论》《货币论》《如何筹措战争费用》《就业、利息和货币通论》等。因其深厚的学术造诣，凯恩斯曾长期担任《经济学杂志》主编和英国皇家经济学会会长，1929年被选为英国科学院院士，1942年晋封为勋爵，1946年被剑桥大学授予科学博士学位。

第三节 经济学的研究方法

案例导入

搭建经济学的大厦——数学分析

虽然经济学也用数学方法，但与自然科学所采用的方法有所不同。自然科学所采用的方法是比较严谨与准确的。比如，人造卫星围绕地球转一圈所带来的误差也许只有几十米，与地球周长比较起来是微不足道的。但是，再高明的经济学家预测一个国家的经济增长速度也达不到误差"微不足道"，而是相对比较小。所以我们在学习经济学的时候，不要过多地去强调某个数学公式的准确程度，只要这个数学公式确实反映了现实经济变动的主要特征就可以了。

经济学已经被经济学家竭尽全力地武装成一门真正的"科学"，这科学的门面主要是数学描述、几何图形、函数坐标，再套上英文字母和阿拉伯数字。一般而言，当一门知识变成深奥的"科学"时，就会渐渐地远离大众，使大多数人不知其所云。这在自然科学领域内是没问题的，因为自然科学里深奥的符号与公式本身是工具也是研究的目的和内容。而经济学不是自然科学，自然科学是发现科学，经济学应该是讲道理的科学，对于我们来说只要能明白道理，使用什么工具是无所谓的。

（资料来源：梁小民. 微观经济学纵横谈[M]. 上海：生活·读书·新知三联书店，2005：23.）

问题：
（1）数学与经济学的联系与区别是什么？
（2）为什么说经济学是社会科学的"皇后"？

案例解析

数学与经济学的关系是本和用的关系，数学是研究经济学的工具，如果把经济学比作大楼，数学就是盖大楼的脚手架。有的同学看到数学问题就头疼。其实我们教材里运用的数学知识是非常简单的，即便掌握不了数学这个工具，掌握经济学这座"大厦"也可以了。

任何一门学科都有一定的分析方法。经济学家们在研究社会经济问题时主要采用以下几种方法。

一、实证分析法和规范分析法

经济学作为一门科学，应该研究"是什么"的问题，其结论的正确性应该是客观的、可检验的。

但是经济学作为一门社会科学，也不应该像自然科学一样是纯实证科学。因此，经济学既是一门实证科学，又是一门规范科学，因为提出什么问题，采用什么方法，突出强调哪些因素，实际上都涉及研究者的个人价值判断问题。而且，一个经济学家之所以提出某一理论，都是为自己主张的政策提出理论根据。政策主张不同，除了实证分析有不同结论外，实际上还在于各人有不同的价值判断。

所谓实证分析是指企图超脱或排斥一切价值判断，只研究经济本身的内在规律，并根据这些规律分析和预测人们经济行为的效果。它用既有的理论对经济现象作出判断和解释，即以事实为依据，就事论事，回答"是什么"的问题，而不对事物的好坏作出评价。而规范分析是指根据一定的价值判断基础，提出某些标准作为分析、处理经济问题的标准，并研究如何才能符合这些标准；提出行动的规范，并研究如何才能符合这些规范，回答"应该是什么"的问题。经济学的分析方法有实证分析方法和规范分析方法之分，相应地经济学也有实证经济学和规范经济学之分。

实证经济学和规范经济学主要有三个区别。

（1）实证经济学企图超脱和排斥一切价值判断，只研究经济本身的内在规律，并根据这些规律分析和预测人们经济行为的效果。规范经济学则以一定的价值判断为基础，是以某些标准来分析、处理经济问题，树立经济理论的前提，作为制定经济政策的依据，并研究如何才能符合这些标准。

（2）实证经济学回答"是什么"的问题，而规范经济学要回答的是"应该是什么"的问题。

（3）实证经济学排斥一切价值判断，只研究经济本身的内在规律，因而实证经济学的内容具有客观性，即不以人们的意志为转移，所得的结论可以通过事实检验。规范经济学则没有客观性，它所得的结论要受到不同价值观的影响，具有不同价值判断标准的人，对同一事物的好坏会作出截然不同的评价，谁是谁非没有什么绝对标准，从而也就无法检验。

实证分析和规范分析的区别实例

某造纸厂在生产过程中排放出一定的污水，污染了附近的水域。国家治理污染采取征收排污费的办法，研究对不同规模的造纸厂按什么标准征收排污费的工作，就是实证分析的范畴。假如造纸厂威胁说，宁肯关闭企业也不愿支付排污费，那么政府就面临两种选择：一是允许造纸厂继续生产并不征收排污费，政府承担治理污染的责任和费用；二是强制关闭造纸厂，政府必须面对企业关闭而产生的失业后果。这就是规范分析的范畴。

二、均衡分析——局部均衡分析与一般均衡分析

均衡即平衡，本是物理学中的一个概念，指的是作用在质点上的所有力的合力（或矢量和）为0时的状况。经济学的均衡是指经济行为主体意识到进一步改变决策行为已不能获得更多利益，从而不再改变其行为的状态。均衡分析就是假定经济变量达到均衡状态时出现的情况以及实现均衡的条件。经济学中广泛使用均衡分析方法，均衡概念也是经济学中的一个重要概念。从一定意义上说，微观经济学研究微观经济行为主体，是为了揭示微观经济行为达到均衡的条件。例如，消费者行为理论就是在给定消费者偏好、收入及商品价格的情况下，研究消费者购买行为达到平衡时的条件；生产者行为理论则是在给定生产要素价格和生产函数的情况下，研究生产者实现生产要素最佳组合（即生产要素购买行为达到平衡）的条件。均衡分析包括局部均衡分析和一般均衡分析，两者都是从量的方面研究社会经济现象，只是分析时所考虑的影响均衡的因素在范围上是不同的。

三、静态分析、比较静态分析和动态分析

1. 静态分析

静态分析就是分析经济现象的均衡状态以及相关经济变量达到均衡状态所需具备的条件，但并不涉及达到均衡状态的过程。静态分析是与均衡分析密切联系的一种分析方法，运用此方法分析经济规律时，是假定这些规律是在资本、人口、生产技术、生产组织和需求状况等因素不变的静态社会里起作用。

2. 比较静态分析

比较静态分析是将一种给定条件下的静态与新的条件下产生的静态进行比较。因为，如果原有的已知条件发生了变化，则必然导致有关的变量相应地发生一系列变化，从而打破原有的均衡，达到新的均衡，比较静态分析就是对比分析新旧两种均衡状态。这种分析只是对既成状态加以比较，并不涉及条件变化的调整过程或路径，不研究如何由原来的均衡过渡到新的均衡的实际过程。

3. 动态分析

动态分析则要考察随条件变化而使经济均衡调整的路径或过程。经济动态指在时间序列过程中的经济变动状态。动态分析的主要特征在于加进了时间因素的作用，一方面分析人口、生产技术、资本数量、生产组织等在时间过程中的变化，这种变化如何影响经济体系的运动和发展；另一方面须明显地表示出经济变量所属的时间，而经济变量在某一时点上的数值要受以前时点上有关变量数值的制约。正是由于该方法研究变量在继起的各个时间中的变化情况，故也称此方法为"时间分析"或"序列分析"。

知识链接

国内生产总值（GDP）与实证经济学及规范经济学

现在上至国务院下至普通老百姓都非常关心我国的 GDP 和人均 GDP，因为这两个数字，前者代表一个国家的综合国力，后者反映老百姓生活的富裕程度。从实证角度看，这些数字的统计归纳过程就是实证分析的过程，如果对某些数据有怀疑还可以重新检验。具体数字是客观的，在统计过程中不涉及道德问题，只回答是什么。从规范分析的角度来研究，首先要在我国目前情况下确定一个合理的经济增长率，确定一个反映人民生活水平小康的标准。为了实现这一目标，国家就要制定相应的产业政策、货币政策和财政政策。后者涉及了道德和评价标准问题。对于后者，不同人站在不同角度，价值评价标准不同，得出的结论也是不一样的。有人认为经济增长率提高是好事；有人认为经济增长太快是坏事，应控制经济增长。这些都是主观的好坏判断，无法检验。

实证经济学与规范经济学的根本区别是对价值判断的态度。实证经济学排斥价值判断，也就不涉及道德问题，实证分析只认识事实本身，研究经济本身的规律。实证经济学与规范经济学是有区别的，但不难发现二者也有联系。实证分析数字结果，为国家制定和选择适度经济增长政策提供了依据；而适合的政策环境又是达到和保障经济数量指标的保证。因此，实证经济学是规范经济学的基础。而实证经济学又离不开规范经济学的指导。也就是说，具体的一些定量分析都属于实证分析；高层次、定性、带有决策分析性质的问题都属于规范分析。

（资料来源：李志强. 经济学基础［M］. 北京：北京出版社，2020：19.）

案例讨论

机会成本与经济学思维

CCTV曾报道：湖南一农民以8 000元购买优质品种A仔猪，目的是繁殖仔猪并销售。但农场以劣等的B仔猪冒充，价格只需1/4。后来该农民繁殖的仔猪无人购买，才发现农场以次充好，造成直接经济损失5万元。由于交涉无果，该农民告到法院，要求赔偿5万元。农场认为当初的交易额为8 000元，赔偿5万元是天方夜谭。若你是法官，如何判决？

这里有三种思维方式：

（1）民间思维，即应赔8 000元。

（2）法官思维，即应赔偿所有的直接损失，包括购买成本、饲料、雇工工资、饲养场土地房舍等直接费用。（要起惩戒作用和从制度上消灭假冒伪劣，建立起有效的激励约束机制，还需有更大的赔偿。）

（3）经济学思维，赔偿大于5万元。因为除了直接费用外，还有一些间接损失。例如，若不买仔猪，8 000元存到银行可得一定的利息，而利息无疑也遭到损失。这个利息在经济学中被称为"机会成本"。若不懂机会成本的概念，就不会有这种经济学的思维。

问题讨论

你认为上述三种思维方式，哪种更有道理？

四、经济模型

经济模型也是一种分析经济问题的方法，是指用于描述同研究对象有关的经济变量之间的依存关系的理论结构。简单地说，经济模型就是用变量的函数关系来说明经济理论，是经济理论的简单表达。经济模型可用文字说明（叙述法），也可用数学方程式表达（代数法），还可用几何图形式表达（几何法、画图法）。

经济模型一般包括四个步骤：

1. 定义

定义即对所要研究的经济现象的含义作出规定，如什么是需求、什么是失业等。

2. 假设

假设是提出经济模型的前提条件。现实经济十分复杂，一个经济现象直接或间接地受到许多因素的影响。一个经济模型不可能对它们逐一分析，从而也就无法建立与实际丝毫不差的复制品，所以有必要提出假设，以限定和简化讨论的范围。例如，一种商品的需求量受多种因素影响，但在建立需求分析的经济模型时，一般就要假定其他条件不变，以分析价格是如何影响需求量的。

3. 假说

假说即在一定的假设条件下利用定义来说明经济现象之间的关系。假说是一种未经证明的理论。例如，在其他条件不变的前提下，一种商品的价格由该商品的需求和供给决定。这就是现代经济学价格理论的重要假说。

4. 预测

预测是根据假说预期未来的发展趋势，它与猜测是有区别的：猜测是盲目的，而预测是从假说得出的必然结论。例如，如果需求量增加，在其他条件不变的前提下，商品的价格就会抬高。

开罐头的"假设"

一个烈日炎炎的中午,几位在沙漠中旅行的学者经过长途跋涉,饥渴交困。然而,不幸的是,当他们坐下来围着随身携带的一堆罐头时,却因为没有开罐工具而一筹莫展。于是,一场研究如何用最简单的办法开启罐头的学术讨论会开始了。物理学家首先发言:"给我一个聚光镜,我可以用阳光把罐头打开。"

化学家接着说:"我可以利用几种化学药剂的综合反应来开启罐头。"

而经济学家说:"我的办法最简单,假设有一把开罐刀,我就可以打开罐头。"

故事近乎可笑,但包含着重要的原理。它说明经济学家分析问题时总是从"假设如何"开始的,离开了一定的假设条件,分析与结论都是毫无意义的。

例如,你去问一个物理学家,一块大理石从十层楼的顶端掉下来的话要多长时间,他会通过假设这块大理石在真空中落下来回答这个问题。这个假设是不现实的。事实上,楼房周围的空气会与下落的大理石产生摩擦,并使其下落速度变慢。但是,物理学家指出,这种摩擦力对石块的影响非常小,以至于可以忽略不计。这种假设使问题大大简单化,而又对答案没有实质性的影响。

经济学家由于同样的原因而作出假设。经济领域是极其复杂的,其中有成百万人口和企业,千百种价格和行业,在这种环境下探索经济规律是很困难的。假设可以从各种复杂的经济关系中抽出最本质的关系加以研究,可使解释这个世界更为容易。例如,为了研究国际贸易的影响,我们可以假设,世界只由两个国家组成,而且每个国家只有两种产品。当然,现实世界由许多国家组成,每个国家都生产成千上万的不同类型的产品。但是,通过假设两个国家和两种产品,我们可以集中进行思考。一旦我们理解了只有两个国家和两种产品这种假想世界中的国际贸易,就可以更好地理解复杂的世界中的贸易。

(资料来源:汤敏,茅于轼. 现代经济学前沿专题:第1集[M]. 北京:商务印书馆,1989:3.)

知识点小结

1. 经济学是研究由资源稀缺引起的资源配置和资源利用问题的一门社会科学。

2. 本课程主要涉及的内容有微观经济学和宏观经济学。微观经济学是研究在市场经济体制下的个体经济单位的经济行为,以及由此产生的相应理论。宏观经济学是把整个经济总体(通常是一个国家)作为考察对象,研究其经济活动的现象和规律。前者研究资源配置问题,后者研究资源利用问题。

3. 经济学发展经历了四个阶段:萌芽时期经济学、古典经济学、新古典经济学(庸俗经济学)和新古典经济学以后的经济学。亚当·斯密创立了真正意义上的经济学学科,古典经济学和新古典经济学的发展完善了微观经济学,凯恩斯及其继承者则发展和完善了宏观经济学。当今经济学是一门由微观和宏观两部分构成的庞大理论体系,在自由放任和国家干预两种思想的斗争和妥协中不断向前发展。

4. 经济学的研究方法主要有:实证分析和规范分析;均衡分析;静态分析、比较静态分析与动态分析;经济模型,等等。

思考与练习

一、名词解释

1. 经济学
2. 微观经济学
3. 宏观经济学
4. 实证经济学
5. 规范经济学

二、单项选择题

1. 资源的稀缺性是指（　　）。
   A. 世界上的资源最终会因为人们生产更多的物品而消耗光
   B. 相对人们无穷的欲望而言，资源总是不足的
   C. 生产某种物品所需要的资源的绝对数量较少
   D. 所有的资源都是有限的
2. 微观经济学的核心理论是（　　）。
   A. 价格理论   B. 效用理论
   C. 市场理论   D. 生产理论
3. 宏观经济学的核心理论是（　　）理论。
   A. 经济增长   B. 国民收入决定
   C. 失业   D. 国民收入核算
4. 实证经济学与规范经济学的根本区别是（　　）。
   A. 研究方法不同   B. 研究对象不同
   C. 研究范围不同   D. 研究目的不同

三、判断题

1. 如果社会不存在资源的稀缺性，也就不会产生经济学。（　　）
2. 因为资源是稀缺的，所以产量是既定的，永远无法增加。（　　）
3. "生产是什么""怎样生产""为谁生产"这三个问题被认为是资源利用的问题。（　　）
4. 微观经济学和宏观经济学是相互补充的。（　　）
5. 实证经济学要解决应该是什么的问题，而规范经济学解决是什么的问题。（　　）

四、问答题

1. 如何理解资源的稀缺性？
2. 什么是经济学上的选择？它包括哪些内容？
3. 微观经济学与宏观经济学的区别与联系是什么？
4. 实证经济学与规范经济学的区别与联系是什么？

五、案例分析

市场体系运转的故事：《我，铅笔》

铅笔看起来是一件非常简单的产品，但事实上，它的生产要求分布在世界各地许多不同的人协调一致。经济学家莱昂纳德·里德写了一篇加利福尼亚州埃伯哈特·费伯铅笔公司出售的

一支铅笔的"自传",以此说明市场是如何实现这一协调的。这是有关市场体系如何运转的最为著名的说明之一。那支铅笔写道:

我的家谱开始于生长在北加利福尼亚州或俄勒冈州的一棵雪松。现在想象一下所有那些锯子、卡车,还有用于砍伐雪松木材并把它们用手推车运到铁路边的无数其他工具……这些木材被运到位于加利福尼亚州圣莱安德罗的一家工厂……雪松被裁割成短短的、铅笔长度的板条,厚度小于1/4英尺……一旦到了铅笔厂……由一台复杂的机器给每根板条开8道槽,再由另一台机器每隔一根板条灌铅……

我的"铅"(它根本就不含铅)本身是很复杂的。石墨开采自锡兰……再与来自密西西比的黏土混合,而在黏土的提纯过程中又使用了氢氧化铵……为了提高它们的强度和光滑度,随后又处理了"铅",加进了灼热的混合物,其中包括来自墨西哥的提纯蜡、固体石蜡,还有经过氢化处理的自然脂肪。

我的雪松外壳涂上了6层漆。你知不知道漆的所有成分?谁会想到蓖麻子的种植者和蓖麻油的提炼者都参与了其中,但他们确实参加了。

我的那点金属——金属箍——是黄铜。想想所有那些开采锌和铜的人,还有那些有本领从这些自然的产物中制作出光闪闪的铜片的人。

然后是我光辉的顶点……人们用来擦去他们用我写下的错误的部分……它是一个像橡皮的产品,由来自荷属西印度群岛的菜籽油和氯化硫通过化学反应制作而成……然后,还有无数的硫化剂和促染剂。浮石来自意大利,而给橡皮涂上色的颜料是硫化镉。

数以百万计的人参与了我的创造,他们当中甚至没有一个人认得大多数其他人……这几百万人当中,任何一个人——包括铅笔公司的总裁——贡献出来的技术诀窍都是极小的、微不足道的……

还有一个更让人瞠目结舌的事实:没有一个主脑,没有任何人规定或强令这些无数让我得以形成的行为,找不到存在这样一个人的任何痕迹。反之,我们看到了"看不见的手"在起作用。

(资料来源:刘华,李爱国. 经济学案例教程[M]. 大连:大连理工大学出版社,2007:20.)

问题:
1. 举例说明"看不见的手"是如何发挥调节作用的?
2. 在现实经济生活中,"看不见的手"能否在所有领域发生作用?请举例说明。

PROJECT 2

第二章 供求理论

知识目标

○ 了解需求、供给、均衡价格、需求的价格弹性等基本概念；
○ 理解供求定理及均衡价格的形成机制；
○ 掌握均衡价格和需求价格的弹性应用。

能力目标

○ 会计算均衡价格和均衡数量以及需求价格弹性；
○ 能熟练运用供求与价格理论解释和分析现实经济问题。

价格是市场经济中影响资源配置的一个关键因素，社会上的生产者和消费者都是根据价格信号作出自己的生产和购买决策的，而价格的决定和变化是需求与供给相互作用的结果。经济学界有一句流传很广的谚语："如果想要让一只鹦鹉成为经济学家，最简单的办法就是教它学会'需求'与'供给'这两个单词。"

当2021年"双十一"结束时，阿里巴巴旗下各平台总交易额达到4 982亿元。从2009年开始，阿里集团每年都会在11月11日举行大规模的消费者感恩回馈活动。2009—2021年，阿里巴巴"双十一"单日交易额呈几何型增长，见表2-1。

表2-1 2009—2021年"双十一"阿里巴巴总交易额（亿元）

年份	2009	2010	2011	2012	2013	2014	2015	2016	2017	2018	2019	2020	2021
交易额	0.52	9.36	33.6	191	362	571	912.17	1 207	1 682	2 135	2 684	3 329	5 403

为什么网络销售如此"火"？价格低！现实生活中我们看到价格影响供求，同时，供求也影响价格。供给与需求是使市场经济运行的力量，决定了每种物品的产量以及出售的价格。如果你想知道任何一个事件或政策将如何影响经济，你应该先考虑它将如何影响供给和需求。供给和需求是价格理论乃至经济学理论中最重要的概念，在一定意义上说，学会供给与需求原理就等于找到了进入经济学殿堂的钥匙。本章主要讨论供求如何决定价格，以及价格如何配置经济的稀缺资源。

第一节 需求理论

案例导入

口罩经济学现象分析

2020年的春节，意想不到的是口罩居然成了打败猪肉的最抢手年货，突发的新冠疫情使普通一次性口罩的售价从0.5元/个涨到了5元/个，N95口罩的售价也从3元/个升为40元/个，它们一度被抢购一空，甚至在药店断货。除了口罩极度短缺之外，熔喷布作为口罩的重要原料也发出了紧急信号。熔喷布的市场价从疫情前的 1.8 万元/吨涨到疫情后的 40 万元/吨，仅仅两个月，价格翻了 20 倍。为什么口罩价格上涨速度飞快且幅度极大，出现了有钱也买不到的情况？

经过分析，人们发现口罩价格之所以会飞速上涨，原因主要有：一是新冠疫情的暴发导致短时间内各地区对口罩及其生产原料的需求量激增；二是受疫情和春节假期的影响，口罩厂商增加生产的口罩流入市场的数量有限，另外部分口罩驰援疫区；三是有部分民众预期口罩价格即将上涨，因而大量囤积口罩并伺机哄抬口罩价格。上述分析的原因是否符合经济学原理？需求理论会给出正确答案。

（资料来源：营讯社. 深度分析：口罩短缺背后的疫情经济学 [EB/OL].https://www.sohu.com/a/374342230_530840.）

问题：
为什么口罩价格上涨速度飞快且幅度极大，甚至出现了有钱也买不到口罩的情况？

案例解析

> 经过分析，人们发现口罩价格之所以会飞速上涨，原因主要有：一是新冠疫情的暴发导致短时间内各地区对口罩及其生产原料的需求量激增；二是受疫情和春节假期的影响，口罩厂商增加生产的口罩中流入市场的数量有限，另外部分口罩驰援疫区；三是有部分民众预估口罩价格即将上涨，因此大量囤积口罩并伺机哄抬口罩价格。

一、需求的概念

需求（demand）是指消费者在某一特定的时期内，在每一个价格水平上愿意且能够购买的商品数量。

需求不等于需要。经济学研究消费者的选择行为，而不研究人们的需要。因为需要是一种主观愿望，它和价格、消费者的收入无关，是当价格为 0 时你想要多少的问题。但是，一旦收入给定，在某一个价格大于 0 的条件下，你想买多少，便是一个需求的问题。

说明对于需求的定义，要从三个方面理解：

（1）购买欲望和支付能力是有机统一的。缺少这两个条件中任何一个都不能算作需求，而只是潜在需求。

（2）市场需求是个人需求的加总。

（3）需求量不同于需求。需求量是指某一特定的时期内，在某一特定价格水平时人们愿意且能够购买的商品数量。

二、影响需求的因素

一种商品的需求数量是由许多因素决定的。其中主要的因素有该商品的价格、消费者的收入水平、相关商品的价格、消费者的偏好和消费者对该商品的价格预期等，它们对商品的需求数量的影响不同。

1. 商品的价格

一般说来，一种商品的价格越高，该商品的需求量就会越小。相反，价格越低，需求量就会越大。

2. 相关商品的价格（互补品价格、替代品价格）

当一种商品本身的价格保持不变，而和它相关的其他商品的价格发生变化时，这种商品本身的需求量也会发生变化。相关商品包括互补品和替代品。当一种商品的价格提高，其互补品的需求量就会减少；相反，价格降低，其互补品的需求量就会增加，如钢笔和墨水。当一种商品的价格提高，其替代品的需求量就会增加；相反，价格降低，其替代品的需求量就会减少。如猪肉和牛肉、酸奶和牛奶等，它们在某种程度上可以互相代替来满足相似的需求。当猪肉价格上涨时，人们就会转向购买它的替代品牛肉，从而使牛肉的需求量增加。

3. 消费者的收入水平

对多数正常商品来说，当消费者的收入水平提高时，商品的需求量就会增加。相反，当消费者的收入水平下降时，商品的需求量就会减少。

4. 消费者的偏好

由于广告宣传、新产品出现等原因，消费者的偏好可能发生变化，从而影响商品的需求量。当消费者对某种商品的偏好程度增强时，该商品的需求量就会增加；相反，偏好程度减弱，需求量就会减少。

5. 政府的政策

政府是鼓励消费还是抑制消费也会影响需求量。

6. 消费者对商品的价格预期

当消费者预期某种商品的价格在下一时期会上升时，就会增加对该商品的现期需求量；当消费者预期某商品的价格在下一时期会下降时，就会减少对该商品的现期需求量。

案例讨论

传音手机

在非洲流行的手机品牌是什么？答案是传音手机，这个品牌大家可能不太熟悉。传音手机在非洲手机市场的地位是中国出海故事的一部分，书写了中国制造的传奇。

2021 年，传音公司手机整体出货量约 1.97 亿部，传音公司在非洲智能机市场的占有率超过 40%，在非洲排名第一。在智能手机领域竞争如此激烈的今天，传音手机是如何夹缝求生，最后在市场中占据一席之地的呢？

（1）超强人脸识别技术。现在流行自拍，由于一般手机都是采用人脸识别技术来进行人脸捕捉和拍照的，而非洲人的肤色普遍较深，因此很难对其面部进行准确识别。传音手机搜集了大量当地数据进行分析，通过眼睛和牙齿定位人脸，在此基础上加强曝光，帮助非洲用户拍出满意的照片。

（2）"四卡四待"。非洲运营商众多，不同运营商的资费不同，因此有一些非洲用户需要随身携带好几个手机，看地方使用，有诸多不便。传音手机针对这一情况，制造了"四卡四待"手机，广受用户好评，从而迅速占领市场。

（3）超大容量电池，超强续航能力。非洲部分地区由于经济不发达，基础设施不完善，经常发生断电现象。传音手机就推出了超久续航、电池容量超大的手机。在国内我们恨不得手机越轻越好，但非洲用户买手机的时候，更关心电池容量够不够。

（4）超强播放功能。非洲人喜欢唱歌跳舞，音乐肯定少不了，所以传音手机的扬声器音量特别大、低音重，方便用户在聚会时将手机当作音箱使用。

（5）低廉的价格。很多非洲用户对价格很敏感，传音手机深谙市场特点，推出的机型在价格上极有诱惑力。据传音官方数据，他们售卖的功能机的平均售价只有人民币 62.4 元，智能机的平均售价为人民币 441.7 元。

以上各种本土化策略加上低廉的价格，使传音手机在非洲手机市场占据主导地位。

（资料来源：易思飞，杨晶. 经济学基础［M］. 北京：人民邮电出版社，2022：4.）

思考与讨论： 传音手机在非洲畅销的秘诀是什么呢？

三、需求的表达方式

需求的表达方式主要有三种：需求表、需求曲线和需求函数。

1. 需求表

需求表明价格与需求量之间的关系，需求表就是利用表格的形式表明价格与需求量之间关系的数字序列表。

在每一个价格下，将市场中的每个人的需求量相加便可得到市场需求表。表 2-2 是某商品的需求表，可以清楚地看到商品的价格与需求量之间的函数关系。

表 2-2　某商品的需求表

价格与数量组合	A	B	C	D	E
价格 P（元）	1	2	3	4	5
需求量 Q（kg）	50	40	30	20	10

2. 需求曲线

需求曲线是表明商品价格与需求量之间关系的曲线，可分为个人需求曲线和市场需求曲线。图 2-1 是根据表 2-2 做出的。因此，它为个人需求曲线。

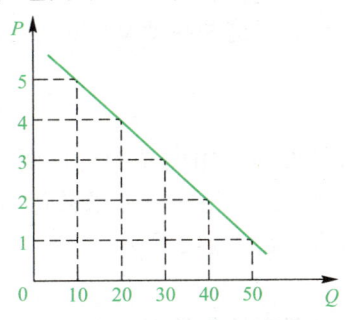

图 2-1　个人需求曲线

（1）个人需求曲线。将表 2-2 中每一组（P、Q）数值在图中描一个点，将这些点连接起来便得到一条需求曲线。

个人需求曲线是用曲线的形式表明某一个消费者的需求量与商品价格之间的关系。纵轴表示该商品的价格，横轴表示商品的数量（这里表现为需求量），曲线的任何一点均代表着某种价格与需求量的一种关系。

需求曲线是向右下方倾斜的，即它的斜率为负值，表示需求量 Q 和价格 P 之间呈反方向变动。

（2）市场需求曲线。将市场需求表用曲线的形式表现出来就是市场需求曲线。另一种形式就是在给定市场中每一个人的个人需求曲线的前提下来推导出市场需求曲线。这就需要在某一价格水平上将所有消费者的需求量相加得到市场需求曲线上的一点，依此类推，将所有这些点连接起来便可以得到一条市场需求曲线。

3. 需求函数

需求函数表示一种商品的需求数量和影响该需求数量的各种因素之间的相互关系。如果把某种商品的需求量作为因变量，把影响人们对这种商品的需求的各种因素作为自变量，就可以得出一个需求函数：

$$Q_d = f(Y, X, P, H, \Lambda)$$

由于一种商品的价格是决定需求量的最基本的因素,所以往往假定其他因素保持不变,仅仅分析价格因素对该商品需求量的影响,那么需求函数就是:

$$Q_d = f(P)$$

其中:Q_d表示需求量,P代表价格,f表示函数关系。

四、需求定理

在其他条件不变的情况下,商品的需求量与价格之间呈反方向变动,即需求量随着商品价格的上升而减少,随商品价格的下降而增加。

需求定理的例外情况:第一,以英国经济学家吉芬而得名的"吉芬商品",在特定条件下当价格下跌时,需求量会减少;而价格上涨时,需求量反而增加。第二,某些炫耀性消费的商品,如珠宝、文物、名画、名车等。这类商品的价格已成为消费者地位和身份的象征。价格越高,越显示拥有者的地位,需求量也越大;反之,当价格下跌,不能再显示拥有者的地位时,需求量反而下降。第三,投机性商品。某些商品的价格小幅度升降时,需求量按正常情况变动;大幅度升降时,人们会因不同的预期而采取不同的行动,引起需求量的不规则变化,如证券、黄金市场常有这种情况。其需求曲线可能表现为其他不规则形状。

五、需求量变动与需求变动

需求量变动和需求变动的区别在于引起这两种变动的因素不相同,而且这两种变动在几何图形中的表示也是不相同的。

1. 需求量变动

需求量变动,指的是在其他条件不变时,由商品的价格变动引起的该商品的需求数量的变动。在几何图形中,需求量的变动表现为商品的价格——需求数量组合点沿着同一条既定的需求曲线的运动。在图上表现为点在曲线上的移动,如图2-2所示。

2. 需求的变动

需求的变动,指的是在某商品价格不变的条件下,由其他因素变动所引起的该商品的需求数量的变动。在几何图形中,需求的变动表现为需求曲线的位置发生移动,表示整个需求情况的变化,如图2-3所示。

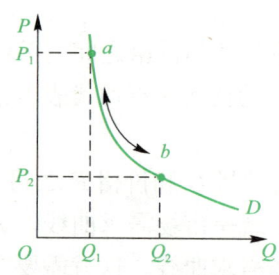

图2-2 需求量的变动

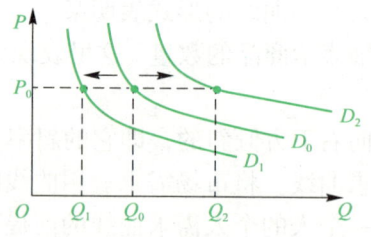

图2-3 需求的变动

课堂讨论

从需求的决定因素分析讨论下述每一种表述及与其相应的需求曲线的变动。

(1)如果西红柿价格上升,面包市场会发生什么变动?如果饼干价格下降,面包市场又会发生什么变动?

（2）当寒流袭击江南大地后，全国市场中的橘子汁的价格上升。
（3）每年夏天天气炎热时，空调的价格直线上扬。
（4）当中东爆发战争时，汽油价格上升，节能型汽车价格上扬。

第二节 供给理论

案例导入

AJ球鞋为何这么贵？

若问球鞋圈"顶流"花落谁家，耐克公司生产的Air Jordan球鞋（以下简称为AJ球鞋）系列当之无愧。AJ球鞋作为近些年大热的球鞋，其高昂的售价一直以来都让消费者望而生畏。关注球鞋信息的人都知道，大部分AJ球鞋的发售价仅1000元左右，至于后来被卖到几千元甚至几万元的价格，都是被"炒"上去的。

于是问题来了，为什么AJ球鞋会这么贵？网友众说纷纭。有人说是因为乔丹的明星光环，有人说是耐克的饥饿营销，有人说是球鞋文化的兴起，其他还有诸如对时尚的追求、情怀、粉丝经济、"炒鞋潮"等。

（资料来源：喻文丹. 经济学基础[M]. 北京：人民邮电出版社，2023：4.）

问题：
你认为AJ球鞋为何这么贵？AJ球鞋火热的背后体现出什么经济规律？

案例解析

从需求面来看，消费者（尤其是年轻人）愿意并且能够购买AJ球鞋。一方面，不管是迈克尔·乔丹第一双个人品牌战靴的明星效应，还是近年来球鞋文化的风靡等，都使得大量消费者（尤其是年轻人）渴望拥有一双AJ球鞋。另一方面，得益于我国经济的快速增长，消费者的收入和支付能力大幅提升，AJ球鞋成为消费者愿意并且能够购买的商品。

从供给面来看，耐克公司愿意并且能够为我们提供产品。一方面，生产和销售AJ球鞋不仅有利可图，而且可以说利润丰厚，耐克公司自然非常愿意生产和销售AJ球鞋。另一方面，耐克公司有生产和创新的能力。自从1985年首次上架Air Jordan1以来，其不但能复刻AJ球鞋的经典款式，而且还能经常推出拥有更新球鞋科技的新款球鞋。

AJ球鞋价格被抬高是球鞋市场上需求和供给两方面共同作用的结果。消费者对AJ球鞋的喜爱和"炒鞋潮"等因素使得需求增加；耐克公司的技术创新、饥饿营销等因素使得供给减少，市场机制自动调节的结果就是价格大幅上升。

一、供给的定义

供给（supply）是指厂商在一定时期内，在一定价格条件下愿意生产并销售某种商品的数量。在理解供给的概念时，请注意三组关系：

（1）供给欲望和供给能力是有机统一的。根据定义，供给是指既有供给欲望又有供给能力的有效供给，两者缺一不可。

（2）市场供给是个人供给的加总。

（3）供给量不同于供给。

二、供给的影响因素

一种商品的供给数量是由许多因素决定的。其中，主要的因素有该商品的价格、生产的成本、生产的技术水平、相关商品的价格和生产者对该商品的价格预期等，它们对商品的供给数量的影响不同。

1. 商品的价格

一般来说，一种商品的价格越高，供给量就越大；相反，商品的价格越低，供给量就越小。

2. 生产的成本

在商品自身价格不变的条件下，生产成本增加会减少利润，从而使商品的供给量减少；相反，生产成本下降会增加利润，从而使商品的供给量增加。

3. 生产的技术水平

一般情况下，生产技术水平提高可以降低生产成本，增加利润，从而使商品的供给量增加；相反，生产技术水平降低，商品的供给量会减少。

4. 相关商品的价格

一种商品的供给量会受相关商品价格变化的影响。对于替代商品，一种商品（如香蕉）的价格上升，消费者对该商品（如香蕉）的需求量减少，而对另一种替代商品（如苹果）的需求量就会增加，引起替代商品（如苹果）的供给量增加，即一种商品的价格与其替代商品的供给呈同方向变动。对于互补商品，一种商品（如眼镜框）的价格上升，消费者对该商品（如眼镜框）的需求量就会减少，引起对互补商品（如眼镜片）的需求量减少，从而引起对互补商品（如眼镜片）的供给量减少，即一种商品的价格与其互补商品的供给呈反方向变动。

5. 消费者对商品的价格预期

当企业预期某种商品的价格上升，就会囤积商品，待高价出售，从而可能减少现期供给量；反之，将增加现期供给量。

6. 自然条件与社会因素

许多产品，特别是农产品的供给量与自然条件关系密切。此外，政治事件、历史传统等也影响商品的供给量。

三、供给的表达方式

供给的表达方式主要有三种：供给表、供给曲线和供给函数。

1. 供给表

供给表是关于商品的价格与供给量关系的一种表格形式。现假定，通过对个别供给在一些价格水平的加总，得到对某种商品 x 的市场供给表（表2-3）。

表2-3 （市场）供给表

P（元）	2	3	4	5	6
市场供给量 Q_s（千吨）	10	20	30	40	50

我们发现：市场供给量 Q 与价格 P 成正比。

2. 供给曲线

供给曲线是用曲线表示的关于商品供给量与价格的一种关系。同理，它也有个人供给曲线和市场供给曲线之分。后者为在一定价格水平上由个别供给之和而得到的一条曲线。

如图 2-4 所示，将表 2-3 的数据在图中描点并将这些点连接起来，就可得到一条供给曲线，一般为一条斜率为正的曲线。

3. 供给函数

供给函数表示一种商品的供给数量与影响该供给数量的各种因素之间的相互关系。如果把对某种商品的供给量作为因变量，把影响供给量的各种因素作为自变量，我们可以得到一个供给函数：

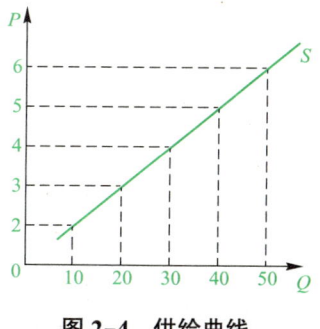

图 2-4　供给曲线

$$Q_s = f(P, Pr, C, E, \cdots)$$

其中，Q_s 代表市场供给量，P 代表商品的自身价格，Pr 为相关商品的价格，C 为商品的生产成本，E 为厂商预期，f 为函数关系。

考虑到对所有影响因素的均衡分析比较复杂，为简化，我们通常假设相应供给变化的其他因素不变，只研究商品本身价格和供给数量之间的关系，因此，供给函数可以简化为

$$Q_s = f(P)$$

这表示某种商品的供给量 Q_s 是价格 P 的函数。

四、供给定理

供给定理是指在其他条件不变的情况下，某商品的供给量与价格之间呈同方向变动，即供给量随着商品本身价格的上升而增加，随商品本身价格的下降而减少。

供给定理的例外情况：第一，劳动，当工资增加到一定程度时，如果继续增加，则劳动的供给量不仅不会增加，反而会减少。第二，某些特殊商品，如土地、文物等，由于受各种条件限制，其供给量是固定的，无论价格如何上升，其供给量也无法增加。

1. 劳动：向后弯曲的供给曲线

劳动作为一种商品，其价格就是工资，一般来说，工资越高，越能吸引更多的人参加劳动的供给，即劳动的价格上升，劳动的供给增加。但随着工资的上升，人们的收入增加到一定程度后，反而会减少劳动的供给，表现出与供给定理的不符。原因在于提供劳动获取工资是以牺牲闲暇时间为代价的，随着收入增加，人们对闲暇时间的需求也会增加。增加闲暇时间必定减少劳动时间，这就是工资增加引起的收入效应，收入效应使劳动供给随工资增加而减少（图 2-5）。这种特例也可以用马斯洛的需求理论来解释：当工资水平低时，人们为生存而奋斗，愿意多付出劳动，追求高工资。随着工资的增加，人们满足了第一层次的需要（基本生理需要），摆脱了生存压力，当工资收入上升到一定程度时，需求层次上升到第二层次和第三层次（选择自己喜欢的工作以实现自我价值），这时随着工资收入的提高，会有一部分人逐步放弃原来的工作，去追求新的事业，出现劳动价格上升而劳动供给减少这种与供给定理不符的现象。

2. 文物、土地等：垂直的供给曲线

在某一时期内，一个国家的土地、文物等的供给量是固定的，无论价格如何上升，其供给也无法增加。如图 2-6 所示，横轴 Q 代表土地量，纵轴 P 代表土地的价格，垂直线 S 为土地的供给曲线，表示土地的供给量固定为 Q_0，P_1 为均衡状态下土地的价格，由于对土地需求的增加，土地的供给不变，土地的价格由原来的 P_1 变为 P_2，对土地的需求增加表现为土地的需求曲线由 D_1 移动到 D_2。因而土地、文物等的供给与供给定理不相符，这是由这些商品供给数量的有限性决定的。

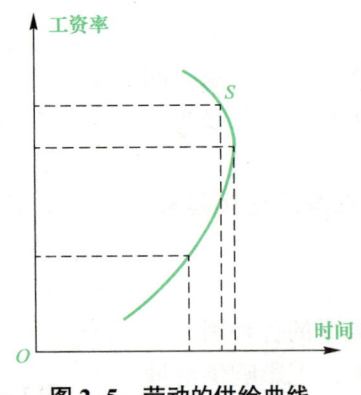

图 2-5 劳动的供给曲线

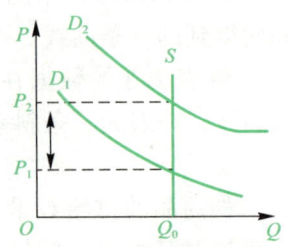

图 2-6 文物、土地等的供给曲线

逆流而行的智慧

在我国，"猪周期""蒜周期""蛋周期"等可谓众所周知。一般而言，在其他条件不变的情况下，价格上涨，供给量增加，符合供给定理，那么何以造成严重的供过于求？主要原因：其一，生产规模小、分散，产销信息不对称，盲目跟风；其二，生产与销售出现时滞，生产需要一个过程，开始生产时行情好，到销售时行情却发生了变化；其三，随着价格上涨，需求量在减少。那么，从生产者个体角度而言，是否有更好的应对之策呢？

战国时期的商人白圭的经营方法与众不同，总是逆流而行，"人弃我取，人取我与"。《史记·货殖列传》中记载：在庄稼成熟的时候，他买进粮食，出售丝、漆；在收获蚕茧的时候，他收购丝织品卖掉粮食。后人对其故事进行了演义：有一次别的商人都在一窝蜂地抛售棉花（当然，那时还没有棉花，《史记》中所写"帛絮"泛指轻暖之御寒物品），拼命地大减价，白圭却大量地买进棉花，甚至花钱租地方存放棉花。别的商人卖完棉花，都抢着购进皮毛，白圭却打开仓库，把库存的皮毛卖得精光。几天后，有消息说今年棉花严重歉收，商人们心急火燎地到处寻找棉花，白圭高价卖出了全部库存棉花，发了笔大财。又过了一段时间，满街的皮毛突然卖不出去了，价格降得越来越低，那些抢购皮毛的商人瞬间血本无归。

巴菲特曾说，"在别人恐惧时我贪婪，在别人贪婪时我恐惧"，其思想与白圭有异曲同工之妙。物以稀为贵，物极必反。当生产者不了解市场行情及规律，而盲目跟随大流的时候，危险正在前方。

（资料来源：邓先娥. 经济学基础教程［M］. 北京：人民邮电出版社，2020：25.）

五、供给量的变动与供给变动

供给量变动和供给变动的区别在于引起这两种变动的因素不相同，而且这两种变动在几何图形中的表示也不相同。

1. 供给量的变动

指在其他条件不变时，由商品的价格变动引起的该商品的供给数量的变动。在几何图形中，供给量的变动表现为商品的价格——供给数量组合点沿着同一条既定的供给曲线的运动，如图 2-7 所示。

2. 供给的变动

指在某商品价格不变的条件下，由其他因素变动引起的该商品的供给数量的变动。在几何图形中，供给的变动表现为供给曲线的位置发生移动，表示整个供给情况的变化，如图2-8所示。

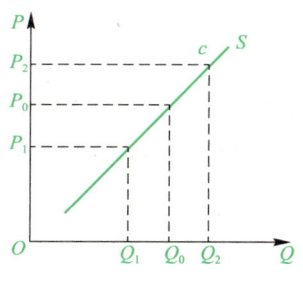

图2-7 供给量的变动

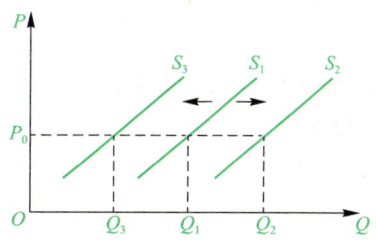

图2-8 供给的变动

第三节 均衡价格理论

案例导入

情人节的玫瑰花

"20多元一扎的玫瑰不算贵了，等情人节再来买，肯定要涨了。"做了十年鲜花生意的韩女士告诉记者，由于情人节临近，大部分鲜花价格出现了不同程度的上涨。以销量最好的玫瑰花为例，与几天前相比，每扎20枝的玫瑰零售价从15元涨至18到20元；每扎20枝的康乃馨零售价从12元涨至15元；百合的价格基本没有变。韩女士说，受全国雪灾的影响，大量的鲜花运不出省，因此今年花价较往年便宜了一半。去年情人节前两天，一束玫瑰花的价格往往在三四十元左右。而今年只有往年的一半。业内人士分析，13日、14日两天，玫瑰花价格上涨还将继续。

问题：

情人节临近，玫瑰花的价格为何会上涨？

案例解析

正常情况下，情人节的来临会使玫瑰花的市场需求增加，需求曲线会整体向右移动。在其他条件不变的情况下，均衡价格上涨。而由于雪灾的影响，本省玫瑰花的供给上升，急于将积压商品脱手的花农将降低商品价格，使市场价格趋于下降。且其幅度大于需求正常上升的幅度，结果造成了玫瑰花均衡价格减半的局面。这说明均衡价格是由需求和供给共同决定的。

一、均衡价格及其形成

在市场上，需求与供给是两种相互对立的经济力量，买者希望商品价廉物美，卖者希望商品价高利大。两种经济力量相互作用，使市场达到均衡状态。在均衡状态下，各种经济力量相互制约和相互抵消，满足各方愿望，此时的价格即为均衡价格。

1. 均衡价格

均衡是指各种对立的、变动的力量处于一种力量相当、相对静止、暂时稳定的状态。

均衡价格是指供给与需求相等时的价格。均衡价格是买卖双方都愿意接受的市场价格。在均衡价格下的交易量称为均衡数量。在图形中，表现为一种商品的供给曲线和需求曲线的交点，该交点称为均衡点。西方经济学认为，均衡状态是资源配置的最优状态。

2. 均衡价格的形成

在图2-9中，横轴代表商品数量Q（供给量和需求量），纵轴代表商品价格P。D为需求曲线，S为供给曲线，D与S相交于E点，这就决定了均衡价格为P_e，均衡数量为Q_e。

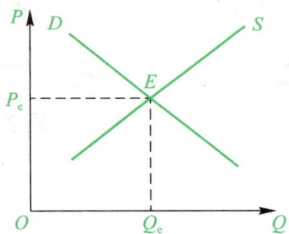

图2-9 均衡价格的形成

商品的市场均衡是需求和供给两种力量共同作用的结果。当市场价格偏离均衡价格，市场上就会出现供求不相等的状态。一般来说，在市场机制的作用下，这种供求不相等的状态会逐步消失，市场价格会自动恢复到均衡价格水平。

当市场价格低于均衡价格时，商品的需求量会大于供给量，市场处于供不应求的状态，商品的价格就会上涨，直至达到均衡状态；当市场价格高于均衡价格时，商品的供给量会大于需求量，市场处于供过于求的状态，商品的价格就会下降，直至达到均衡状态。

均衡价格的模型是：

$$Q_s = Q_s(P)$$

例题：假设A商品的需求函数为$Q^d=200-5P$，供给函数为$Q^s=50+10P$，试确定A商品的均衡价格和均衡数量。

答：均衡时，$Q^d=Q^s$，即$200-5P=50+10P$，

得$\overline{P}=10$，$\overline{Q}=150$。

因此A商品的均衡价格为10，均衡数量为150。

二、均衡价格的变动

均衡价格既然由供给与需求决定，那么，随着供给与需求的变动，均衡价格也将变动。

1. 需求的变动对均衡价格的影响

在商品价格不变的前提下，如果其他条件发生变化会对市场均衡产生什么影响呢？

例如，商品自身价格不变，但是消费者收入增加，使得在每一个既定的价格水平下的需求量都会增加，这个时候价格和新的需求量在坐标系中形成的点会落在原需求曲线（D_1）的右边，把这些落在右边的点连接起来会形成新的需求曲线（D_2）。由此可见，在供给不变的前提下，需求增加，需求曲线则向右平移。图2-10中的D_1向右平移，形成D_2，均衡点由E_1移至E_2，均衡价格由P_1上升至P_2，均衡数量由Q_1增加到Q_2。需求增加使均衡价格上升和均衡数量增加。

商品自身价格不变，但是消费者收入减少，那么在每一个既定的价格水平下的需求量都会减少，这时候价格和新的需求量在坐标系中形成的点会落在原需求曲线（D_1）的左边，把这些新的点连接起来会形成新的需求曲线（D_3）。由此可见，在供给不变的前提下，需求减少会导致需求曲线

向左平移。图 2-10 中的 D_1 向左平移，形成 D_3，均衡点由 E_1 移至 E_3，均衡价格由 P_1 下降至 P_3，均衡数量由 Q_1 减少到 Q_3。需求减少使均衡价格降低和均衡数量减少。

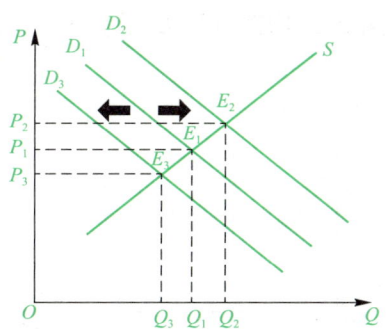

图 2-10 需求变动对均衡价格的影响

由此可以得出：在供给不变的情况下，需求增加会使均衡价格和均衡数量都增加；需求减少会使均衡价格和均衡数量都减少。

2. 供给的变动对均衡价格的影响

在需求不变的前提下，供给增加会导致供给曲线向右平移。图 2-11 中的供给曲线 S_1 向右平移，形成 S_2，均衡点由 E_1 移至 E_2，均衡价格由 P_1 下降至 P_2，均衡数量由 Q_1 增加到 Q_2。供给增加，使均衡价格下降，均衡数量增加。

在需求不变的前提下，供给减少会导致供给曲线向左平移。图 2-11 中的供给曲线 S_1 向左平移，形成 S_3，均衡点由 E_1 移至 E_3，均衡价格由 P_1 上升至 P_3，均衡数量由 Q_1 减少至 Q_3。供给减少，使均衡价格上升，均衡数量减少。

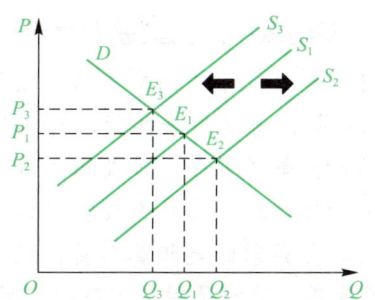

图 2-11 供给变动对均衡价格的影响

由此可以得出：在需求不变的情况下，供给增加会使均衡价格下降，均衡数量增加；供给减少会使均衡价格上升，均衡数量减少。

3. 供求定理

从上述分析中可以得出两个结论。

（1）需求的增加引起均衡价格上升，需求的减少引起均衡价格下降；需求的增加引起均衡数量增加，需求的减少引起均衡数量减少。

（2）供给的增加引起均衡价格下降，供给的减少引起均衡价格上升；供给的增加引起均衡数量增加，供给的减少引起均衡数量减少。

综上所述，可以得到供求定理：在其他条件不变的情况下，需求变动分别引起均衡价格和均衡数量的同方向变动；供给变动引起均衡价格的反方向变动，引起均衡数量的同方向变动。

4. 供求同时变动的影响

（1）需求和供给同方向变动。需求和供给同时增加或减少，会引起均衡数量同方向变动，而这时均衡价格会出现提高、降低或保持不变三种情况，这主要取决于需求和供给各自变动的幅度。例如，需求和供给同时增加，但供给增加的幅度大于需求增加的幅度，如图 2-12 所示，需求曲线 D_1 和供给曲线 S_1 分别向右平移至 D_2 和 S_2，均衡点从 E_1 变为 E_2，均衡数量增加了，均衡价格下降了。

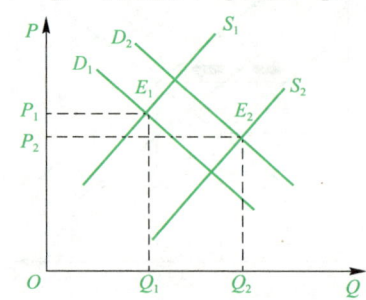

图 2-12 供求同时变动对均衡的影响

（2）需求和供给反方向变动。需求增加而供给减少，或者需求减少而供给增加时，会引起均衡价格与需求同方向变动，而这时均衡数量的变动会出现提高、降低和保持不变三种情况，这也取决于需求和供给各自变动的幅度。此处的解析方法同上。

由此可以得出：当供求同向变动时，均衡数量与供求同向变动，均衡价格如何变动取决于供求变动的幅度。当供求反方向变动时，均衡价格与需求同向变动，均衡数量如何变动取决于供求变动的幅度。

知识链接

不同歌手的门票差别之谜

门票价格是歌手的劳务价格。美声歌手的门票价格比较低，某著名美声歌手的门票只要 180 元；通俗歌手的门票价格比较高，普通歌手的门票可以达到 600 元以上。如果只用歌手劳动所包含的劳动量理解恐怕不行，美声歌手的专业培训费比通俗歌手高，美声歌手的票价应该比通俗歌手高，但是事实上相反。这是为什么呢？学过供求定理，我们知道，均衡价格会随着供给与需求的变动而变动。美声歌曲是阳春白雪，欣赏的人少，票价就低；通俗歌曲是下里巴人，欣赏的人多，票价就高。这就是供求定理决定的结果。

（资料来源：付兵. 经济学基础［M］. 杭州：浙江大学出版社，2018：27.）

第四节 价格政策

案例导入

在某个国家，政府出台了一项促进房地产市场发展的政策，鼓励人们购买房产。在这种情况下，房地产市场会出现供求失衡、价格上涨的情况。而如果政府出台了限制房地产投资的政策，那么房地产市场的价格就会得到一定的控制。

问题：

这个案例说明了政府政策对价格有何影响？

案例解析

价格在市场经济中受到多方面因素的影响，供求关系、竞争和政府政策都会对价格产生影响。了解这些影响因素，可以帮助我们更好地理解市场价格的变化规律，为我们的生产经营和消费决策提供参考。政府通过制定有效的政策来引导市场价格，保持市场秩序，促进经济的健康发展。

在竞争性的商品市场中，价格有着信息传递、行为指导的作用，生产者根据商品价格的涨跌来评判市场的供求变化，从而调整自己的产量；消费者也根据价格的涨跌来合理安排自己的商品消费组合。因此，价格就像一只"看不见的手"，指挥着人们的经济活动。在现实中，有时由供求决定的价格会对经济发展产生一些不利影响。例如，当农产品过剩时，农产品价格会大幅度下降，这种下降从短期看，会抑制农业生产，有利于供求平衡。但农业生产的周期较长，较低的农产品价格在短期内对农业生产产生抑制作用后，将对农业生产的长期发展产生不利影响。再如，在灾荒时期，生活必需品严重短缺，由供求决定的价格会很高，导致低收入群体无法维持正常的生活。在这种情况下，就需要政府调节价格。

由于市场的盲目性、自发性和滞后性，单纯依靠市场供求关系自发调节价格，结果具有不完善性。因此，这时需要政府实施某些价格政策来调整纠正价格。政府干预价格的政策是多种多样的，如支持价格与限制价格。

一、支持价格

支持价格指政府为了扶持某一行业发展而规定的该行业的最低价格，因而又称为最低限价。

如果政府认为由市场供求力量自发决定的某种产品的价格太低，不利于该行业的发展，政府就可以对该产品实行支持价格。支持价格总是高于市场均衡价格。例如，农产品生产周期比较长，而且其需求的价格弹性比较小，过低的农产品价格会降低农户的收益，挫伤农户的积极性，谷贱伤农。因此，许多国家的政府对农产品实行支持价格。在图2-13中，农产品的市场供求关系所决定的均衡价格为P_0，均衡数量为Q_0。政府为了支持农业的发展而规定的支持价格为P_1，$P_1 > P_0$，此时需求量为Q_1，而供给量为Q_2，$Q_2 > Q_1$，也就是供给大于需求，市场上出现产品过剩的情况。

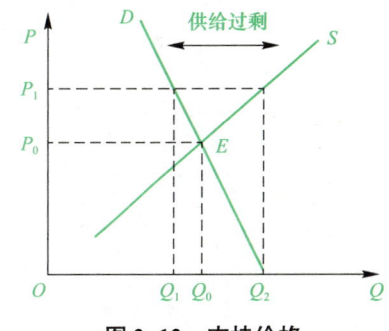

图2-13 支持价格

为了维持最低限价，政府通常会收购市场上过剩的产品，用于国家储备或出口。

最低限价政策主要适用于少数重要的农产品，现阶段我国执行最低收购价政策的品种有小麦和稻谷。此外，我国目前执行的最低工资标准也属于最低限价政策。

农产品支持价格的利弊

各国对农产品实行最低限价通常有两种做法：一种是缓冲库存法，即政府按照某种保护价收购产品，在供大于求时，政府按这一价格增加对农产品的收购；在供小于求时，政府抛出农产品，以保护价买卖，从而使农产品价格由于政府的支持而维持在某一水平上。另一种是稳定基金法，也由政府按某种保护价收购全部农产品，但并不是按保护价出售，而是在供大于求时低价出售，供小于求时高价出售。

支持价格稳定了农业生产，保证了农业生产，保证了农民收入，促进了农业投资，也有利于调整农业结构，从整体上看对农业发展起到了促进作用。但支持价格也引发了一些问题：首先，使政府背上了沉重的财政包袱。政府为收购过剩农产品而支付的费用、出口补贴及为限产而向农户支付的财政补贴等，都是政府为支持价格政策付出的代价。其次，形成农产品的长期过剩。过剩的农产品主要由政府收购，政府解决农产品过剩的重要方法之一就是扩大出口，这就有可能引起国家为争夺农产品市场而开展贸易战。最后，受保护的农业竞争力会受到削弱。因此，农产品自由贸易问题成为国际贸易争论的中心。

我国实行的"保护价敞开收购"也是一种支持价格，但是治标不治本，要从根本上改变我国农业落后的状况和农民收入低的现状，并使我国农业进入世界市场与发达国家农业竞争，必须提高我国农业自身的竞争力。

（资料来源：杨洁，喻文丹. 经济学基础［M］. 北京：人民邮电出版社，2019：32.）

二、限制价格

限制价格也称最高限价，指政府为了限制某些物品的价格而对其规定的最高价格。政府对垄断性很强的基本生活必需品实行最高限价政策可控制这类商品的价格上涨，抑制通货膨胀，保护消费者利益。最高限价总是低于市场自发形成的均衡价格。如图 2-14 所示，市场自发形成的均衡价格为 P_0，均衡数量为 Q_0。政府为了限制价格过高而规定的价格为 P_1，$P_1 < P_0$，此时需求量为 Q_2，而供给量为 Q_1，$Q_1 < Q_2$，也就是供给小于需求，市场上出现产品短缺的情况。

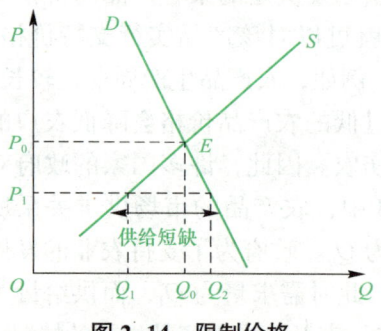

图 2-14 限制价格

最高限价主要适用于重要公用事业、公益性服务和一些垄断领域的产品，如天然气、电力、特殊药品等。

最高限价有利于社会平等与安定，但也易导致消费者排队抢购及黑市交易现象。

使市场在资源配置中起决定性作用和更好发挥政府作用

党的十八届三中全会提出，"使市场在资源配置中起决定性作用和更好发挥政府作用"，这是一个重大的理论创新，强调使市场在资源配置中起决定性作用，更好地发挥政府的作用。这实际上明确了政府该做什么，市场该做什么。

市场经济是资源配置最有效率的体制，也是发展生产力和实现现代化的最优途径。市场在资源配置中起决定性作用，其实质就是让价值规律、竞争和供求规律等市场经济规律起决定性作用。自 1992 年党的十四大确定我国经济体制改革的目标是建立社会主义市场经济体制，明确市场在资源配置中起基础性作用后，我国的市场化改革在经济领域蓬勃开展，促进了我国经济的快速发展，极大地丰富了我们的物质产品和精神文化需求。

但是市场并非万能的，市场有其固有的自身缺陷。市场无法解决公共产品的生产问题，如公共基础设施、生态平衡、环境保护等一些不以营利为目的的投资项目，靠市场机制是难以解决其生产问题的。市场本身也无力解决社会化大生产所要求的社会总供给和社会总需求的平衡和产业结构的问题；市场调节的分配功能在于促进提高效率，但完全由市场自发地进行分配又会造成收入差距，甚至出现两极分化。而这些，都需要通过政府的作用加以解决。我国主要由市场决定价格，重要公共事业、公益性服务和自然垄断经营的商品和服务等的价格则由政府根据实际情况，依法依规按相应的程序制定。

（资料来源：易思飞，杨晶. 经济学基础［M］. 北京：人民邮电出版社，2022：38.）

第五节　弹性理论

案例导入

揭开"以旧换新"的面纱

有一家摩托车安全头盔专卖店，打出这样的广告——"旧帽换新帽一律 8 折"。意思是，如果你拿着一顶旧的安全头盔去换购新的安全头盔，当场享受 8 折优惠；如果是直接买新头盔，就只能按原定价格购买。

难道是店家和头盔生产厂家有什么协议，回收的旧安全头盔可以重新加工利用，可以让店家收回部分成本，因此拿旧头盔可以抵扣价格？实际上，店家拿到旧的安全头盔，并没有什么好处，常常是丢入垃圾桶。既然没好处，店家为何还要多此一举呢？答案是——店家以顾客是否以旧换新来区别顾客的需求价格弹性。这种以旧换新的促销活动主要是针对不同顾客的不同需求价格弹性而采取的区别定价方法，即给定价格变动比例，若顾客需求数量变动较大则称为需求价格弹性较大；若顾客需求数量变动较小则称为需求价格弹性较小。对需求价格弹性较小的顾客制定较高价格，对需求价格弹性较大的顾客制定较低价格。

这家安全头盔专卖店的促销方法正是弹性理论的实际应用。简单地说，顾客没拿旧安全头盔来，说明他没有安全头盔。由于法律规定驾驶电动车必须戴安全头盔，故无论价格高低，购买电动车的人一定要买安全头盔，因而这种顾客的需求曲线较陡，弹性较小。相对地，顾客拿旧安全头盔来换购新安全头盔，表明他本来就有一顶安全头盔，如果安全头盔的价格低，他会产生以旧换新的需求；而如果价格太高，他也可以以后再买，因为他已经有了一顶安全头盔，对该商品的需求就没有迫切性。因此，这类顾客的需求曲线较平坦，弹性较大。

综上所述，不难看出，该摩托车安全头盔专卖店采用这种"旧帽换新帽一律 8 折"的促销活动，不仅不会使其营业收入减少，反而会吸引那些本不想购买新安全头盔的顾客前来购买，增加了收益。因此，认真研究顾客心理，了解市场需求，针对本行业的特点，制定出适合自己的价格策略，会给单位、公司带来丰厚的利润。

（资料来源：易思飞，杨晶. 经济学基础［M］. 北京：人民邮电出版社，2022：39.）

问题：

需求价格弹性是什么？如何利用需求价格弹性获取更大的利益？所有的商品都适合薄利多销的政策吗？

案例解析

需求价格弹性是商品需求量对价格变动的敏感程度。有些商品的需求量对价格非常敏感，价格高时需求量小，价格低时需求量大。价格下降会引起需求量大幅度增加。降价后，需求量增加的幅度大于价格下降的幅度，销售者总收益会增加。有些商品无论价格如何变化，其需求量都不会轻易变化，这种商品降价并不会过多地刺激消费，需求量基本保持不变，销售者的收益也不会增加。销售者可以根据需求价格弹性采取差异化的销售策略，增加商品的销售收益。

当面包的价格降低，对面包的需求通常会如何变化呢？联系需求定理，答案就是引起对面包需求的增加，但具体增加多少呢？当某品牌皮包打8折，消费者的需求量可以增加很多；而当食盐促销打8折时，消费者的反应却不那么强烈。这到底是为什么呢？这就是弹性理论可以回答的问题。

"弹性"是物理学和机械学上的一个名词，著名经济学家马歇尔最先把弹性概念引入经济学。弹性是指一个变量相对于另一个变量发生的一定比例改变的属性。弹性的概念可以应用在所有具有因果关系的变量之间，作为原因的变量通常称自变量，受其作用发生改变的变量称因变量。因此，弹性可以定义为当经济变量之间存在函数关系时，因变量对自变量变化的反应程度。经济学中的弹性是指衡量需求量或供给量对某种影响因素的反应程度指标，其大小用弹性系数来表示。

一、需求价格弹性的含义

价格的值每变动1%而引起需求量变化的百分率，通常用价格变动的百分率引起需求量变化的百分率来表示。这两个百分率的比值，称为弹性系数，记为E_d。

如果一种商品的需求量对价格变动的反应很大，就说明这种商品的需求是有弹性的；如果一种商品的需求量对价格变动的反应很小，就说明这种商品的需求是缺乏弹性的。例如，百事可乐涨价10%，人们会减少对百事可乐的购买数量，用其他的饮料，如可口可乐替代，百事可乐的需求会减少。假如百事可乐的需求量减少的幅度很大，那么百事可乐的需求是富有弹性的。再例如，当食盐价格上涨10%时，家庭对食盐的需求量因为食盐的价格上涨而减少的幅度是有限的，因此，食盐这种商品的需求是缺乏弹性的。

二、需求价格弹性的计算方法

一般用需求价格弹性系数来表示弹性的大小，以E_d来表示，Q代表需求量，ΔQ代表需求量的变动量，P代表价格，ΔP代表价格的变动量，则需求价格弹性系数可用下列公式表示：

$$E_d = \frac{需求量变动的百分比}{价格变动的百分比} = \frac{\Delta Q/Q}{\Delta P/P} = -\frac{\Delta Q}{\Delta P} \cdot \frac{P}{Q}$$

需要注意的是：

（1）分子和分母都是变量的变动率，而不是变动的绝对量。

（2）在需求量和价格这两个经济变量中，价格是自变量，需求量是因变量。因此，需求弹性就是指价格变动引起的需求量变动的程度，或者说是需求量对价格变动的反应程度。

（3）弹性的值可正可负，但一般为了方便，都取绝对值。
（4）同一条需求曲线上不同点的弹性不一样。

三、需求价格弹性的分类

根据商品的需求量对价格变动的反应程度，需求价格弹性可以分为五种。

1. 富有弹性

$1 < E_d < +\infty$，在这种情况下，需求量变动的比率大于价格变动的比率。奢侈品都属于这种情况。需求富有弹性时，需求曲线是一条比较平缓的曲线，如图 2-15（a）所示。

奢侈品对价格是比较敏感的，涨价的时候，因为这些东西不是生活必需的，所以人们可能就暂时不买了。相反，降价的时候，人们也可能抢购。这里的"奢侈品"是广义的，不单指宝石，也包括大家电。

2. 缺乏弹性

$0 < E_d < 1$，在这种情况下，需求量变动的比率小于价格变动的比率。生活必需品、食盐大多缺乏弹性。需求缺乏弹性时需求曲线是一条比较陡峭的曲线，如图 2-15（b）所示。

3. 单位弹性

$E_d = 1$，表示需求量变动的幅度与价格变动的幅度相同。在这种情况下，需求量变动的比率与价格变动的比率相等，如图 2-15（c）所示。

4. 完全有弹性

$E_d \to +\infty$，表示价格变动 1% 时，需求量的变动为无穷大。完全有弹性的需求曲线为一条水平线，就是说，在给定价格下，需求是无穷大的。这种需求变化是由价格以外的因素引发的，如银行以一固定价格收购黄金，不论有多少黄金都可以按这一价格收购，银行对黄金的需求是无限的；再如战争时期的常规军用物资等。如图 2-15（d）所示。

5. 完全无弹性

$E_d = 0$，表示不管价格如何变动，需求量始终不变。完全无弹性的需求曲线为一条垂直线，含义是需求量与价格无关，不论价格如何变化，需求量都不会变化。如土地、胰岛素、救心丸、火葬费等，近似无弹性，如图 2-15（e）所示。

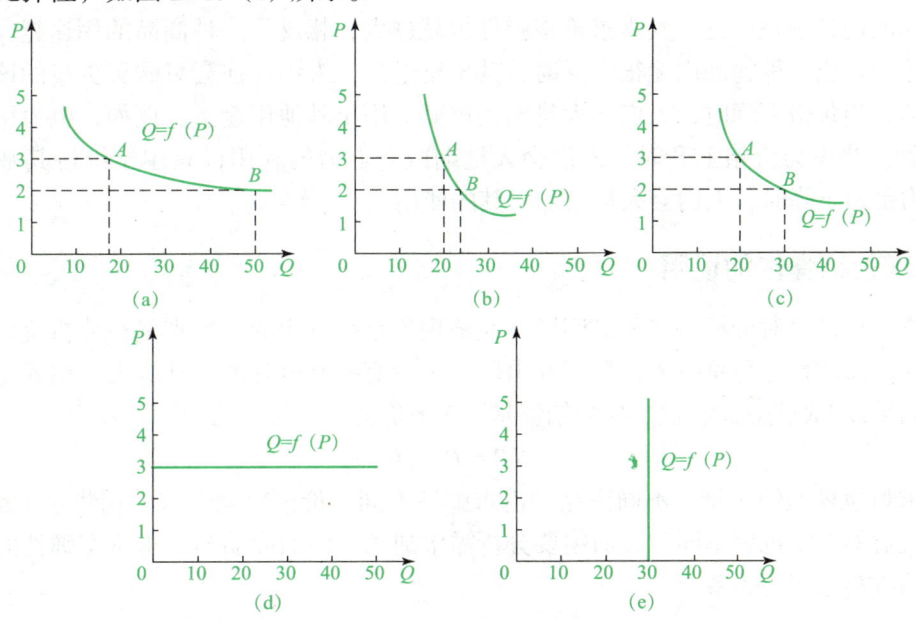

图 2-15 需求的价格弹性的五种类型

四、需求价格弹性的影响因素

任何一种物品的需求价格弹性都可以衡量当其价格上升时，消费者放弃这种物品的意愿有多大。因此，需求价格弹性反映了很多形成消费者偏好的经济、社会和心理因素。具体来说，五个因素影响着需求价格弹性的大小。

1. 必需品与奢侈品

必需品倾向于需求缺乏弹性而奢侈品倾向于需求富有弹性。当粮食、蔬菜的价格上升时，尽管购买量会比平常减少一些，但不会大幅度地减少。与此相比，当汽车、珠宝的价格上升时，其需求量会大幅度地减少。原因是大多数人把粮食、蔬菜当作生活必需品，而把汽车、珠宝当作奢侈品。当然，一种物品是必需品还是奢侈品并不取决于物品本身固有的性质，而是取决于购买者的偏好。

2. 商品的可替代程度

如果一种商品有很多替代品，则该商品倾向于需求富有弹性；如果一种商品的替代品很少，则倾向于需求缺乏弹性。例如，百事可乐和可口可乐很容易相互替代。一旦百事可乐的价格上升，人们很容易减少对百事可乐的需求量，进而增加对可口可乐的需求。与此相反，鸡蛋是一种没有相近替代品的食物，因而鸡蛋倾向于需求缺乏弹性。

3. 商品使用时间的长短

一般而言，使用时间长的耐用品倾向于需求富有弹性，而使用时间短的非耐用品倾向于需求缺乏弹性。例如，电视、冰箱、汽车等耐用品的价格变动，其需求量会发生相应的比较大的变动；相反，粉笔、杂志、报纸等非耐用品的需求量并不会随其价格变动而发生较大幅度的变化。

4. 商品在家庭支出中所占的比例

在家庭支出中所占比例大的物品，其需求倾向于富有弹性，而在家庭支出中所占比例小的物品，其需求倾向于缺乏弹性。例如，电器、汽车这样在家庭支出中所占比例大的物品，其需求量对价格的变动较为敏感；相反，诸如肥皂这样在家庭支出中所占比例很小的物品，其需求量对价格的变动不是很敏感。

5. 商品本身用途的广泛性

一种商品的用途越是广泛，其需求价格弹性也就越大；相反，一种商品的用途越少，其需求价格弹性也就越小。当一种物品用途很广泛时，其价格上升，人们往往会只购买少量的该商品用于其最重要的用途；当价格下降时，人们会大量购买该商品用于其他用途上。例如，电力用途广泛，其需求富有弹性。当电力价格上升时，人们会大量缩减对电力的利用，只用于维持其基本生活的用途；而当电力价格下降时，人们会大量增加对其的使用。

五、需求价格弹性的运用

需求价格弹性理论对分析一些经济问题、经济现象是很有用的，特别是在分析价格与总收益之间的关系方面。总收益也称总收入，是厂商出售一定量商品所得到的全部收入，也就是销售量与价格的乘积。如果以 TR 代表总收益，Q 为销售量，P 为价格，总收益的计算公式为

$$TR = P \times Q$$

假设需求量也就是销售量，不同商品的需求弹性不同，价格变动引起的销售量（需求量）的变动不同，总收益的变动也就不同。目前主要分析需求缺乏弹性的商品与需求富有弹性的商品的需求价格弹性与总收益之间的关系。

1. 需求缺乏弹性的商品的需求价格弹性与总收益之间的关系

如果某商品是需求缺乏弹性的，那么价格上升就会引起总收益增加。假设价格从 1 元上升到

3元，使需求量从100下降到80，此时，总收益从100元增加到240元。价格上升引起总收益$P×Q$增加，但价格上升200%，而收益仅上升140%，这是因为需求量减少的幅度小于价格上升的幅度。

以面粉为例，假设面粉的需求弹性系数为$|E_d|=0.5$，每千克面粉的价格是4元，销售量为50kg，这时总收益为

$$TR = P×Q = 4×50 = 200（元）$$

如果面粉降价10%，由于$|E_d|=0.5$，销售量则上升5%，这时总收益为

$$TR = P×Q = 3.6×52.5 = 189（元）$$

比较前后的总收益，面粉的价格下降了，但是总收益并未增加，反而减少了11元。

如果面粉涨价10%，则销售量下降5%，这时总收益为

$$TR = P×Q = 4.4×47.5 = 209（元）$$

再比较涨价前后的总收益，虽然面粉的价格上升了，但是总收益并未减少，反而增加了9元。

通过计算，可以得出这样的结论：需求缺乏弹性的商品，它的价格与总收益呈同方向变动。价格上升，总收益增加；价格下降，总收益减少。

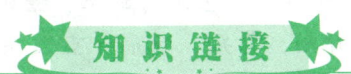
知识链接

"谷贱伤农"

有人说，气候不好对农民不利，因为谷物歉收，农民的收入会减少。但也有人说，气候不好反而对农民有利，因为农业歉收后谷物价格会上涨，农民因此而增加收入。试运用所学经济学原理对这两种说法给予评价。

分析：评价气候不好对农民是否有利，主要看农民的农业收入在气候不好的情况下如何变动。气候不好对农民的直接影响是农业歉收，即农产品的供给减少。如果此时市场对农产品的需求状况不发生变化，即需求曲线保持不变，那么农产品供给的减少将导致均衡价格的上升。

一般来说，人们对农产品的需求是缺乏弹性的，由需求的价格弹性与销售总收入的上升之间的关系可知，此时农民的农业收入将随着均衡价格的上升而增加。因而在需求状况不因气候不好发生变化且对农产品需求缺乏弹性的情况下，气候不好引致的农业歉收对农民增加收入是有利的。

当然，若需求状况也同时发生变化，或者需求不是缺乏弹性，那么农民将不会因农业歉收而得到更多的收入。由上述分析可知，对这一问题的回答应该首先对农产品的需求弹性及需求状况作出假定，而不能笼统地下判断。

2. 需求富有弹性的商品的需求价格弹性与总收益之间的关系

如果某商品是需求富有弹性，价格上升则引起总收益减少。假设价格从4元上升到5元，需求量从50减少为20，那么总收益从200元减少到100元。由于需求富有弹性，需求量减少得太多，以至于抵消了价格的上升。这就是说，价格上升，总收益$P×Q$减少，是因为需求量Q减少的幅度大于价格上升的幅度。

以电视机为例，假设电视机的需求弹性系数$|E_d|=2$，每台电视机的价格为2 000元，销售量为100台，这时总收益为

$$TR = P×Q = 2\,000×100 = 200\,000（元）$$

如果每台电视机的价格从2 000元下降到1 800元，下降幅度为10%。由于$|E_d|=2$，销售量便

会增加20%，增加至120台，这时总收益为

$$TR = P \times Q = 1\,800 \times 120 = 216\,000\,（元）$$

比较降价前后的总收益，每台电视机的价格虽然下降了，但是总收益增加了16 000元。

如果每台电视机的价格提高10%，即2 200元，那么销售量会下降20%，减至80台，这时总收益为

$$TR = P \times Q = 2\,200 \times 80 = 176\,000\,（元）$$

再比较涨价前后的总收益，虽然每台电视机的价格提高了，但是总收益未增加，反而减少了24 000元。

通过计算，可以得出这样的结论：需求富有弹性的商品，它的价格与总收益呈反方向变动。价格上升时，总收益减少；价格下降，总收益增加。

2022年7月，全国各省（市）组成采购联盟开展的第七批国家组织药品集中采购拟中选结果出炉。本次共集中采购60种药品，包括高血压、糖尿病、抗感染、消化道疾病等常见病、慢性病用药，以及肺癌、肝癌、肾癌、肠癌等重大疾病用药。拟中选药品平均降价48%，按约定采购量测算，预计每年可节省费用185亿元。药品集中采购在一定程度上减轻了群众就医的用药负担。

经济学中常用需求价格弹性来衡量商品价格变化引起商品需求量变化的比例。由于药品在维护健康上的特殊性，其商品的需求弹性较小，同时医疗保险的引入加快了消费价格弹性继续变小的速度，消费者对药品价格的变化相对不敏感，药品的价格上涨后，药品需求量并不会大幅减少。药品价格过高则会增加老百姓的医疗成本，加重人们生活负担。党中央、国务院高度重视解决老百姓看病难、看病贵的社会痛点问题，而国家组织药品集中采购改革也是一项重要的创新之举。

药品集采是国家组织多个医疗机构以招标投标的形式购进药品。在采购招投标中公示需要的采购量和价格，形成与厂家的议价能力，降低采购成本。

从医保局的药品价格监测数据看，集采落地实施以来，药品总体价格持续下降，前六批国家组织药品集采平均降幅达53%，有力地挤压了药价的虚高空间。

集采除了作为保障医保基金平稳运行的手段之一，也给老百姓带来了更多福祉，使医疗机构用药结构更加合理；提高了重大疾病治疗和特殊人群的用药保障水平；集采药品价格下降、用量增加，提升了患者用药的质量，降低了他们的负担。

随着医保改革进程的加快，将来看病会越来越方便，越来越实惠。

（资料来源：易思飞，杨晶. 经济学基础［M］. 北京：人民邮电出版社，2022：22.）

1. 需求理论阐述需求的影响因素及变动规律。影响需求的因素有商品自身价格和其他因素。商品自身价格是影响需求的最重要因素，在其他因素不变的条件下，商品的需求量与其自身价格呈反向变化，由商品自身价格变化引起的需求量沿同一条需求曲线移动，称为需

求量的变动；其他因素主要包括消费者收入、偏好、对未来的预期，相关商品的价格，人口数量及结构变动，广告规模及政府政策等。由这些变化引起的整条需求曲线平行移动，称为需求的变动。

2. 供给理论阐述供给的影响因素及变动规律。影响供给的因素有商品自身的价格和其他因素。商品自身的价格是影响供给的最重要因素。在其他因素不变的条件下，商品的供给量与其自身价格呈同向变化，由商品自身的价格变化所引起的供给量沿同一条供给曲线移动，称为供给量的变动；其他因素主要包括生产技术、生产要素的价格、相关商品的价格、厂商对未来的预期、厂商的数量及政府的经济政策等，由这些变化引起的整条供给曲线平行移动，称为供给的变动。

3. 需求与供给两种力量相互作用使市场达到均衡，均衡点是需求曲线与供给曲线的交点。均衡状态下的价格是均衡价格，此时商品的需求量与供给量相等，称为均衡数量。当供求失衡时，价格波动。影响供求的因素发生变动，供求随之变动，均衡价格与均衡数量也随之变动。当供给不变时，需求变动引起均衡价格和均衡数量同向变动；当需求不变时，供给变动引起均衡价格反向变动、均衡数量同向变动。

4. 弹性理论阐述存在函数关系的经济变量之间，因变量对自变量变化的反应程度，主要包括需求的价格弹性和供给的价格弹性等。如果弹性系数小于1，则缺乏弹性；如果弹性系数大于1，则富有弹性。需求缺乏弹性的商品，总收益与价格呈同向变化；需求富有弹性的商品，总收益与价格呈反向变化。

思考与练习

一、名词解释

1. 需求　　　　　　2. 供给　　　　　　3. 均衡价格
4. 最低限价　　　　5. 最高限价　　　　6. 需求定理
7. 供给定理　　　　8. 供求定理　　　　9. 需求价格弹性

二、单项选择题

1. 下列选项中，（　　）变化，不会使需求曲线移动。
   A. 消费者收入　　　　　　　　B. 商品自身价格
   C. 消费者偏好　　　　　　　　D. 相关商品价格
2. 鸡肉价格上升了，假定其他条件不变，则鸭肉的需求将会（　　）。
   A. 增加　　　B. 减少　　　C. 不变　　　D. 不能确定
3. 养猪所需饲料的价格上升了，假定其他条件不变，则生猪的（　　）。
   A. 需求减少　B. 需求增加　C. 供给减少　D. 供给增加
4. 居民用电的价格上升了，假定其他条件不变，则家用电器的需求将（　　）。
   A. 减少　　　B. 不变　　　C. 增加　　　D. 难以确定
5. 2019年5月1日，我国各海域全面进入伏季休渔期，市场上海鲜的品种明显减少，海鲜价格大涨，这是（　　）。
   A. 需求量减少　　　　　　　　B. 需求减少

C. 供给量减少　　　　　　　　D. 供给减少
6. 棉花的需求和供给同时增加，其影响结果是棉花的（　　）。
   A. 均衡价格和均衡数量同时上升
   B. 均衡数量上升，均衡价格的变化无法确定
   C. 均衡价格下降，均衡数量上升
   D. 均衡数量下降，均衡价格的变化无法确定
7. 下列商品的需求价格弹性最小的是（　　）。
   A. 小汽车　　　B. 服装　　　C. 食盐　　　D. 化妆品
8. 如果市场价格高于均衡价格，则存在（　　）。
   A. 过度需求　　B. 过度供给　　C. 黑市交易　　D. 难以确定

三、判断题

1. 需求是购买愿望与支付能力的统一。（　　）
2. 个人需求是市场需求的组成部分。（　　）
3. 替代品之间的关系表现了厂商之间的竞争关系。（　　）
4. 所有商品的需求量与自身价格都呈反向变化。（　　）
5. 消费者预期商品跌价会增加现期的消费需求。（　　）
6. 需求就是需求量。（　　）
7. 原材料价格上涨会引起供给曲线向右下方平移。（　　）
8. 均衡价格不是最高的市场价格，也不是最低的市场价格。（　　）
9. 价格决定供求，供求影响价格。（　　）
10. 征税抑制市场活动，买者与卖者分摊税收负担。（　　）

四、简答题

1. 影响商品需求的主要因素有哪些？
2. 怎样区别需求的变动与需求量的变动？
3. 影响商品供给的主要因素有哪些？
4. 怎样区别供给的变动与供给量的变动？
5. 均衡价格是怎样形成的？
6. 厂商在制定价格策略时，应如何考虑商品的需求弹性？

五、应用题

1. 假设商品的需求曲线是 $Q_d=30\,000-20P$，供给曲线是 $Q_s=5\,000+5P$，试回答下列问题。
   （1）该商品的均衡价格是多少？
   （2）当供求平衡时，该商品的销量是多少？
   （3）若政府规定该商品的最高限价是 400 元/吨，将对该商品的供求关系产生什么影响？影响程度有多大？
   （4）绘制均衡图。
   （5）计算均衡点的需求价格弹性。
2. 谈谈"以旧换新"依据的经济学理论，商家能接受被损坏的旧商品吗？为什么？
3. 限制住房价格及住房租金，能否解决住房短缺问题？
4. 实行最低工资标准对就业有何影响？

第三章 消费者行为理论

PROJECT 3

知识目标

○ 理解效用的基本含义和特征；
○ 掌握边际效用递减规律及消费者剩余的概念；
○ 理解消费者均衡的条件，并能运用边际效用分析法来实现效用最大化；
○ 能够理解消费者均衡的含义。

能力目标

○ 能够运用边际效用递减规律及消费者均衡理论，分析和解释现实社会中消费者的消费行为；
○ 能够运用消费者剩余的概念，分析和解释现实生活中消费者的满意度及消费行为。

春晚的怪圈

1983 年，第一届中央电视台春节联欢晚会播出，在当时娱乐业尚不发达的我国引起了极大的轰动。自此，我国老百姓在大年夜全家欢聚一堂收看春晚成了一种风俗，晚会的节目成为全国老百姓在街头巷尾和茶余饭后津津乐道的题材。

春晚年复一年地办下来了，投入的人力和物力越来越大，技术越来越好，场面越来越宏大，节目种类也越来越丰富。但不知从哪一年开始，人们对春晚的评价却越来越差了。原来街头巷尾和茶余饭后的赞美之词也变成了一片骂声，春晚成了一道众口难调的大菜，晚会陷入"年年办，年年骂；年年骂，年年办"的怪圈。

思考：春晚的怪圈反映了什么经济学原理？

春晚的怪圈这个问题，利用经济学中的效用理论可以给出很好的解释。

(资料来源：杨洁. 经济学基础 [M]. 北京：人民邮电出版社，2019：46.)

通过学习消费者行为，我们将掌握效用的概念和特点，了解基数效用论和序数效用论两种理论，能够运用边际效用递减规律分析现实生活中的经济现象。消费者行为理论描述了人们如何作出消费决策。大学生应树立理性的消费观，切忌冲动消费，做到用之有度、用之有益。

第一节 效用一般理论

案例导入

幸福方程式

诺贝尔经济学奖得主保罗·萨缪尔森提出过一个"幸福方程式"，即幸福＝效用／欲望。在这个方程式中，影响幸福感的两个要素就是欲望和效用，幸福与欲望成反比，与效用成正比。如果人的欲望是既定的，效用越大就会越幸福。从幸福方程式看，提高幸福感有两个方法：其一是降低欲望，其二是增大效用。

效用是一个抽象的概念，在经济学中用于表示从消费物品中得到的主观享受或满足。萝卜青菜，各有所爱，因为个人具有主观性，所以消费物品的价格越高不一定代表效用越大，消费越多也不一定代表效用越大。欲望就是想要达到的目标。从个人和家庭的角度看，欲望就是过上高品质的生活，子女受到良好的教育，大家能安享晚年，一生平安，无忧无虑。

显然，保罗·萨缪尔森的幸福方程式说明，我们的幸福生活，就是令自己满意的生活。当欲望既定时，人的幸福就取决于效用，效用越大越幸福；当效用既定时，欲望越低越幸福。

（资料来源：易思飞，杨晶. 经济学基础［M］. 北京：人民邮电出版社，2022：59.）

思考：
根据幸福方程式，我们应该如何追求幸福感最大化？

案例解析

> 幸福是人的一种感觉，一个人是否幸福完全取决于个人的主观感受。要想更幸福，必须增大效用或减小欲望。从保罗·萨缪尔森的幸福方程式来看，控制欲望也是获取幸福的一种途径。人贵有自知之明，此处的"知"是知道自己到底想要什么，而不是今天想要这个，明天又换成了那个。因此，"知足常乐""适可而止""随遇而安"这些说法其实蕴含着深刻的经济学含义，我们要为实现自己的幸福感最大化作出理性的选择。

一、认识偏好

（一）如何理解欲望

深冬雪夜，又饿又冷的你看到一家面馆，一定会非常想吃一碗热汤面，让全身暖和起来，因为此时这碗面条能够满足你吃饱变暖的需要。由此可见，消费者购买商品的动机源于其自身的欲望。

欲望（需要）就是指想要得到而又没有得到某种商品或服务的一种心理状态，是"不足之感"与"求足之愿"的心理统一。欲望是人性的组成部分，源于人的生理和心理的本性。人类的欲望具有多样性，当一种欲望得到满足后，更高层次的欲望就随之产生。从这个意义上说，人类的欲望是无限的，因此，人们总是在资源既定的条件下，尽可能多地获取商品，以便使自身的欲望得到最大满足。但对特定商品而言，人们的欲望又是有限的。因为随着一个人拥有或者消费某一特定商品的数量越来越多，人们的需求就会越来越小，所以人们也会将有限的资源用于不同的商品之中。

如何控制自己的欲望

欲望，是人的天性，本质上是一个中性词，是指个人对某种事情或者物体的一种极度渴求的态度。不同的人有不同的欲望和需求，不同的欲望因为人的个性特点，带上了不同的感情色彩和褒贬含义。

很多时候，衡量一个人是否会取得成功，会考虑他对欲望的控制能力的强弱。心理学家认为，快速控制欲望的关键是和大脑建立稳定联系，可以从三个角度出发：

1. 利用好自己的游离思维

一个人的注意力是有限的，在注意力高度集中时，仍会出现游离思维，因而要好好利用。例如，在想要吃一顿大餐的时候，可以马上利用游离思维，让注意力转移到另外一件事情上，对美食的欲望就会被其他事物替代。

2. 制定自我奖罚机制

神经心理学家发现，合理使用外部的约束制约和奖励刺激，会比较容易控制欲望。例如，有两个减肥的人，一个是自己减肥，没有外部干涉，而另一个是有监督者定期称重并调整计划，那么后者取得的成绩就会大于前者。由此可见，有奖罚机制的干预，控制欲望会事半功倍。

3. 养成自律的好习惯

控制欲望需要自制力。当人们利用自制力的时候，脑前额叶皮质就会相当活跃。如果我们常常使用自制力来刺激脑前额叶，就会让脑记忆慢慢形成一种习惯，就会形成欲望控制循环体。

（二）偏好怎样影响选择

周末，小红约小美逛街买衣服。小美刚进商场就被一条红色的连衣裙吸引住了，而小红看中了一身白色 T 恤和蓝色牛仔裤的搭配。是什么影响了人们的选择？答案是不同的偏好。用一句俗语总结，就是"萝卜白菜，各有所爱"。

经济学设立了"理性人"假设，对"理性"行为的界定是从偏好出发的。所谓偏好，是指人们在产生某种欲望之后，通过购买某一种相应的商品或服务而表现出的一种内在心理倾向，它具有一定的趋向性和规律性。偏好存在于个体内部，难以直接观察到，具有明显的个体差异，同时也会受到社会、心理状况、教育水平、职业等多方面因素的影响，呈现出群体特征。

消费者偏好是指消费者对所购买或消费的商品和服务的爱好胜过对其他商品或服务，是对商品和服务优劣性所产生的主观感觉或评价。常见的偏好主要有三种：

1. 习惯

由于消费者行为方式的定型化，经常消费某种商品或经常采取某种消费方式，就会使消费者心理产生一种定向的结果，这就是习惯。几乎每个消费者都有这种动机，只是习惯的方面及稳定程度有所不同。

2. 方便

方便是指消费者把便利程度作为选择消费品、服务以及消费方式的第一标准，以求在消费活动中尽可能地节约时间。

3. 求名

求名是指消费者把消费品的名气作为选择与否的前提条件。在购买活动中，求名偏好多是基于消费者对名牌商品质量的信任，有时也受情感动机的影响。

二、认识效用

（一）效用的含义

消费者也称居民户，是指具有独立的经济收入来源，能作出统一消费决策的单位。消费者可以是个人或由若干人组成的家庭，其目标是在既定收入条件下追求效用的最大化。何谓效用呢？

效用是消费者从消费某种物品中得到的满足程度，或者说商品满足人的欲望和需要的能力和程度。如果消费者消费某种物品获得的满足程度高，则效用大；反之，满足程度低，则效用小。

与使用价值不同，效用不仅仅指满足人们需要的客观的物质属性，还关乎消费者的主观感受。

也就是说，一个物品的效用大小，有没有效用，有时候是因人因时而异的。例如，同样一杯冰激凌，在夏天和冬天对人的效用可能完全不同。

（二）效用的特点

1．效用具有主观性

效用实际上是消费者对物品满足自己欲望的能力的一种主观评价。某种物品给消费者带来的效用取决于消费者本人的感觉，并没有统一的评价标准。例如，一支烟对吸烟者来说可以有很大的效用；而对于不吸烟者，则可能毫无效用，甚至有负效用。

2．效用具有差异性

不同的人对商品的偏好不同，同一种商品对不同的人的效用也不同。当然，同一个人在不同的时空条件下，消费同一物品也会产生不同的效用。例如，一件棉衣，在冬天或寒冷地区给人带来的效用很大，而在夏天或热带地区，也许会带来负效用。

3．效用有正负之分

虽然效用不分好坏，但效用分正负。在消费过程中，如果消费者获得快乐、愉悦，则称为正的效用，而且满足感越强，效用越大；反之，如果消费者获得的不是满足感，而是不舒服，甚至是痛苦的感觉，则称为负的效用。例如，辣椒对喜辣的人具有正效用，但对不喜辣的人具有负效用。

对效用的理解：宝石和木碗

有一个穷人，家徒四壁，仅有的财产是一只旧木碗。一天，穷人上了一艘渔船去当帮工。不幸的是，渔船在航行中遇到了特大风浪，被大海吞没，船上的人几乎都被淹死了。穷人抱着一根大木头，才幸免于难，被海水冲到一个小岛上。岛上的酋长看见穷人的木碗，感到非常新奇，便用一口袋最好的珍珠、宝石换走了木碗。一个富翁听到了穷人的奇遇，心中暗想：一只木碗都能换回这么多宝贝，如果我送去很多可口的食品，该换回多少宝贝啊！富翁装了满满一船山珍海味和美酒，历尽艰辛，终于找到了穷人去过的小岛。酋长接受了富人送来的礼物，品尝之后赞不绝口，声称要送给他最珍贵的东西。富人心中暗自得意。可当他看见酋长双手捧着的珍贵礼物时，不由得愣住了：它居然是穷人用过的那只旧木碗！原来木碗在这个岛上是绝无仅有的，比宝石更珍贵。

三、效用的评价

效用是用来表示消费者在消费商品时感受到的满足程度，于是，就产生了对这种"满足程度"即效用的度量问题，即效用的大小问题。既然效用有大有小，那么比较效用大小的标准是什么？在这一问题上，西方经济学家先后提出了基数效用和序数效用的概念，在此基础上，又形成了分析消费者行为的两种方法，分别是基数效用论者的边际分析方法和序数效用论者的无差异曲线的分析方法。前者也称为边际效用分析，后者也称为无差异曲线分析。

基数和序数这两个术语来自数学。基数是指0，1，2，3……，可以加总求和。序数是指第一、第二、第三……，只表示顺序或等级，不能加总求和。

（一）基数效用论

基数效用论认为，效用是可以计量并加总求和的，因此，效用的大小可以用基数（1, 2, 3……）表示，正如长度单位可以用米表示一样。所谓效用可以计量，就是指消费者消费某一物品得到的满足程度可以用效用单位衡量。

例如：人渴了喝一杯茶，感到很舒服，效用评价为 10 个效用单位；又看了一份报纸，感觉还好，效用评价为 5 个效用单位。所以喝一杯茶的效用大于看一份报纸，同时消费这两份物品得到的总效用为 15 个效用单位。

基数效用论采用的是边际效用分析法。

（二）序数效用论

效用是一种心理感觉，没有客观标准，也很难用具体数字来衡量与表示，因此，许多西方经济学家认为基数效用论难以成立，而提出了代替基数效用论的序数效用论。

序数效用论认为，效用无法计量并加总求和，只能表示出满足程度的高低与顺序，因此，效用只有用序数（第一，第二，第三……）表示。

例如：口渴了，喝一杯茶感觉好，看一份报纸感觉一般，两者比较，喝茶的效用大于看报的效用，喝茶的效用排在第一，看报的效用排在第二。

序数效用论采用无差异曲线分析法。

价值引导

树立正确的消费观，警惕消费主义

效用是对欲望的满足，是一种心理现象，是消费者消费某种物品时的主观感受，而非物品本身的属性，即效用的大小与物品本身是否具有使用价值以及使用价值的大小并没有关系。也就是说，一件物品不论其客观上具有多大的有用性，但对某个具体的消费者来说，其效用只取决于他自己的心理感受和主观评价。因此，使用价值大、价格高的商品，并不一定能带来大的效用。

近年来，消费主义悄然流行。消费主义宣扬的消费的满足等于幸福的获得，是极其虚幻的。鼓吹毫无节制地消耗物质财富的消费主义是不好的价值观，其初衷是加速解决生产过剩，通过加速消费从而加速资本周转，顺利实现扩大再生产和获取利润。青年学生要树立正确的消费观。首先，消费要精打细算，不仅要算金钱账、时间账、精力账，还要考虑消费每种商品带来的效用；其次，消费要理性，要量力而行，可以满足一些合理的、自己有能力满足的欲望，应舍弃不合理的欲望或者自己正常情况下无法满足的欲望，从主观上降低相应商品或服务的效用水平。

（资料来源：易思飞，杨晶. 经济学基础［M］. 北京：人民邮电出版社，2022：62.）

第二节 基数效用理论

案例导入

第一个和第七个的不同

有这样一则寓言：有个人肚子饿了，去买煎饼吃。一连吃了六个，觉得还是没饱，就买了第七个。刚吃了半个，就觉得很饱了。这时，他很懊悔，用手打着自己的嘴巴说："我怎么如此愚痴而不知节约！早知道后头的半个煎饼能让我吃饱，那我就买这半个煎饼好了，前头的六个煎饼不是多吃了吗？"

19世纪70年代出现的边际概念，使经济学爆发了一场全面革命，这场革命被称为边际革命，它使经济学从古典经济学强调的生产、供给和成本，转向现代经济学关注的消费、需求和效用。经济学家把边际作为一种理论分析工具，应用于任何经济中的任何可以衡量的事物。

同样的道理，你肚子饿了，去麦当劳吃汉堡包。吃第一个的时候，你觉得汉堡包太好吃了，于是你又买了一个；吃第二个的时候，你可能感觉没第一个好吃了，但也还行，于是又买了一个；吃完第三个的时候，你真的觉得饱了。碰巧的是，你一个要好的朋友来了，硬拉着你又吃了一个汉堡包，吃第四个的时候你就觉得有些腻了。如果再要你吃一个，你可能以后看到汉堡包就想吐。

（资料来源：易思飞，杨晶. 经济学基础［M］. 北京：人民邮电出版社，2022：62.）

思考：
完全一样的煎饼和汉堡包，为什么每一个煎饼和汉堡包带来的效用会不一样呢？

案例解析
> 因为每一个煎饼和汉堡包带给消费者的满意度是递减的，从好吃到看到就想吐，这就是边际效用递减。消费者对物品的欲望会随欲望不断被满足而递减，如果物品数量无限，欲望可以得到完全的满足，最后就会递减到0。在日常生活中，常常会碰到须开展边际分析的问题，人们可以通过考虑边际量作出最优决策。

在运用边际效用分析法分析消费者行为时，首先要了解两个重要的概念——"总效用"与"边际效用"，以及一条重要的规律——边际效用递减规律。

一、效用、总效用和边际效用

1. 效用
物品能够满足人们欲望的能力叫效用。既然基数效用论认为效用可以用具体的数字来表示大小，那么效用也就可以用效用函数来表示，即

$$U = U(q_1, q_2, \cdots, q_n)$$

其中，U代表效用，$q_1, q_2, \cdots, q_n$表示不同商品或劳务的消费数量。

2. 总效用
总效用是指消费者消费一定数量的商品而获得的满足总和，常用TU表示。
$$TU = f(X)$$

3. 边际效用
边际效用是指消费者每增加一单位某种物品的消费而增加的总效用，用MU表示。
$$MU = \frac{\Delta TU}{\Delta X} \text{ 或者 } MU = \frac{\mathrm{d}TU}{\mathrm{d}X}$$

"边际"的含义：在解释价值决定的时候，表示"最后一个"，比如将来要学的边际产品；在描述变化过程的时候，表示增量或者叫"变化率"，比如边际效用。

是否该给这位乘客打折?

假设一架有200个座位的飞机,横跨两省的飞行成本是10万元。这样,每个座位的平均成本是10万元/200个,也就是500元。或许你会得到这样的答案,航空公司的票价绝不能低于500元。但实际上,航空公司考虑的是边际量。设想,这架飞机马上将起飞,但飞机上仍然有10个空位,这时登机口有一位乘客愿意支付300元买一张票。航空公司应该卖给他吗?

事实上,当然应该。如果飞机上有空位,多增加一个乘客,增加的成本是微乎其微的。虽然一位乘客飞行的平均成本是500元,但是空座位上多增加一位乘客,增加的成本仅仅是一瓶矿泉水,或者一份免费快餐。

(资料来源:杨卫军,陈昊平. 经济学基础[M]. 北京:北京理工大学出版社,2016:63.)

4. 边际效用与总效用的关系

(1)总效用的曲线:可以看到总效用曲线是一条从原点出发,向右上方倾斜,到达最高点之后又下降的曲线。它表示随着商品消费量的增加,在合理的消费阶段,消费者的满足感会不断增加,但当消费饱和以后,继续消费会导致消费者满足感的下降。

(2)边际效用曲线:向右下方倾斜,且可能和横轴相交成为负值。它表示随着消费数量的增加,消费者不断增加的满足程度是递减的。当消费者的满足程度达到饱和时,总效用最大,但是边际效用为0,继续消费的话,边际效用就为负了。

边际效用和总效用的关系:当边际效用为正数时,总效用是增加的;当边际效用为0时,总效用达到最大;当边际效用为负数时,总效用减少。

消费中的效用表见表3-1。

表3-1 消费中的效用表

商品数量	总效用	边际效用
0	0	0
1	10	10
2	18	8
3	24	6
4	28	4
5	30	2
6	30	0
7	28	-2

总效用曲线与边际效用曲线如图3-1所示。

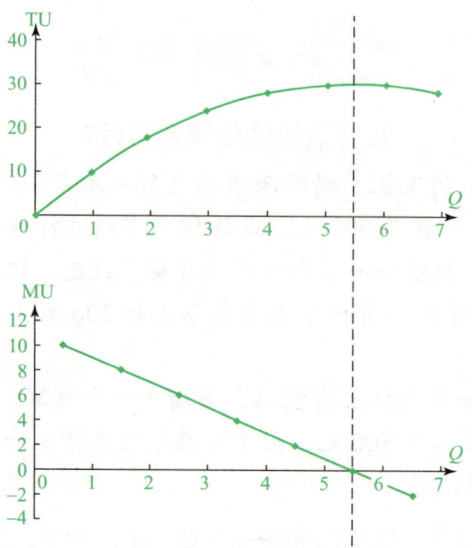

图 3-1　总效用曲线与边际效用曲线

价值悖论和边际效用价值论

亚当·斯密在《国富论》中提出一个问题："没有什么能比水更有用，然而水很少能交换到任何东西。相反，钻石几乎没有什么使用价值，但经常可以换到大量的其他商品。"这就是价值悖论。亚当·斯密没有解决这个问题，这个问题之后也一直困扰着经济学家。直到19世纪70年代，边际效用概念的引入才解释了这个悖论。

边际效用是连续消费某种物品的过程中，最后单位的该物品给消费者带来的满足。经济学家认为，正是这种边际效用决定了该物品的价值，这种观点被称为边际效用价值论。如果某种物品的数量越多，其边际效用就越小，其价值也就越小。水是可以自由取用的物品，所以其最后单位的效用接近于0；钻石的数量极少，其最后单位的效用远远大于水。正因为如此，经济学家把效用和稀缺性联系起来以说明物品的价值。"空气和水是人类生活中很有用的要素，然而它们没有价值，因为它们不具有稀缺性；另一方面，采自日本海岸的一袋沙石可以说是稀少之物，然而它没有特定的用途，所以也不会有价值。"如果一个人在沙漠中行走，由于水的效用很大，加上水的稀少，其价值也相应很大。因此，价值悖论实际上反映的是一个普遍性的问题，即物品价值与物品数量之间的关系。

尽管对边际效用价值论有不同的看法，但用边际效用解释亚当·斯密的价值悖论确实是有效的。边际的概念和边际分析方法已经成为现代经济学的基本要素，用于分析价值以外的问题，这可能是提出边际效用价值论的经济学家们始料未及的。

（资料来源：苏艳丽. 经济管理基础［M］. 大连：大连理工大学出版社，2014：58.）

二、边际效用递减规律

从表3-1和图3-1中可以看出，随着消费数量的增加，边际效用是逐渐减少的，且从正数变为负数。这种情况存在于一切物品的消费中，称为边际效用递减规律。

1. 内容

边际效用递减规律是指在一定时期内，在其他条件不变的情况下，随着对某种物品或劳务的消费量增加，该消费者从该物品或劳务连续增加的每一消费单位得到的效用增量，即边际效用是递减的。

课堂讨论

在生活中，你观察到的边际效用递减现象有哪些？你印象最深的是什么？

2. 原因

（1）生理或心理原因。人们的欲望尽管是无限的，但就每一个具体的欲望来说是有限的，随着消费物品的数量增加，人们有限的欲望逐渐得以满足，生理上或心理上对物品重复刺激的反应越来越迟钝，导致新增加的物品对消费者的效用也越来越小。

（2）物品用途的多样性。每种物品都有多种用途，消费者在使用物品时，首先会把它用在最重要的用途上，再将其逐次用到不重要的用途上，这本身就说明边际效用是递减的。例如，水按重要程度递减的顺序，分别有饮用、洗浴、洗衣、浇花等多种用途。当水很少时，它会被用在最重要的用途上，如饮用；在用水量很充足的情况下，它会被逐次用到洗浴、洗衣、浇花等越来越不重要的用途上。这也说明边际效用是递减的。

课堂讨论

（1）你愿意连续为自己购买多件相同的衣服吗？你愿意每天吃相同的菜肴吗？请说明理由。

（2）在我国北方的很多城市，水资源极为稀缺，请列举水资源的家庭用途，并按重要性排序。

知识链接

边际效用递减规律也被称为戈森第一定理。戈森是德国经济学家，戈森第一定理的主要内容是人类为满足欲望和享乐须不断增加消费次数，而满足感会随消费次数的增加而递减。当满足为0时，消费就应停止，如再增加消费，则满足为负数，就变为痛苦。戈森第一定理也是"欲望强度或享乐递减定律"，是现代效用论的基础。

知识拓展

边际效用的思考

我们可以把经济学对边际效用的分析和研究思路运用到日常生活中，以分析和指导我们的学习和生活。

首先，用创新的方式"坚持"。按照边际效用递减规律，我们在学习和生活中重复做一件事情的时候，所获得的享受和满足感会逐渐减少，容易导致"喜新厌旧"，这常使得事业和学业的发展"半途而废"。虽然我们都知道，实现理想与目标需要坚持不懈地努力。然而，坚持难在需要在边际效用很低时还持续投入，克服边际效用递减规律，和欲望、懒情、惯性作斗争。怎样才能做到呢？

答案就是创新：不断尝试用新的心态、新的方式做事；把要坚持做的事情变得好像是新的事情一样，维持它带给我们的边际效用，帮助我们实现"坚持"。

其次，强调人的全面发展。人的全面发展是包括经济、政治、文化、社会、生态等各方面需求都得到满足的状态，比单纯的物质丰沛、生活富足的层次更高。今天的中国已告别总量短缺时代，人民对美好生活的需要在日益增长，发展却仍不平衡、不充分，还需大力贯彻创新、协调、绿色、开放、共享的新发展理念，通过更持续、更公平、更高质量的发展，促进人的全面发展。

（资料来源：赵莉，朱小平. 经济学基础［M］. 北京：高等教育出版社，2022：69.）

学以致用

初恋最难忘

每增加一次爱情消费，所引起总效用增加的部分将会逐渐递减。第一次恋爱的满足感最大，得到的启发也最多，随着恋爱次数的增加，对爱情的好奇与新鲜感会逐渐递减，所得到的恋爱满足感也是递减的。这也是为什么初恋最难忘，"二恋""三恋"带来的效用是递减的。因此，我们要树立正确的爱情观，在选择恋爱时要慎重，要正确处理爱情、学业与事业的关系。无质量的恋爱不仅不能给我们带来效益，反而会导致爱情带来的边际效用递减。为什么会提出拒绝早恋的观点，就是这个原因。

（资料来源：李志强. 经济学基础［M］. 北京：北京出版集团，2020：74.）

三、怎样理解价值悖论

经济学家亚当·斯密在《国富论》中提出了著名的钻石与水的悖论：人的生存需要水，没有什么比水更有价值了，但是人们很难用水购买或交换什么东西；反之，钻石虽然无使用价值可言，但是它的市场价值一直很高。这是为什么呢？

是什么决定一种商品的市场价值？我们已经知道了答案，那就是供给和需求。

从供给角度来看，马克思提出，价值取决于商品包含的必要劳动时间，"劳动价值论"本质上是"成本决定论"。而从需求角度来看，商品的价值或价格是由边际效用而不是总效用决定的。水非常必要，具有很高的总效用，即"使用价值"很大。但在世界的大部分地方，水都是容易得到的，巨大数量的水使其边际效用大大减少，因而只能在很低的价格上大量供给。相反，钻石虽然具有很低的总效用，但具有很高的边际效用。如果发明某种技术可以实现低成本大量生产钻石，使人们拥有很多钻石，那么钻石的市场价值就会很快下降，其边际效用也会很快递减。

总而言之，在经济学中关于商品价格的理论是以需求为中心的"效用决定理论"，即价格由边际效用决定。

四、消费者均衡

1. 消费者均衡的含义

消费者均衡是指消费者在一定的价格水平下，用一定的收入购买与消费各种物品，使自己的总效用达到最大时的状态。消费者均衡状态下的商品购买数量为最优购买数量。

研究消费者均衡，即研究消费者实现效用最大化的条件，是消费者确定商品最优购买数量的依据。

消费者均衡的前提假设：消费者行为是理性的，消费者的偏好和收入是既定的，商品价格是既定的。也就是说，研究的是一种静态均衡。通常假设消费者只买两种商品。

2. 消费者均衡的条件

（1）约束条件：假定消费者用既定的收入 M，只购买 X 与 Y 两种商品，X 与 Y 两种商品的价格分别为 P_X 与 P_Y，消费者均衡的约束条件可以表示为 $M=P_X X+P_Y Y$。

实际上就是说，消费者要在自己的收入许可范围内选择，所以叫约束条件。

（2）实现条件：消费者购买任何两种商品的边际效用与其价格之比都相等，或者说，消费者购买任何两种商品的最后一单位货币带来的边际效用都相等。消费者均衡的实现条件可用公式表示为 $\frac{MU_X}{P_X}=\frac{MU_Y}{P_Y}\lambda$，即所花的每一块钱得到的额外的满足感（即边际效用）都相等。

如果 $\frac{MU_X}{P_X}>\frac{MU_Y}{P_Y}$，则意味着花在 X 上的最后一单位货币提供的边际效用大于花在 Y 商品上的。此时，减少 Y 的购买同时，增加 X 的购买就会使消费者的总效用增加。

如果 $\frac{MU_X}{P_X}<\frac{MU_Y}{P_Y}$，则意味着花在 X 上的最后一单位货币提供的边际效用小于花在 Y 商品上的。此时，减少 X 的购买同时，增加 Y 的购买就会使消费者的总效用增加。

3. 消费者均衡条件实例分析

以表 3-2 为例，进一步说明消费者均衡的条件。

表 3-2　某消费者的边际效用表

商品数量（Q）	1	2	3	4	5	6	7	8
商品 X 的边际效用（MU_X）	11	10	9	8	7	6	5	4
商品 Y 的边际效用（MU_Y）	19	17	15	13	12	10	8	6

在表 3-2 中，假设某消费者在某一时期内将 8 元钱全部用于购买商品 X 和商品 Y，两种商品的价格分别为 $P_X=1$ 元，$P_Y=1$ 元。那么，能给消费者带来最大边际效用的购买组合应该是怎样的呢？

在商品的边际效用连续下降时，消费者只有使每一元钱带来的边际效用最大，才能最后使总效用最大。根据表 3-2，理性的消费者将会用第一元钱购买第一单位的商品 Y，由此得到 19 个效用单位，他不会用第一元钱去购买第一单位的商品 X，因为这样只能得到 11 个效用单位。同理，根据追求最大效用的原则，他将用第二、第三、第四和第五元钱去购买第二、第三、第四和第五单位的商品 Y，分别获得 17、15、13 和 12 个效用单位。再用第六元钱去购买第一单位的商品 X，获得 11 个效用单位。最后，用第七、第八元钱去购买第二单位的商品 X 和第六单位的商品 Y，这时分别花费在这两种商品上的最后一元钱带来的边际效用是相等的，都是 10 个效用单位。至此，该消费者的全部收入都用完了，并以最优购买组合 $Q_X=2$ 单位和 $Q_Y=6$ 单位实现了效用最大化的均衡条件：

$$\frac{MU_X}{P_X}=\frac{MU_Y}{P_Y}=\lambda$$
$$P_X Q_X+P_Y Q_Y=1\times 2+1\times 6=8$$

此时，消费者获得的最大的总效用为 107 个效用单位。

知识链接

把每一分钱都用在刀刃上

消费者均衡就是消费者购买商品的边际效用与货币的边际效用相等。这就是说，消费者每花一元钱的边际效用和用一元钱买到的商品的边际效用相等。假定一元钱的边际效用是5个效用单位，一件上衣的边际效用是50个效用单位，消费者愿意用十元钱购买这件上衣，因为这时一元钱的边际效用与用在一件上衣上的一元钱的边际效用相等。此时，消费者实现了消费者均衡，也可以说实现了消费（满足）的最大化。低于或大于十元钱，都不能实现消费者均衡。简单地说，在收入和商品价格既定的情况下，花钱最少得到的满足程度最大地实现了消费者均衡。

商品的边际效用递减，其实货币的边际效用也是递减的。在收入既定的情况下，储蓄越多，购买的物品就越少，这时货币的边际效用就下降，而物品的边际效用在增加。明智的消费者应该把一部分货币用在购物上，以增加它的总效用；相反，消费者减少商品的购买量，增加货币的持有量，也能提高它的总效用。通俗地说，假定你有稳定的职业收入，银行存款有50万元，但非常节俭，吃、穿、住都处于温饱水平。实际上这50万元足以让你实现小康生活。要想实现消费者均衡，你就应该用这50万元的一部分去购房，一部分去买一些档次高的服装，银行也要有一些积蓄。相反，如果你没有积蓄，而购物欲望又非常强，见到新的服装款式甚至借钱也要去买，买的服装很多，其效用降低，如果遇到一些家庭风险，没有一点积蓄，就会使生活陷入困境。

消费者均衡理论看似难懂，但其实一个理性的消费者的消费行为已经遵循了消费者均衡理论。例如，在现有的收入和储蓄水平下是买房还是买车，你会作出合理的选择。再如，走进超市，见到琳琅满目的物品，你会选择最需要的。所以说，经济学是选择的经济学，而选择就是在你资源（货币）有限的情况下实现消费满足最大化，使每一分钱都花在刀刃上，这就实现了消费者均衡。

（资料来源：杨洁. 经济学基础［M］. 北京：人民邮电出版社，2019：53.）

知识拓展

数字经济时代消费者购买决策的变化

数字经济时代，消费者购买决策也有了很多新变化，主要表现在三个方面。

第一，消费者购买决策的方式正发生转变。

在传统媒体时代，消费者通常通过了解媒体宣传、观看广告等方式，被动接受产品信息和品牌价值，进而依据自己拥有的知识和对商品的印象，作出购买决策。在数字经济时代，网购、直播、社交平台等新方式方法的发展让消费者拥有了更多的选择权，他们通过主动搜索和互动交流获取更多的产品信息，并据此决策自己的商品选购行为。

第二，便捷网购带动冲动型消费增加。

近年来，移动互联网在中国的普及有效促进了消费者在线购物规模和在线支付规模的快速增长。首先，精心设计的购物平台，无尽的促销活动，各种消费者分享的体验，以及沉浸式的购物体验，都可以有效激发消费者的购买欲望。其次，在卖方和消费者的直接沟通中，卖方的促销信息以及其他消费者的评论，都很容易引起消费者的购物冲动。最后，便携式移动设备和顺畅的购物体验提高了购物效率，缩短了消费时间。

第三，购后口碑传播效用明显。

消费者购买商品或服务后，将验证其购买决定的正确性，并通过实际使用确认其个人满意度。较高的消费者满意度会让品牌留下良好的印象，提高消费者的忠诚度；高度不满则会导致消费者投诉。数字经济时代，信息共享更加便捷，人们的分享愿望也更加强烈。因此，消费者的个人影响被有效放大。满意度不仅决定了个人决策，其传播效果也会通过互联网不断放大，成为影响其他消费者购买决策的参考。

（资料来源：赵莉，朱小平. 经济学基础［M］. 北京：高等教育出版社，2022：71.）

五、消费者剩余

分组讨论

> 小美到商场买手机，她的预算是2 000元。转了一会儿，她发现自己心仪很久的一款标价2 000元的手机在打8.5折，她高兴地买下来，逢人就说："今天的手机买得太划算了，我赚了300元呢！"请你用经济学原理解释小美为什么说自己"赚了"300元？这笔钱是小美真实增加的收益吗？

1. 消费者剩余的含义

小美的经历我们都感同身受过，其中涉及的经济学概念就是消费者剩余。

消费者剩余是指消费者购买某一商品时，愿意支付的价格高于市场价格的差额。"愿意支付的价格"是指消费者愿意支付的最高价格，称为支付意愿，用于衡量购买者对商品的评价。

用公式可以表示为

消费者剩余＝购买者的支付意愿－购买者的实际支付

2. 消费者剩余的计算

单个消费者通常根据自己对商品边际效用的评价来决定愿意支付的价格，但市场价格并不是由某个消费者的支付意愿决定的，而是由市场供求关系决定的。当市场价格低于消费者愿意支付的价格时，消费者从商品的购买与消费中不仅得到了满足，还得到了额外的福利，即消费者剩余。如表3-3所示，消费者购买4个小笼包愿意支付的总价格是22元，实际支付的总价格是4元，获得消费者剩余18元。

表3-3 商品购买资料

商品消费数量Q	边际效用MU	愿意支付价格（元）	市场价格（元）	消费者剩余（元）
（1）	（2）	（3）	（4）	（5）=（3）-（4）
1	12	12	1	11
2	6	6	1	5
3	3	3	1	2
4	1	1	1	0
合计	22	22	4	18

需要注意的是，消费者剩余只是消费者的一种主观感觉，不同的消费者对某种商品的消费估价不同，愿意支付的最高价格也不同。消费者愿意支付的价格水平主要取决于其偏好。

案例阅读

假设你暑假去海边旅游，顺便到某个商场购物，你很高兴地以200元的折扣价买下了一双标价500元的鞋。这事儿看上去的确值得高兴，因为你买这双鞋似乎省下了300元。

但是，你真的赚到300元吗？并没有。你自认为赚到的钱其实就是消费者剩余。换句话说，你本来愿意出价500元，甚至用更高的价格买这双鞋，结果只付了200元，这300元的差价便是消费者剩余。因此，消费者剩余只是一种心理感受，并不意味着有实际的收入。

（资料来源：杨洁. 经济学基础［M］. 北京：人民邮电出版社，2019：55.）

课堂练习

小王开了一家名叫"蜀汉"的公司，生产计算机。四个人购买计算机：小张愿意支付5 000元，小李愿意支付5 500元，小宋愿意支付5 800元，小贾愿意支付6 000元。

请根据消费者剩余的有关知识回答下列问题。

1．如果计算机的定价为5 850元，那么上述四位购买者中，谁会买计算机？他的消费者剩余是多少元？

2．如果目前有四台计算机可以销售，最高可定价多少元？此时市场上的消费者剩余为多少元？

3．消费者如何避免陷入追逐消费者剩余的陷阱？

消费者剩余理论告诉我们，当消费者获得消费者剩余时，其心理上会觉得自己赚了，起到了积极作用；与之相反，当消费者剩余为负数，即商品定价超过预期时，消费者就会放弃购买。因此，商家有时候会故意引导消费者，使之产生有消费者剩余的感觉。例如，将原价定得相对较高，拔高消费者对这个商品的价值认定，再贴个打折的标签，使消费者误以为自己获得了消费者剩余，从而刺激其购买欲。

作为理性的消费者，我们不要被消费者剩余误导，购买大量不需要的商品，从而造成时间和金钱的浪费。

知识拓展

消费者剩余与生产者剩余

生产者剩余是指生产者出售一种商品得到的收入减去成本的剩余部分，是一个与消费者剩余相对的概念。生产者剩余的增加，意味着消费者剩余的减少。生产者剩余其实就是企业赚取的利润，是实实在在的收入；而消费者剩余是主观感受。

消费者剩余给企业的启示：

（1）要开展市场调查，根据消费者的偏好来开发产品。

（2）可以根据消费者的偏好来细分市场。

（3）可利用广告培育偏好，利用品牌维持偏好。

（4）可利用产品包装、性能等的变化提高效用。

（5）企业赖以生存的基础是持续为顾客创造更多的价值——创造价值就是提供消费者剩余，更多价值意味着比别的竞争性（替代性）商品的消费者剩余更多。

但要注意：

（1）新产品开发虽然能够激发顾客偏好，但是具有不能形成稳定偏好的风险。

（2）营销固然重要，但根本还是诚信，为顾客提供最大满足。

有的年轻人消费不够理性，经常突破预算约束，从父母那里增加预算，这将削弱年轻人的责任心。有相当一部分年轻大学生将父母的储蓄花费在个人享乐上。因此，我们应学会节约成本，学习理财知识，学以致用。

（资料来源：赵莉，朱小平. 经济学基础［M］. 北京：高等教育出版社，2022：88.）

知识拓展

消费结构合理化——倡导绿色、合理消费观

习近平总书记在党的十九大报告中指出，倡导简约适度、绿色低碳的生活方式，反对奢侈浪费和不合理消费。合理消费离不开消费结构的合理，实现消费结构合理是一项系统工程，既要提高消费者素质，倡导科学、合理的消费观，又要从发展经济上创造一系列条件，具体来说可以从五个方面实现。

1. 改革分配制度，提高收入水平，促进消费结构升级

消费结构的合理化相当程度上取决于收入分配的合理化。我国应调整收入分配结构，改革分配体制，提高广大居民的收入水平，尤其是提高农民和城镇低收入阶层的收入。对劳动者的报酬分配应坚持多劳多得、少劳少得、不劳不得的原则，实现生产要素、经济要素和国家税收调节、转移支付调节相结合，鼓励和引导合理的超前借贷消费。在适当拉开收入差距的同时，应尽量减少行业、区域、城乡间收入分配不公的现象，对收入过高的行业和人群采取多种措施加以遏制，避免居民收入差距的扩大对消费结构的逆向效应。

2. 增加有效供求

有效供求是实现消费结构合理化的基本保证。首先，应按城乡、收入等不同标准细分市场，优化供求结构，逐步改变目前产品的结构性过剩与结构性短缺并存的现状。其次，应积极调整产业结构，依靠科技进步、创新供求，以引导消费结构合理化。最后，应提高供求质量，规范供求价格。我们应抓紧改变目前的供求状况，否则因质量问题造成的产品过剩将更加严重。

3. 加大消费的精神文化含量，提高精神文化消费力

精神文化消费的不断增加，是消费结构合理化的重要标志。为此，一是应增加教育消费，努力提高消费者的消费能力和层次；二是应增加精神文化消费，特别是加大博物馆、科技馆、文化广场等公益性精神文化消费硬件建设；三是应加快推进精神文化产业发展，不断优化精神文化产品的供求结构，满足消费者多层次、多样化的精神文化消费需求；四是应强化精神文化市场管理，建立一套自上而下的精神文化发展和消费调控的监督机制，改善精神文化市场环境。

4. 树立科学合理的消费观

消费结构合理化还与人的消费习惯和消费习俗相关，所以应教育帮助人们树立科学合理的消费观。树立科学合理的消费观的主要表现：一是确立崇尚简朴，享受适度消费、合理消费的观念。二是树立绿色消费、生态消费观念。绿色、生态消费观念要求人与自然环境的和谐统一，消费方式符合生态系统的要求，这样有利于生态平衡与环境保护，有益于人的身心健康，从而促进经济社会的可持续发展。

5. 制定合理的消费政策，进一步改善消费环境

首先是制定稳定居民心理预期的政策，使居民处理好当前消费与未来消费的关系。其次是在现

有基础上制定更进一步增加农民实际收入的政策，使农民的收入能够稳定增加，逐步弥合城乡消费结构断层。再次是引导消费政策，合理引导居民追求吃与穿的质量，合理引导居民对精神文化教育、工业消费品、交通通信等的消费需求。最后应彻底清理和废除一些限制消费的政策、措施，打破行业垄断，培育平等竞争的市场环境，最终形成文明生产、文明经商、文明消费的社会文化环境，这正是优化消费结构、提高消费质量的重要条件。

（资料来源：赵莉，朱小平. 经济学基础［M］. 北京：高等教育出版社，2022：89.）

第三节　序数效用理论

案例导入

基数效用论认为效用是可以计算的，但在现实中，效用是一种主观上的感受，会因人而异、因时而变，无法用统一的客观标准衡量。俗话说，"穿衣戴帽，各好一套"，有人喜欢金庸小说，有人喜欢华君武漫画；有人喜欢古典音乐，有人喜欢流行音乐。可以说，他们对金庸小说和古典音乐有一种偏好，但是要用具体的单位来说明金庸小说比华君武漫画、古典音乐比流行音乐多提供了多大的满意程度，显然是不现实的。虽然消费者不能说出自己对某种商品的效用量究竟是多少，但可以说出自己对不同商品的偏好顺序。例如，他可以说对金庸小说的偏好甚于华君武的漫画，对古典音乐的偏好甚于流行音乐，等等。因此，可以用序数词（第一、第二、第三……）以分析偏好的顺序，表示效用水平的高低。这种根据消费者对一系列商品偏好的不同，按次序排列分析效用的消费者行为理论就称为序数效用论。序数效用论是20世纪初以意大利经济学家帕累托、英国经济学家希克斯等为代表的经济学家提出的。序数效用论用无差异曲线作为自己的分析工具来研究消费者行为的规律。

（资料来源：刘华. 经济学基础［M］. 大连：大连理工大学出版社，2022：65.）

问题：
序数效用论与基数效用论有何不同？

案例解析

> 序数效用论认为消费者从商品消费中获得的效用只能进行排序，无法用具体的数值来衡量。基数效用论认为效用具有可加总性，意味着不同商品的效用可以相加得到总效用。序数效用论更注重效用的顺序性和比较性，而非具体数值的度量。

基数效用论和序数效用论尽管在表述方式上有所不同，但本质上并无多大区别，因此，本任务以序数效用论的思想分析消费者在既定收入约束条件下的最优选择，确定消费者均衡条件。序数效用论用无差异曲线分析方法研究消费者如何实现效用最大化。

一、无差异曲线

影响消费者购买选择的主因之一是偏好。序数效用论用无差异曲线来描述消费者对不同商品组合的偏好程度。序数效用论有三个假定。设两种商品有 A、B、C 三种组合，则消费者偏好具有：

①有序性，即可以比较大小，如 $A>B>C$；②可传递性，如因为 $A>B>C$，所以 $A>C$；③不饱和性，即消费未达饱和点，数量多比少好。

1. 无差异曲线的含义

无差异曲线也称等效用线，是指消费者偏好相同的各种商品不同数量的所有组合。或者说，它表示能给消费者带来同等效用水平或满足程度的各种商品不同数量组合的轨迹。

消费者的需求具有多样性，消费的商品种类繁多，为简化分析，可假定消费者只消费两种商品，以便直接用平面图研究消费者行为。

假定两种商品能相互替代，且能无限细分，则消费者可通过两种商品此消彼长的不同组合来达到同等的满足程度。表3-4列出了某消费者在消费苹果和梨时，能带来同等效用水平的两种水果的四种数量组合方式。在平面坐标系中画出各组合点，连接各点即得出对应的无差异曲线 U_1，如图3-2所示。

表3-4　某消费者的无差异表　　　　　　　　　　　　　　　（单位：kg）

商品组合	苹果（x）	梨（y）
a	1	10
b	2	6
c	3	4
d	4	2.5

2. 无差异曲线的特征

无差异曲线具有四个方面的特征。

（1）在同一条无差异曲线上，各点代表的数量组合不同，对消费者来说效用却是相同的。在保持效用不变的条件下，一种商品数量的增加必然会导致另一种商品数量的减少。

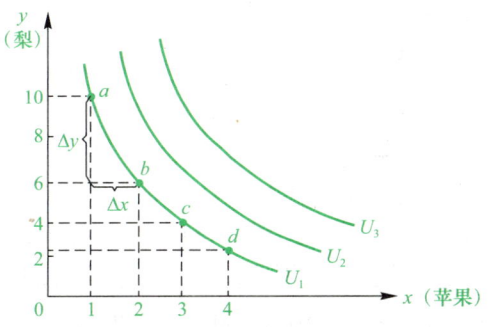

图3-2　某消费者的无差异曲线

（2）在同一坐标平面中，可以有无数条无差异曲线。同一条无差异曲线代表相同的效用，不同的无差异曲线代表不同的效用。离原点越远的无差异曲线代表的效用越大，离原点越近的无差异曲线代表的效用越小。在图3-2中，U_1、U_2、U_3 分别代表不同的无差异曲线，其效用水平为 $U_1<U_2<U_3$。

（3）在同一坐标平面中，任何两条无差异曲线都不会相交。

（4）一般情况下，无差异曲线是一条向右下方倾斜且凸向原点的曲线。这一特征是由商品的边际替代率递减规律决定的。边际替代率是无差异曲线的斜率，无差异曲线的左上部分斜率较大而陡峭，右下部分斜率较小而平坦，两部分结合在一起，曲线即凸向原点。

3. 商品的边际替代率及其递减规律

商品的边际替代率（marginal rate of substitution，MRS）是指在维持效用水平不变的条件下，消费者为增加一单位某种商品的消费量而须放弃的另一种商品的消费量。商品 X 对商品 Y 的边际替代率可表达为

$$MRS_{XY}=\frac{\Delta Y}{\Delta X}$$

式中，MRS_{XY} 为商品 X 对商品 Y 的边际替代率，ΔX、ΔY 分别为商品 X、Y 的变动量。由于 ΔX

与 ΔY 的变动方向相反，为便于比较，在公式中添加负号，使边际替代率取正值。

当商品数量变化趋向于无穷小时，商品 X 对商品 Y 的边际替代率可表达为 $MRS_{XY} = \dfrac{dY}{dX}$。边际替代率就是无差异曲线的斜率。

边际替代率递减规律，是指在维持效用水平不变的前提下，随着一种商品的消费数量的连续增加，消费者为得到每一单位的这种商品须放弃的另一种商品的消费数量是递减的。之所以会普遍发生商品的边际替代率递减的现象，是因为当消费者拥有越来越多的某种商品时，该商品对他的相对重要性越来越小，增加一单位该商品使他获得的满足程度越来越低。

二、预算线

预算线是指在既定的价格水平下，消费者用既定的收入能购买的两种商品最大数量组合的轨迹。无差异曲线表示的是消费者的主观愿望，预算线表示的是消费者的行为能力。

预算线的方程为 $M = P_X \cdot X + P_Y \cdot Y$。

或者 $Y = \dfrac{M}{P_Y} - \dfrac{P_X}{P_Y} \cdot X$。

其中，M 表示消费者的总收入，P_X 和 P_Y 表示商品 X、Y 的价格。预算线是一条向右下方倾斜的直线，因为在收入既定的前提下，两种商品的消费是此消彼长的关系。

假设某消费者收入 $M = 60$ 元，他面临着两种商品 X 与 Y 的价格分别为 $P_X = 20$ 元，$P_Y = 10$ 元，据上述公式可得 $Y = -2X + 6$，就可以画出图 3-3。

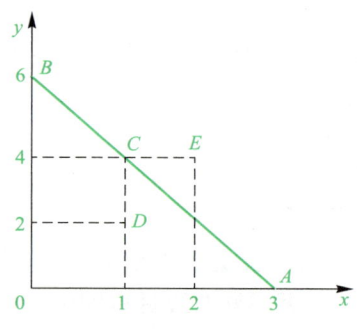

图 3-3　预算线

在图 3-3 中，连接 A、B 两点的直线就是预算线。该线上的任何一点，都是在收入与价格既定的条件下能购买到的 X 商品与 Y 商品的最大数量的组合。例如，在 C 点，购买 4 单位 Y 商品和 1 单位 X 商品，正好用完 60 元（$10 \times 4 + 20 \times 1 = 60$ 元）。在预算线内任意一点消费，都是可以实现的。例如，在 D 点，购买 2 单位 Y 商品和 1 单位 X 商品只用了 40 元（$10 \times 2 + 20 \times 1 = 40$ 元），但这并不是最大数量的组合。而在预算线外任意一点消费，都是无法实现的。例如，在 E 点，购买 4 单位 Y 商品、2 单位 X 商品，这时要支出 80 元（$10 \times 4 + 20 \times 2 = 80$ 元），超过了既定收入的 60 元，消费无法实现。

三、消费者均衡

序数效用论将无差异曲线和预算线结合在一起以分析消费者均衡。在序数效用论中，无差异曲线代表消费者对商品组合的偏好。由于欲望的无穷性，消费者会面临无数条无差异曲线，且总愿意选择远离原点的无差异曲线，以获得更大的满足感。而消费者的购买愿望受其收入水平和商品价格的约束，由消费者收入和商品价格决定的预算线只有一条。既定的预算线与其中一条无差异曲线的相切点，是消费者均衡点。在均衡点上，消费者购买的商品组合是其最偏好的商品组合，是效用最大的商品组合，也是耗尽既定收入的商品组合。

如图 3-4 所示，某消费者有三条无差异曲线 U_1、U_2、U_3，效用水平为 $U_1 < U_2 < U_3$。预算线 AB 与其中的一条无差异曲线 U_2 相切于均衡点 E。

消费者要获得最大化的效用，则均衡点必须尽可能在靠外的无差异曲线上。同时，均衡点的消费组合还必须是消费者能够支付得起的，所以不能在预算线之外，只能在预算线和无差异曲线的切点上。

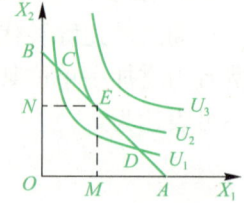

图 3-4　消费者均衡

图中 U_3 在预算线之外，消费者负担不起；U_1 在预算线内，收入没有全部用完，没达到效用最大化。

假定，消费者用既定收入 I 购买 n 种商品，P_1，P_2，……，P_n 分别为 n 种商品的既定价格，λ 为不变的货币的边际效用。X_1，X_2，……，X_n 分别为 n 种商品的数量，MU_1，MU_2，……，MU_n 分别为 n 种商品的边际效用，则消费者均衡的条件为：

$$P_1 X_1 + P_2 X_2 + \cdots + P_n X_n = I \quad （限制条件）$$

$$\frac{MU_1}{P_1} = \frac{MU_2}{P_2} = \cdots = \frac{MU_n}{P_n} = \lambda \quad （均衡条件）$$

在消费者均衡点上，预算线的斜率正好等于无差异曲线的斜率。由于预算线的斜率是两种商品的价格之比，而无差异曲线的斜率是两种商品的边际替代率，所以消费者均衡条件是在既定收入的约束下，两种商品的边际替代率等于这两种商品的价格之比。

价值引导

增加居民收入　挖掘消费潜力

消费者行为理论告诉我们，消费者购买商品是为实现效用最大化，而且，商品的效用越大，消费者愿意支付的价格越高。对消费者而言，商品只有符合其偏好，而且价格在其预算范围之内，才有可能被购买。因此，消费者的收入和偏好是影响其消费能力的重要因素。

提高居民收入水平，才能让居民"能消费""愿消费""敢消费"，这也是满足人民日益增长的美好生活需要的必然选择。随着居民收入的稳定增长，居民的消费预期和消费质量将不断提升，居民消费能力也会呈现持续稳步提升的态势，从而进一步促进消费扩容提质，推进形成强大的国内市场。

随着居民收入水平提高，居民个性化、多样化的消费需求也在不断增加，人们更注重心理和精神满足，消费升级成为不可阻挡的时代大势。当前，我国消费结构在不断升级，个性化、多元化、定制化消费成为新趋势，零售业态也在朝着更全面、更个性化、更注重体验的方向发展，不断涌现新业态、新模式。

从传统消费转向新兴消费，从"买买买"到深度体验，从购买生活必需品转向享受型消费，从商品消费转向服务消费……消费的差异化、个性化、多元化释放强劲动能和巨大潜力。我国约 14 亿人口的庞大市场、约 4 亿人的中等收入群体的强大购买力，成为助推我国经济增长的主引擎。

（资料来源：易思飞，杨晶. 经济学基础［M］. 北京：人民邮电出版社，2022：114.）

第四节　消费者行为理论的运用

案例导入

"幸福方程式"与"阿 Q 精神"

对于什么是幸福，美国的经济学家萨缪尔森用"幸福方程式"来概括。这个幸福方程式就是"幸福 = 效用 / 欲望"。从这个方程式中我们看到欲望与幸福成反比，也就是说人的欲望越大越不幸福。但我们知道人的欲望是无限的，那么多大的效用不也等于 0 吗？因此我们在分析消费者行为理论的时候假定人的欲望是一定的。在离开分析效用理论时，再来思考萨缪尔森提出的"幸福方程式"，会觉得他对幸福与欲望关系的阐述太精辟了，难怪他是诺贝尔奖的获得者。

在社会生活中，对于幸福，不同的人有不同的理解，政治家把实现自己的理想和抱负作为最大的幸福；企业家把赚到更多的钱当作最大的幸福；教师把学生喜欢听自己的课作为最大的幸福；老百姓往往把平平淡淡衣食无忧当作最大的幸福。幸福是一种感觉，自己认为幸福就是幸福。一个人的欲望水平与实际水平之间的差距越大，就越痛苦。反之，就越幸福。

从"幸福方程式"可以联想到"阿Q精神"。鲁迅笔下的阿Q，擅长用"精神胜利法"自我安慰。这种"阿Q精神"虽然有些自欺欺人，但人生如果一点"阿Q精神"都没有，也会很容易苦恼。"阿Q精神"在一定条件下是人生获取幸福的手段。市场经济发展到今天，贫富差距越来越大，如果穷人欲望过高，那只会给自己增加痛苦。倒不如用"知足常乐"，用"阿Q精神"来降低自己的欲望，使自己虽穷却也活得幸福自在。富人往往比穷人更看重财富，他会追求更富有，如果得不到，他也会感到不幸福。

问题：
生活中有哪些词语和句子体现了"幸福方程式"与"阿Q精神"？

案例解析

"知足常乐""适可而止""随遇而安""退一步海阔天空""该阿Q时得阿Q"，这些说法有着深刻的经济含义，我们要为自己幸福的最大化作出理性的选择。

一、培养并促使消费者形成偏好

企业在决定生产什么、生产多少时，首先要考虑商品的销售能给消费者带来多大效用。效用是一种心理感觉，取决于消费者的偏好，而消费者的偏好首先取决于消费时尚。广告对消费时尚有一定的影响，一个成功的广告会引导一种新的消费时尚，左右消费者的偏好。这正是企业要做广告的原因之一。

不同的消费群体，由于其收入与社会地位不同，个人立场和伦理道德观不同，对产品的偏好也不同。因此，企业在开发产品时要定位于某一消费者群体，根据特定群体的偏好来开发产品，这就是市场营销中说的产品市场细分与市场定位。换言之，企业在开发某种新产品时一定要知道是为谁服务的，这个服务对象的特定偏好是什么。

二、企业要不断创新产品和服务，避免边际效用递减

消费者行为理论还告诉我们，一种商品的边际效用是递减的。如果一种商品仅仅是增加数量，它带给消费者的边际效用就在递减，消费者愿意支付的价格就低了。因此，企业的产品要多样化，即使是同类产品，只要不相同，就不会引起边际效用递减。边际效用递减原理启示企业要不断创新，生产不同的产品，提供不同的服务。

小蜡烛照亮国际大市场

作为国家高新技术企业，位于古林镇的宁波旷世智源工艺设计股份有限公司（以下简称"旷世智源"）把一支支小小蜡烛的年出口额做到了上亿元，用层出不穷的蜡烛新产品照亮了国际市场。公司成立二十多年来，设计蜡烛等工艺产品近20万种，设计品种年均增速保持在

20%左右。

作为国内第一个批量生产蜜蜡产品、第一个生产高聚合物透明蜡烛和率先生产家居蜡烛的企业，旷世智源的产品远销欧美等发达地区。

2005年前后，国内蜡烛制造企业外销竞争白热化，靠外观创新难以赢得市场。旷世智源组织团队赴欧美市场调研，发现只有掌握蜡烛制造核心技术，才能再度掌控市场。此后，旷世智源从以外形设计为主逐步转向功能性材料研发，在国内率先开发纯植物蜡。在浙江大学专家的指导下，经过一年多攻关和700多次实验，植物蜡终于问世。同年底，包括48种配方的衍生产品——芳香蜡烛正式投产。

短短一个月，旷世智源就通过芳香蜡烛进入法国市场，销售额突破117万美元。国际金融危机肆虐之际，国内大多数工艺蜡烛企业举步维艰，旷世智源却迎来销售额36%、利润44%的大幅增长。

创新成为旷世智源的"烛芯"。十多年时间，旷世智源将产品细分为工艺蜡烛及配套、烛类香氛及其他创意家居饰品等3个品类、近200个系列。设计蜡烛工艺产品20余万种，浮水蜡烛、蜂蜜蜡烛、家居蜡烛、果冻蜡烛、驱蚊蜡烛、按摩蜡烛……一件件功能独特、造型别致的工艺蜡烛见证了"旷世智源"在欧洲市场上掀起的阵阵旋风。

能力训练

新媒体时代来临：报纸将亡？谁能永生？

有专家称，新媒体时代，一切都在发生变化，世界报业的冬天已然来临，更无春天，中国报业寒潮的到来只是时间问题。中国人民大学彭兰教授撰文指出，蔓延世界的报纸低迷症，中国报纸也很难幸免。有些人认为"纸亡而报不亡"，似乎是一个听上去可以聊以慰藉的说法，但这种说法存在着偷换概念的嫌疑。报纸是信息载体、传播手段与形式以及相应的工作流程、模式与理念的一个复合体，任何一个方面发生了变化，都可能导致"报纸"不再是报纸。

纸媒意识到新媒体的冲击，愿意承认报纸面临的必然的甚至是颠覆性的革命：我对自身彻底变革，也许能保持自己作为媒体的"存在"，但未来未必一定是"报媒"了。在某种意义上可以说，新闻业永生，但并非报纸永生。

新闻业永生，并非意味着今天的媒体永生。彭兰教授认为，有三种新的力量进入过去由媒体垄断的信息生产与传播领域：第一是专业人士；第二是草根；第三是技术。在这三种力量的包围下，今天的媒体人，已经没有多少值得骄傲的资本。除了来自这三种力量的挑战外，今天的传媒业还受到新媒体时代的各种新思维、新理念的挑战。其中一个需要重新思考的理念，就是"内容为王"。在新的传播模式中，关系成为内容传播的基础设施，没有这些桥梁，内容就无法传播出去。因此，在新媒体平台上，关系建设、渠道建设应该与内容建设一样重要。在这种模式下，传统媒体的短板已越来越多地暴露出来，而"意见领袖"如鱼得水。

另外，整个信息产业的机制会发生更大的变化。随着人们对垂直的、专业的内容需求进一步增加，彭兰教授指出：新媒体时代，没有谁的角色能永生，只有看清形势，主动求变，才能让自己不断在新的生命体中延续下去。

讨论题

1．从消费者行为视角分析，为什么新媒体时代导致报纸将亡？

2．如果你是一家媒体公司的负责人，你如何适应新媒体时代以使你的企业存活且发展起来？

知识点小结

1. 消费者选择理论是建立在一个假设之上的，即消费者通过购买某一组合的商品和服务获得满足最大化的意图。人们的消费行为是理性的。

2. 效用就是人们通过消费某种商品或服务而产生的满足程度。效用的大小，取决于它能够在多大程度上满足人们的欲望或需求。西方经济学家认为，效用是消费者对商品和服务的主观评价，是一种主观的心理感觉。效用本身并不包括有关是非的价值判断，不过消费者的选择受到其偏好和有限收入的限制。

3. 总效用就是通过消费者消费一定量商品或服务产生的总满足程度。边际效用就是通过消费一定量的商品和服务产生的增加的满足程度，或者说是最后增加的一单位物品和服务给人带来的满足程度的增量，边际效用以 MU 表示。边际效用呈递减规律，其原因有两种：第一种原因来自人们的欲望本身；第二种原因来自商品本身的用途。

4. 消费者均衡研究单个消费者如何把有限的货币收入分配在各种商品的购买中以获得最大的效用。均衡条件就是 $\dfrac{MU_1}{P_1}=\dfrac{MU_2}{P_2}=\cdots=\dfrac{MU_n}{P_n}=\lambda$。

5. 无差异曲线就是用来表示两种商品的各种数量组合给消费者相同满足程度的一条曲线。它具有三个特点：①无差异曲线是一条向右下方倾斜的曲线；②在同一平面上可以有无数条无差异曲线；③在同一平面上，任意两条无差异曲线是不能相交的。

6. 边际替代率就是在维持效用不变的前提下，增加某一商品的数量就要减少另一种商品的数量，减少商品的数量与增加商品的数量之比。

7. 消费均衡条件是两种商品的边际替代率等于这两种商品的价格之比，或无差异曲线的斜率等于预算线的斜率。具体地讲，消费者的预算线与无差异曲线相切点对应消费者最偏好购买的商品组合，此时消费者就能获得最大的效用。

思考与练习

一、名词解释

1. 效用　　　　2. 总效用　　　　3. 边际效用
4. 消费者剩余　5. 无差异曲线　　6. 边际替代率
7. 消费者均衡

二、单项选择题

1. 当总效用增加时，边际效用（　　）。
 A. 为正值，且不断增加　　　　B. 为正值，且不断减少
 C. 为负值，且不断增加　　　　D. 为负值，且不断减少

2. 当总效用达到最大值时，边际效用（　　）。
 A. 为最大值　　　　　　　　　B. 大于 0
 C. 等于 0　　　　　　　　　　D. 小于 0

3. 消费者剩余是消费者的（　　）。
   A. 支付意愿　　　　　　　　　　　B. 主观感受
   C. 实际所得　　　　　　　　　　　D. 消费所剩余的商品
4. 无差异曲线被用于说明（　　）。
   A. 消费者偏好　　　　　　　　　　B. 消费者收入
   C. 商品价格　　　　　　　　　　　D. 上述答案都正确
5. 消费者的预算线反映了（　　）。
   A. 消费者的需求　　　　　　　　　B. 消费者的偏好
   C. 消费者的收入约束　　　　　　　D. 消费者的效用最大化状态
6. 预算线绕着它与纵坐标（代表商品 Y 的购买数量）的交点向外移动的原因是（　　）。
   A. 商品 X 的价格下跌了　　　　　　B. 商品 X 的价格上涨了
   C. 商品 Y 的价格下跌了　　　　　　D. 商品 Y 的价格上涨了
7. 在消费者均衡点上，两种商品的边际替代率等于其（　　）之比。
   A. 边际效用　　B. 总效用　　C. 价格　　D. 购买数量
8. 商品 X 和 Y 的价格按相同的比例上升，而收入不变，预算线（　　）。
   A. 向左平移　　B. 向右平移　　C. 不变动　　D. 不能确定
9. 给消费者带来相同满足程度的商品组合集中在同一条（　　）上。
   A. 需求曲线　　　　　　　　　　　B. 无差异曲线
   C. 预算线　　　　　　　　　　　　D. 生产可能性曲线

三、判断题

1. 效用是商品的使用功能。　　　　　　　　　　　　　　　　　　　　　　　　　　（　　）
2. 同样一件商品对同一个消费者来说，效用是相同的。　　　　　　　　　　　　　　（　　）
3. 边际效用递减规律解释了需求曲线的成因。　　　　　　　　　　　　　　　　　　（　　）
4. 支付意愿是指消费者购买某一商品时愿意支付的最高价格。　　　　　　　　　　　（　　）
5. 消费者的支付意愿与偏好程度呈正相关。　　　　　　　　　　　　　　　　　　　（　　）
6. 基数效用论与序数效用论的本质是相同的。　　　　　　　　　　　　　　　　　　（　　）
7. 同一条无差异曲线的各组合点的效用是不同的。　　　　　　　　　　　　　　　　（　　）
8. 完全替代品的边际替代率等于 0。　　　　　　　　　　　　　　　　　　　　　　（　　）
9. 富裕家庭的恩格尔系数较高。　　　　　　　　　　　　　　　　　　　　　　　　（　　）
10. 在买方市场上，消费者处于强势地位，保护消费者政策是多余的。　　　　　　　（　　）

四、简答题

1. 什么是边际效用递减规律？为什么存在边际效用递减规律？
2. 无差异曲线有何特点？
3. 怎样理解消费者均衡？
4. 试述基数效用论和序数效用论的关系。

五、应用题

1. 已知某人的效用函数 $U = 3$，他打算购买 X 和 Y 两种商品，当其每月收入为 4 800 元，$P_x = 40$ 元，$P_y = 120$ 元时，试问：
   （1）为获得最大效用，他应该如何选择商品 X 和 Y 的购买组合？
   （2）货币的边际效用是多少？
   （3）均衡状态下的总效用是多少？

2. 已知某商品的需求函数为 $Q = 36 - 2P$，试计算：

（1）当商品价格为 12 元时，消费者剩余是多少？

（2）当商品价格由 12 元下降到 6 元时，消费者剩余如何变化？

3. 已知一场演唱会的门票价格为 500 元，一场时装表演秀的门票价格为 1 160 元。在某消费者关于这两种商品效用最大化的均衡点上，一场时装表演秀对演唱会的边际替代率是多少？

第四章 生产与成本理论

PROJECT 4

知识目标

○ 了解生产函数的含义、以及边际报酬变动的含义、种类和原因；

○ 了解长期成本的相关含义、变动趋势及其关系；

○ 理解边际产量递减规律、等产量曲线的特征以及边际技术替代率；

○ 理解成本函数与生产函数的关系；

○ 掌握短期生产函数中总产量、平均产量和边际产量的变动趋势和相互关系；

○ 掌握利润最大化的条件、短期成本的相关变动趋势及其关系。

能力目标

○ 能对生活中遇到的生产问题作出自己的经济学判断；

○ 学会从经济学角度分析成本问题。

微观经济学的核心理论是价格理论，其中价格由供需双方共同决定。在深入探讨了消费者行为对需求的影响之后，本章将着眼于生产者行为如何影响需求进行研究。为了研究生产者行为，我们假定生产者理论包含三个组成部分：生产理论、成本理论和市场结构理论。这三个方面从不同角度探究了企业与产量之间的关系。

生产理论主要研究生产要素投入与产量之间的联系。而成本理论作为生产理论的延伸，进一步分析了在既定成本下如何实现产量最大化，这涉及生产要素的投入与成本问题。然而，为了实现利润最大化，生产者不仅需要考虑投入与成本的关系，还必须深入分析成本与收益之间的关系。市场结构理论则探讨在不同市场结构下，企业应如何确定自身的产量和价格，以实现利润最大化。关于这些理论的更多详细内容，将在本教材的后续章节中进行深入剖析。

第一节 生产函数

案例导入

包子铺

在一个宁静的小镇上，居民们都有着相同的爱好——品尝美味的包子。过去，这里的每家每户都会在自己的厨房里，亲手制作软糯的面皮，调制鲜美的馅料，享受制作包子的乐趣。每当清晨，小镇上便弥漫着各家各户蒸包子的香气。

然而，随着时间的推移，小镇上的人口逐渐增加，大家的生活节奏也变得越来越快。尽管居民们依旧喜欢吃包子，但很多人发现，在繁忙的生活中，再难抽出时间和精力去制作包子了。就在这时，一位有远见的商人看准了时机，决定在镇上开设一家专门的包子铺。他不仅租下了宽敞的店面，还聘请了一支专业的生产团队。这支团队里的成员都经过严格的选拔和培训，每个人都拥有自己独特的专业技能。在包子铺里，工人们的分工非常明确。有的人负责采购优质的面粉、新鲜的肉类和蔬菜等原材料，确保包子的口感和营养；有的人则精通面点技艺，能够和出劲道的面团，擀出薄厚适中的面皮；还有的人专门负责调制各种口味的馅料，从传统的猪肉大葱到创新的芝士培根，应有尽有。

除了生产环节，包子铺还设立了专门的市场销售团队。他们负责将新鲜出炉的包子打包、装箱，并运送到小镇的各个角落。同时，他们还通过各种渠道宣传包子铺的特色和优势，吸引更多的顾客前来品尝。由于包子铺采用了专业化的生产方式，不仅大大提高了生产效率，还保证了包子的品质和口感。而且，包子铺的定价也十分亲民，让小镇上的居民们都负担得起。因此，越来越多的人选择放弃在家制作包子，转而购买包子铺的美味包子。

这个故事告诉我们，专业化生产不仅能够提高效率，还能够降低成本，从而为消费者带来更多的便利和实惠。在当今社会，随着科技的进步和市场竞争的加剧，企业应该更加注重专业化生产，通过合理的分工和协作，实现资源的优化配置和高效利用。只有这样，企业才能在激烈的市场竞争中脱颖而出，为社会创造更多的价值。

问题：
1. 你认为大部分人不在家做包子吃而去包子铺买包子吃是好事还是坏事？
2. 如何平衡好技术效率和经济效率？

案例解析

> 在本节中，我们将学习什么是企业，什么是生产，生产需要哪些生产要素。通过对生产要素的讨论，我们可以知道生产函数的构成；对于生产函数，我们将学习常见的两种生产函数，分别是固定投入比例的生产函数和可变比例的生产函数。固定投入比例的生产函数是指在每一个产量水平上，任何两种生产要素投入量之间的比例都是固定的生产函数；可变比例的生产函数是指要素的投入比例是可变的生产函数。有这些知识就可以回答案例中的问题。

一、生产与生产要素

生产理论是研究生产者行为的理论，生产者也叫企业、厂商，指能够作出统一生产决策的单个经济单位。

（一）生产

生产者是要开展生产活动的，把生产者组合生产要素以制成产品的活动称为生产。在生产中要投入各种生产要素并生产出产品，所以生产也就是把投入变为产出的过程。

（二）生产要素

生产要素是指生产中使用的各种资源。这些资源可以分为劳动、资本、土地与企业家才能。劳动是指劳动力提供的服务，可以分为脑力劳动与体力劳动。劳动力是劳动者的能力，由劳动者提供。资本是指生产中使用的资金，可以表现为实物形态，也可以表现为货币形态。土地是指生产中使用的各种自然资源，是在自然界存在的，如土地、水、自然状态的矿藏、森林等。企业家才能指企业家组织建立和经营企业的能力。在现代经济社会中，普通劳动力、土地和资本三种要素结合起来生产，都是在企业中进行的，因而需要有能够承担风险并能担负开创与组织企业这一特殊任务的人物——企业家。随着经济社会的发展，企业家在企业中的地位越来越重要，因而从普通劳动力中分离出来，成为一种独立的生产要素。

案例分析

规模经济表现在哪里

在国内市场，存在一个让人困惑的现象：大型企业往往在竞争中不敌小型企业。小型企业凭借价格策略灵活冲击市场，不仅运用价格优势，还采用一些诸如恶意模仿、利用政策漏洞等手段。似乎大型企业能做到的，小型企业同样能够游刃有余地完成。然而，小型企业所拥有的灵活性、低廉的管理成本等优势，大型企业却难以企及。尽管大型企业投入巨资进行广告宣传，但其产品的价值差异并不十分显著。

深入观察市场生产结构，我们不难发现，大型企业与中小型企业之间的合作并不多见，反而常常在生产相同的产品上展开竞争。特别是在一些加工深度较浅、技术复杂度不高、市场准入门槛较低的行业，小型企业与大型企业一同在终端产品市场上角逐。简而言之，大型企业往往难以与小型企业形成鲜明的区分，这使得大型企业难以充分发挥其优势。因此，恶性的价格竞争如价格战，常常成为商战中决定胜负的关键。最终的结果是，小型企业与大型企业并非形成良性的供应链层面上的合作，而是演变成了终端产品上的直接竞争对手。那些规模较小的生产商并未在竞争中被淘汰或被并购，反而与大型企业展开了一场顽强的"游击战"或"地道战"。

大型企业应首先利用其规模竞争优势。几乎在所有行业中，都存在规模效应，即随着生产和销售规模的扩大，每件产品的平均成本会逐渐降低。因此，规模较大的企业在成本上具有比较优势。这种优势不仅体现在生产环节，还贯穿于研究开发、市场营销、行政管理制度建设以及人力资源培训等方面。以宝洁公司为例，假设其年销售额达到500亿美元，若将5%的销售额用于广告宣传，即投入25亿美元。对于一个年收入仅为200亿人民币的企业来说，要与宝洁在广告上进行直接竞争几乎是不可能的，因为其全年收入也不足25亿美元。

钱德勒教授在研究企业发展史时发现，企业具有强烈的成长欲望或成长导向战略，其中一个重要原因在于成长能为企业带来在规模经济和范围经济上的竞争优势。这种优势将大量中小型企业置于不利地位，迫使它们将目标市场聚焦于限定的狭小领域（被称为"利基市场"），从而成为相对于大型企业的市场补充者或供应商以求得生存。这样一来就避免了与大型企业的正面竞争。

非价格竞争是大型企业在市场竞争中的主要武器，也是它们区别于中小型厂商的核心战略。所谓非价格竞争主要指的是企业在品牌塑造、广告宣传、研究开发投入、产品与服务的差异化、渠道拓展以及多元化经营等方面的竞争。这些方面都需要较高的资金投入、强大的管理能力、丰富的人力资源以及健全的组织制度来支撑，这显然是小型企业难以克服的竞争壁垒。

（资料来源：杨国亮．论规模经济的本质［J］．生产力研究，2005（9）：10-12．）

问题：

大企业发展规模经济的主要原因是什么？

课堂讨论

我国目前的大企业与小企业在竞争过程中面临着什么问题?

二、生产函数

(一)生产函数的表示

生产函数是指在技术水平不变的条件下,生产过程中投入的各种生产要素数量与其所能生产的最大产量之间的关系,即

$$Q = f(L, K, N, E)$$

式中,L 表示劳动;K 表示资本;N 表示土地;E 表示企业家才能;Q 表示四种要素投入所能够得到的最大产量。

在经济学分析过程中,一般把劳动和企业家才能合称为劳动因素,用 L 表示;把资本和土地合称为资本因素,用 K 表示。生产函数则可以简化为

$$Q = f(L, K)$$

做这样的简化是为了研究的方便。另外,做这样的简化也是可行的。在很多方面,劳动和企业家才能是有类似之处的,而土地也可以看作物化的资本。

(二)短期生产函数和长期生产函数

经济学中把生产函数分为短期生产函数和长期生产函数。

这里的短期和长期不是指具体的时间跨度,而是指企业调整其全部生产要素需要的时间跨度。不同行业的短期和长期也是不一样的,这主要取决于生产要素变动所需的时间。短期指企业至少有一种生产要素不能调整的时期;长期指企业全部生产要素都能调整的时期。相应地,生产函数也可以分为短期生产函数和长期生产函数。

1. 短期生产函数

短期生产函数是指在短期内反映的投入产出关系。在短期中,一般假定资本是不变的,这样短期生产函数可以表示为

$$Q = f(L)$$

在短期生产函数中,由于资本 K 是保持不变的,因而最大产量是劳动 L 的函数。

2. 长期生产函数

长期生产函数是指在长期内反映的投入产出关系。在长期中,劳动 L 和资本 K 都是可以变化的,这样长期生产函数可以表示为

$$Q = f(L, K)$$

(三)柯布-道格拉斯函数

柯布-道格拉斯生产函数是由数学家柯布和经济学家道格拉斯于 20 世纪 30 年代初一起提出的。柯布-道格拉斯函数被认为是一种很有用的生产函数,这是因为该函数以其简单的形式描述一些经济现象,在理论分析和实证研究方面都有一定的意义。该生产函数的一般形式为

$$Q = AL^{\alpha}K^{\beta}$$

式中,Q 为产量;L 和 K 分别代表劳动和资本投入量;α 和 β 是两个参数,且 $0<\alpha<1$,$0<\beta<1$。

根据 $\alpha+\beta$ 的数值,可以判断规模报酬的情况。如果 $\alpha+\beta>1$,则规模报酬递增;如果 $\alpha+\beta=1$,则规模报酬不变;如果 $\alpha+\beta<1$,则规模报酬递减。

知识链接

大幅降价，节后迎"错峰游"热潮

中秋国庆双节过后，旅游市场又迎来了"错峰潮"。携程数据显示，节后两个月国内旅游订单比去年同期翻倍。错峰客从年龄来看主要集中在90、80、00后，分别占比36%、29%和15%。接近年底，"年假清零计划"为年轻客群提供了超值错峰游的机会。从旅游度假产品的预订来看，长途旅游订单占46%。北京、上海、沈阳、西安、武汉、成都、三亚、济南、苏州、重庆是错峰出游最热门的前十大目的地。

假日过后机票大幅跳水降价。携程数据显示，截至10月11日，国庆后至10月底的国内机票含税均价为702元，较国庆期间国内机票均价1028元下降46%。在携程机票低价榜可以看到许多一两百元的特价机票。例如10月21日、10月28日上海去青岛的机票198元起；10月14日上海去海口有255元的机票；10月17日北京去西安的机票220元起；10月17日深圳去杭州的机票200元起；10月23日昆明出发到重庆的机票最低只要249元，相当于2折；10月17日昆明到成都机票最低只要198元，相当于1.2折；10月23日昆明到西安最低1.1折，票价只要169元；10月17日重庆到武汉机票最低1折只要150元；10月21日重庆到济南机票最低只要269元；10月21日上海到武汉机票最低只要220元，相当于1.2折；10月22日广州到武汉机票最低只要219元，最低折扣1.2折。

金秋十月也是报团出游的好时节。携程平台显示，随着机票、酒店价格的大幅回落，节后跟团旅游价格下降30%到50%不等。不到2000元的三亚5日团、1800元的张家界+凤凰5日纯玩团、一万元出头的马尔代夫7日自由行打包产品……大量极具性价比的产品可供消费者选择。

问题：

为什么航空公司能推出这么低的机票价格，甚至低于成本？他们不是要亏本了吗？

第二节　短期生产函数

案例导入

三季稻不如两季稻

在历史的长河中，中国的农业生产经历了多次重大的变革。其中，1958年的"大跃进"运动和20世纪70年代杂交水稻的推广，无疑是两个极具代表性的历史节点。1958年，中国进入了"大跃进"时期，这是一个以"超英赶美"为目标，追求工农业生产高指标的群众运动。在农业领域，"大跃进"的一个显著特征就是强调密植，认为水果、水稻等作物的种植越密，产量就会越高。然而，这种违背农业科学规律的做法并未带来预期的高产，反而导致了产量的减少。这是因为过度的密植使得作物之间的竞争加剧，光照、水分和养分等资源分配不均，从而影响了作物的正常生长和发育。到了20世纪70年代，中国农业迎来了一次重大的技术革新——杂交水稻的推广。与"大跃进"时期的盲目密植不同，杂交水稻的推广是基于科学的育种技术和合理的种植方法。通过因田、因种合理密植，杂交水稻的产量得到了大幅度的提升。这一技术的推广，不仅提高了稻谷的产量，也改善了稻谷的品质，为中国农业的现代化进程注入了新的活力。在同一时期，中国还尝试了稻稻麦为主的一年三熟制和三季稻连作制。然而，这些尝试并未取得预期的效果。由于三季都是用地作物，导致了季节、人力和肥料的紧张。在实际操作中，种植三季的效益甚至不如种植两季。这一经验教训告诉我们，农业生产不能单纯追求高产，还需要考虑资源的合理配置和生态环境的可持续性。

回顾这段历史，我们可以看到，科学技术在农业发展中的关键作用。从"大跃进"的盲目密植到杂交水稻的科学种植，中国农业经历了从盲目追求高产到科学发展的转变。这一转变不仅提高了农业的生产效率，也为中国农业的可持续发展奠定了基础。

问题：
这些现象又反映了什么经济学原理？

案例解析

> 在本节中，我们将学习一些重要的概念，包括短期、长期、总产量、平均产量、边际产量；我们将学习一种生产要素投入变化对产量的影响，这种影响可以用边际报酬递减规律来表述。边际报酬递减规律是指在技术水平不变的条件下，在连续等量地把某一种可变生产要素增加到一种或几种生产要素上的过程中，当这种可变生产要素投入量小于某一特定值时，增加一单位该要素的投入量所带来的边际产量是递增的；当这种可变要素的投入量连续增加并超过这个特定值时，增加一单位该要素的投入量所带来的边际产量将会递减。

一、总产量、平均产量和边际产量

经济学的生产理论可以分为短期生产理论和长期生产理论。短期是指厂商来不及调整全部生产要素的数量，即至少有一种生产要素的数量是固定不变的时间周期。长期则指厂商可以调整全部生产要素的投入数量的时间周期。相应地，在短期内，生产要素投入可以分为不变要素投入和可变要素投入。在短期内无法调整数量的那部分要素投入是不变要素投入，如厂房、机器设备；而像劳动、原材料等可以在短期内调整的要素投入称为可变要素投入。由于在长期内所有的要素投入量都是可变的，因而也就没有可变要素投入和不变要素投入的区分。

事实上，我们注意到这里长短期的划分是相对的。对于不同的产品生产，短期和长期的具体时间是不相同的。例如，Intel公司要扩大或缩减它的芯片生产规模可能需要一年的时间，对它来说一年以上才能算是长期；而要改变一个豆腐作坊的规模可能仅需要一个月的时间，它的长期是指一个月。

（一）总产量

根据短期生产函数公式，可以得到投入劳动要素带来的总产量、平均产量和边际产量的概念。总产量（TP）是指与一定的可变要素劳动的投入量相对应的最大量。它的定义公式为

$$TP_L = f(L, \bar{K}) = f(L)$$

（二）平均产量

劳动的平均产量（AP_L）是总产量与使用的可变要素劳动的投入量之比。它的定义公式为

$$AP_L = TP_L / L$$

（三）边际产量

劳动的边际产量（MP_L）是指增加一单位可变要素劳动投入量要增加的产量。它的定义公式为

$$MP_L = \Delta TP_L / \Delta L$$

假设投入劳动力从 1 个单位逐渐增加为 9 个单位,则相应的总产量、平均产量与边际产量见表 4-1。

表 4-1　只有一种要素可变的生产函数

劳动力数量（L）	总产量（TP_L）	平均产量（AP_L）	边际产量（MP_L）
0	0	—	—
1	10	10	10
2	22	11	12
3	36	12	14
4	48	12	12
5	56	11.2	8
6	60	10	4
7	60	8.6	0
8	58	7.2	-1
9	56	6.2	-2

二、总产量曲线、平均产量曲线和边际产量曲线

根据表 4-1，可以描绘出如图 4-1 所示的曲线。

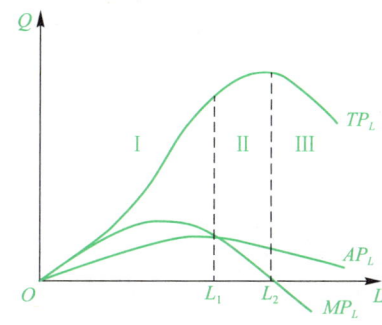

图 4-1　总产量曲线、平均产量曲线和边际产量曲线

该曲线可以从四个方面分析。

1. 总产量曲线、平均产量曲线和边际产量曲线的基本形状

从图 4-1 可以看出，总产量曲线、平均产量曲线和边际产量曲线都是先向右上方倾斜，后向右下方倾斜的。其经济含义就是，在劳动投入量增加的初期阶段，劳动的总产量、平均产量和边际产量都是增加的；当劳动投入量增加到一定程度后，它们又分别开始减少。

2. 产量曲线和边际产量曲线之间的关系

过总产量曲线上任何一点的切线的斜率即是该点对应的边际产量。当边际产量大于 0 时，总产量是增加的；当边际产量小于 0 时，总产量是减少的；当边际产量等于 0 时，总产量达到最大值。

3. 总产量曲线和平均产量曲线之间的关系

总产量曲线上任何一点与原点连线的斜率即是该点对应的平均产量。

4. 平均产量曲线与边际产量曲线之间的关系

如图 4-1 所示，边际产量曲线和平均产量曲线相交于平均产量曲线的最高点。也就是说，当边

际产量大于平均产量时，平均产量增加；当边际产量小于平均产量时，平均产量减少；在平均产量曲线的最高点，边际产量等于平均产量。

三、短期生产函数的三个阶段

根据总产量、平均产量和边际产量的变化，把可变要素投入划分为三个阶段，如图4-1所示的三个区域。

第一阶段（图4-1中的区域Ⅰ）。劳动投入量从O增加到L_1，劳动的总产量是增加的，但未达到最大值；边际产量经历了先增加后下降的变化，但边际产量大于平均产量；平均产量是增加的，达到最大值。这一情况表明，在这一阶段，相对于固定要素，可变要素投入过少，增加可变要素投入可以使资本的作用得到充分发挥，从而引起总产量和平均产量的增加。理性生产者不会选择这一阶段的劳动投入量，而会继续增加劳动投入量。

第二阶段（图4-1中的区域Ⅱ）。劳动投入量从L_1到L_2，劳动的平均产量开始下降，边际产量持续下降，但大于0，同时，总产量增加，达到最大值。在这一阶段的起点，平均产量最大；在这一阶段的终点，总产量最大。

第三阶段（图4-1中的区域Ⅲ）。劳动投入量大于L_2，劳动的边际产量成为负数，总产量开始下降，平均产量继续减少。这一情况表明，在这一阶段，相对于固定要素，可变要素投入过多，因而，增加可变要素投入不但没有带来总产量的增加，反而引起总产量的减少。理性生产者不会选择增加这一阶段的劳动投入量，而会减少劳动投入量。

对可变要素投入三个阶段特征的分析说明，理性的生产者不会选择第一阶段和第三阶段进行生产，所以只有第二阶段是可变要素投入的合理阶段。如图4-1所示，劳动投入的合理范围为$L_1 < L_2 < L_3$，但劳动投入量究竟应在这一阶段的哪一点上，还需要结合成本、收益等因素分析后确定。

四、边际产量递减规律

由表4-1和图4-1可以看到，对一种可变要素投入的生产函数而言，边际产量表现出先上升后下降的特征，这一特征被称为边际产量递减规律。

边际产量递减规律的基本内容是：在技术水平不变的情况下，当把一种可变的生产要素投入一种或几种不变的生产要素中时，最初这种生产要素的增加会使产量增加，但当它的增加超过一定限度时，增加的产量将会递减，最终还会使产量绝对减少。

在理解这一规律时，要注意三点。

（1）这一规律发生作用的前提是技术水平不变。技术水平不变是指生产中使用的技术没有发生重大变革。现在，技术进步的速度很快，但并不是每时每刻都有重大的技术突破，技术进步总是间歇式进行的，只有经过一定时期的准备以后，才会有重大的进展。在短期中无论在农业还是工业中，一种技术水平一旦形成，总会有一个相对稳定的时期，这一时期的技术水平可以视为不变。

（2）这一规律所指的是生产中使用的生产要素分为可变的与不变的两类。边际产量递减规律研究的是，把不断增加的一种可变生产要素增加到其他不变的生产要素上时，对产量发生的影响。这种情况也是普遍存在的。例如，在农业生产中，如果在一块固定数量的土地上不断地增加劳动投入量，劳动的边际产量必然会出现递减；在工业生产中，在生产规模既定时，不断增加工人雇用量，工人的边际产量最终会递减。

（3）在其他生产要素不变时，一种生产要素增加引起产量或收益的变动可以分为三个阶段。

第一阶段。产量递增，即这种可变生产要素的增加使产量或收益增加。这是因为，在开始时不变的生产要素没有得到充分的利用。这时，增加可变生产要素能够使不变生产要素得到充分利用，从而使产量增加。

第二阶段。边际产量递减，即这种可变生产要素的增加仍可使总产量增加，但增加的比率，即增加的每一单位生产要素的边际产量是递减的。这是因为，在这一阶段时，不变生产要素已接近充分利用，可变生产要素的增加已不能像第一阶段那样使产量迅速增加。

第三阶段。产量绝对减少，即这种可变生产要素的增加使总产量减少。这是因为，这时不变生产要素已经得到充分利用，再增加可变生产要素只会降低生产效率，减少总产量。

关于边际报酬递减规律

边际报酬递减规律揭示了在短期生产中普遍存在的一个事实：在其他条件不变的前提下，随着任何一种可变生产要素投入数量的连续增加，该可变要素的边际产量在递增达到最高水平之后一定会呈现递减的状态，甚至递减为负值。该规律通常也被称为边际产量递减规律。

在生产过程中，有些人会认为，生产要素的投入数量总是多多益善的，要素投入量越多则产量越高。这实际上是一种错觉。因为在固定要素投入量既定的短期生产中，固定要素和可变要素之间存在一个最佳的投入数量组合，一旦可变要素的投入量超过最佳投入数量组合的要求，其边际产量自然也就递减了，从而导致总产量的增速放缓，甚至导致总产量下降。这便是边际产量递减规律成立的原因。可见，在生产过程中可变要素的投入数量绝不是简单的多多益善，而是要数量恰当，要与固定要素投入量相匹配。

我们还可以换一个角度理解边际产量递减规律。假定边际产量不是递减而是始终保持不变或者保持上升，这就意味着，在固定要素给定的前提下，随着可变要素的无休止投入，总产量便可以无限地增加。这是在实际经济活动中绝对不可能发生的事情，除非在神话世界里。

由此，不难理解，譬如，在固定的机器设备下不恰当地使用过多的劳动，就会导致劳动的边际产量递减，甚至在极端场合还会导致总产量下降。再譬如，在固定的耕地面积上使用过多的化肥，那么，对农作物的生长肯定是不利的，甚至还会伤害农作物从而导致减产。在此，我们可以联想到"大跃进"的年代，当时提出"人有多大胆，地有多高产"的口号，这显然是不现实、不科学的，报道的过万斤的超高亩产量也是虚假的，根本不可信。因为在当时给定的技术条件和土地资源条件下，无论投入多少数量的劳动力或肥料等可变要素，其亩产量都不会无限度地增长；在边际产量递减规律的制约下，亩产量在达到自身的一个最高水平之后，必然会下降。

接着，我们再来谈另一个相关的话题，此话题与马尔萨斯的人口论有关。英国政治经济学家马尔萨斯（1766—1834）于1798年出版了著作《人口原理》，于1803年增订再版。马尔萨斯的人口论有一个基本的假定：在人类社会，人口在无所妨碍时，以几何级数增长；而生活资料只能以算术级数增长。他还援引美国人口每25年翻一番，土地生产物只能依算术级数增加作为例证。于是，他认为，人类社会会发生大饥荒和危机，未来的前景是可悲的。一般认为，马尔萨斯的这种说法的主要依据是边际产量递减规律。

但是，实际情况并不像马尔萨斯描述的那么糟糕，这通常主要归因于20世纪以来的技术进步发挥了积极的作用。从理论上说，尽管与其他产业一样，农业生产的边际产量也会递减，但是，由于技术进步的作用，不仅农产品生产的边际产量最高点的位置可能推后出现，边际产量曲线的整体位置也可能不断向上移动，于是，"边际"意义上的农产品的产量不断提高，总产量也是不断增加的。

第三节 长期生产函数

案例导入

北京人民排队网红餐厅的样子，熟练得让人心疼

在北京这座繁华的都市，去网红餐厅排队早已成为市民生活的一部分。每当一家新的网红餐厅开业，总会吸引大批食客前来尝鲜。然而，这些餐厅往往面积有限，座位不多，导致顾客经常需要排队等候。有时，甚至需要排一整天的队，或者等待数月之久才能品尝到心仪的美食。

一个引人深思的现象是，许多在其他城市已经火爆一时的网红品牌，往往较晚才进军北京市场。而当它们终于在北京开店时，排队等候的顾客依然络绎不绝。这不禁让人思考，为什么这些品牌不提前在北京布局，为什么不扩大餐厅面积、增加更多座位来满足市场需求呢？

此外，我们还经常遇到"限量供应"的商品，这在商品丰富、生产能力强大的今天，似乎有些不合时宜。然而，深入探究后会发现，这些看似不合常理的现象背后，其实隐藏着精明的商业逻辑。对于餐厅来说，扩大经营规模并非易事。这不仅仅是增加几个工人就能解决的问题，而是涉及诸多生产要素的投入，如场地租赁、装修设计、设备采购、员工培训等。这些都是长期且昂贵的投资。因此，餐厅在扩张时会非常谨慎，以确保在成本最小化的前提下实现效益的最大化。而限量供应商品，则是一种有效的市场营销策略。通过限量销售，商家可以创造一种稀缺感，激发消费者的购买欲望。这种策略不仅有助于提高商品的知名度和话题性，还能在一定程度上提升商品的价值感。

(资料来源：周子豪，李小趣. 北京人民排队网红餐厅的样子，熟练得让人心疼[J]. 人物，2021：38-41.)

问题：

从材料可以分析出，餐厅是否该扩大规模由哪些因素决定？

案例解析

在本节中我们首先要明确几个概念，如等产量曲线、边际技术替代率和等成本曲线。同时，这一节的重点是学会分析在长期内，生产者应该如何调整全部的生产要素的数量，从而实现生产要素的最优组合，即如何实现在生产成本既定条件下产量的最大化，或者说是产量既定条件下成本的最小化。

在长期内，生产者可以调整全部的生产要素的数量。为分析的简便起见，本节仍然假设只有两种生产要素，即以资本和劳动为对象，考察在长期中生产者在两种生产要素都可变的情况下的投入组合和产量之间的关系。

一、等产量曲线

（一）等产量曲线的含义

在长期生产中，由于各种生产要素的投入量都是可变的，因而生产者可以用不同的生产要素组合来生产既定数量的某种产品。假设生产函数只考察资本和劳动两种生产要素，生产者生产某一特定的产量时可以利用的资本和劳动的不同数量组合可以用等产量曲线表示。等产量曲线是指在技术水平不变的条件下，生产同一产量的产品所需的两种生产要素投入量的各种不同组合的轨迹。等产量曲线与效用理论中的无差异曲线是很相似的。

例如，生产某种产品需要投入资本和劳动两种生产要素，假定生产 20 单位产品的可能组合有四种，见表 4-2。

表 4-2　等产量曲线表

组合方式	劳动（L）	资本（K）
a	1	6
b	2	3
c	3	2
d	6	2

根据表 4-2 可以绘制出如图 4-2 所示的等产量曲线。

在图 4-2 中，横轴代表劳动投入量 L，纵轴代表资本投入量 K，Q 为等产量线。曲线上的任何一点表示的组合方式生产的产量都是相等的。

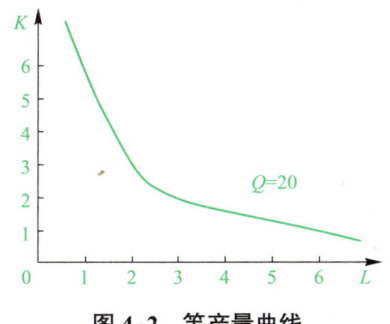

图 4-2　等产量曲线

（二）等产量曲线的特点

等产量曲线与无差异曲线有的三个相似特征。

（1）等产量曲线是一条向右下方倾斜的曲线，其斜率为负值且凸向原点。这就表明，在生产者的资源与生产要素价格既定的条件下，为了达到相同的产量，在增加一种生产要素时，必须减少另一种生产要素。两种生产要素同时增加，是资源既定时无法实现的；两种生产要素同时减少，不能保持相等的产量水平。

（2）在同一平面图上，可以有无数条等产量曲线。同一条等产量曲线代表相同的产量，不同的等产量曲线代表不同的产量。离原点越远的等产量曲线，所代表的产量越大；离原点越近的等产量曲线，所代表的产量越小。

（3）在同一平面图上，任意两条等产量曲线不能相交。两条等产量曲线相交，即两条等产量曲线产量相同，这是不可能的。

（三）边际技术替代率

等产量曲线表明，要素的不同组合可以得到相同的产量，这就意味着在保持产量不变的条件下，可以用一种要素代替另一种要素。也就是说，生产相同数量的产品，劳动和资本之间可以相互替代。研究要素间替代关系的一个重要概念是边际技术替代率。边际技术替代率是指在保持产量水平不变的条件下，增加一个单位的某种要素投入量时减少的另一种要素的投入数量。劳动对资本的边际技术替代率用公式表示为

$$MRTS_{LK} = -\Delta K / \Delta L$$

式中，$MRTS_{LK}$ 表示劳动对资本的边际技术替代率；ΔK 和 ΔL 分别表示资本变化量和劳动变化量。当两种要素相互替代时，两种要素投入量是反方向变化的，因此，两种要素变化量的比值是负的。

边际技术替代率还可以表示为两种要素的边际产量之比。因为边际技术替代率是在等产量曲线的基础上提出的。因此，对于任意一条等产量曲线，在用劳动去替代资本时，在维持产量不变的前提下，由增加劳动量带来的产量的变化量和由减少资本量带来的资本的变化量是相等的，所以有 $|\Delta TP_L| = |\Delta TP_L|$，进而可以得到 $|MP_L \cdot \Delta L| = |MP_L \cdot \Delta L|$，整理得

$$-\Delta K / \Delta L = MP_L / MP_K$$

因而边际技术替代率的公式还可以写成

$$MRTS_{LK} = -\Delta K / \Delta L = MP_L / MP_K$$

还要注意的是，等产量曲线上某一点的边际技术替代率就是等产量曲线在该点斜率的绝对值。

（四）边际技术替代率递减规律

我们可以利用表 4-2 所示的数值计算一下商品 X 对商品 Y 的边际替代率（见表 4-3），再观察一下这些数值背后规律性的东西。

表 4-3　边际技术替代率

变动情况	ΔL	ΔK	$MRTS_{LK}$
a→b	1	−3	3
b→c	1	−1	1
c→d	3	−1	1/3

从表 4-3 可以看出，在保持产量为 20 个单位不变时，劳动和资本的组合方式由 a 依次变化为 b、c 和 d 的过程中，单位劳动所替代的资本量分别为 3、1 和 1/3。可见，边际技术替代率是递减的。我们把这个规律叫作边际技术替代率递减规律。具体地说，边际技术替代率递减规律指在保持产量不变的条件下，当不断地增加一种要素投入量时，增加一单位该种要素投入所需减少的另一种要素的数量越来越少，即随着一种要素投入的不断增加，一单位该种要素所能替代的另一种要素的数量是递减的。

二、等成本线

（一）等成本线的含义

等产量曲线仅表示生产要素的投入量组合与产出量之间的技术关系，在等产量曲线上的每一点代表的生产要素投入量的组合，就技术方面而言，都是有效率的。但是，等产量曲线并没有回答厂商将选择何种生产要素投入量的组合来生产这一问题。这一问题的解决，还取决于两个重要的因素，即厂商的总成本以及每单位资本和劳动的价格。

生产理论中的等成本线是一个和效用理论中的预算线非常相似的分析工具。等成本线是在既定的成本和生产要素价格条件下，生产者可以购买到的两种生产要素的各种不同数量组合的轨迹，反映了生产者在某一既定总成本的约束和在资本和劳动的价格已知的条件下，所能购买到的资本和劳动数量的各种组合。如果资本价格为 P_K，劳动的价格为 P_L，资本投入量为 K，劳动投入量为 L，总成本为 C，那么，等成本线可以写成

$$P_L \cdot L + P_K \cdot K = C$$

上述公式也可以写成

$$K = \frac{C}{P_K} - \frac{P_L}{P_K} \cdot L$$

从上述公式可以看出，等成本线的斜率为 $-P_L/P_K$。

等成本线表明了企业生产的限制条件，即其购买生产要素所花的钱不能大于或小于所拥有的货币成本，大于货币成本是无法实现的，小于货币成本又无法实现产量最大化。

根据公式可以绘制出等成本线，如图 4-3 所示。

如图 4-3 所示，连接 AB 两点的直线就是等成本线。该线上的任何一点都是在成本与价格既定的条件下，生产者所能购买到的劳动 L 和资本 K 这两种生产要素的最大数量的组合。其中，线段 OA 表示全部的收入都用来购买资本 K 时，能够购买到的资本 K 的数量，可以用 C/P_K 表示；线段 OB 表示全部的收入都用来购买劳动 L 时，能够购买到的劳动 L 的数量，可以用 C/P_L 表示。而在线段 AB 上，任意一点都代表所有的收入全部用来购买劳动 L 和资本 K 两种生产要素时，能够购买到的两种生产要素的数量。在等成本线内的任何一点，如 I 点，购买的劳动 L 和资本 K 两种生产要素的组合都是可以实现的，但并不是最大数量的组合，而在该线外的任何一点，如 O 点，购买的劳动 L 和资本 K 两种生产要素的组合都无法实现，因为所需投入超过了既定的成本。

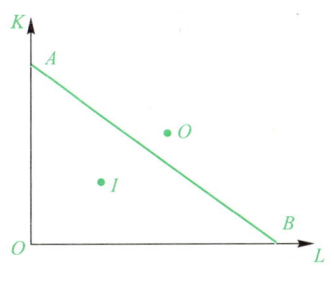

图 4-3　等成本线

从上面的分析可知，只要给定生产者的成本 C 和劳动 L、资本 K 两种生产要素的价格 P_L 和 P_K，则图像的等成本线的位置和形状也就决定了。因为消费预算线的横、纵截距分别为 C/P_L 和 C/P_K，而等成本线的斜率为 $-P_L/P_K$，由此也可以得出，生产者的成本 C 和两种生产要素的价格 P_L 和 P_K 这三个量之中，只要有一个量发生变化，原有的等成本线就会发生变动。

（二）等成本线的移动

当成本和生产要素价格一定时，会有一条相应的等成本线，如果成本或生产要素价格发生变化，就会引起等成本线的移动，如图 4-4 所示。

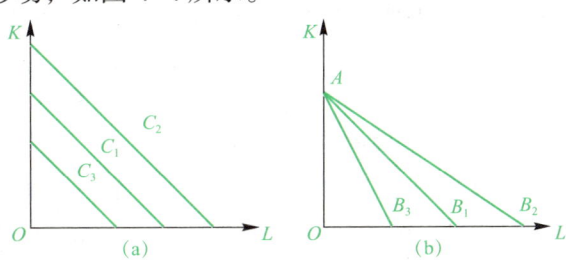

图 4-4　等成本线的移动
（a）平行移动；（b）旋转

（1）两种生产要素价格同比例变动，引起成本线平行移动。当两种生产要素价格同比例下降时，等成本线会向右平行移动，意味着资本和劳动投入同比增加，如图 4-4（a）所示，最初的等成本线从 C_1 右移到 C_2；当两种生产要素价格同比例上升时，等成本线会向左平行移动，意味着资本和劳动投入同比减少，如图 4-4（a）所示，最初的等成本线从 C_1 左移到 C_3。

（2）当只有一种生产要素价格变化时，等成本线会发生旋转。例如，资本价格既定，只有劳动的价格变化，如图 4-4（b）所示，等成本线最初为 AB_1，如果劳动的价格上升，那么等成本线向左下方旋转到 AB_3；如果劳动的价格下降，那么等成本线向右上方旋转到 AB_2。

（3）两种生产要素价格不变，生产成本变动。如果企业生产成本上升，那么等成本线向右平行移动，如图 4-4（a）所示，等成本线从 C_1 右移到 C_2；反之，如果企业生产成本下降，那么等成本线向左平行移动，如图 4-4（a）所示，等成本线从 C_1 左移到 C_3。

三、生产者均衡

（一）生产者均衡的表示

把等产量曲线和等成本线绘制在一张图中（见图 4-5），就可以得到生产者均衡点。

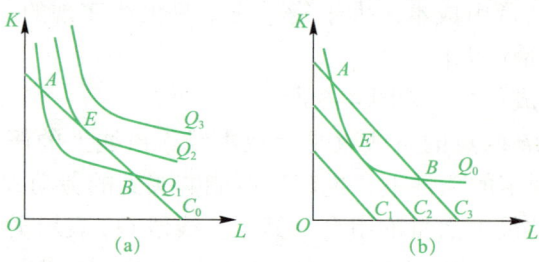

图 4-5　生产者均衡

（a）成本一定，产量最大；（b）产量一定，成本最小

如图 4-5 所示，横轴代表劳动投入量 L，纵轴代表资本投入量 K。等产量曲线和等成本线的切点为生产者均衡点。如图 4-5（a）和（b）中的 E 点。在现实经济生活中，生产者均衡是指在既定成本条件下如何使产量最大，或在既定产量条件下如何使成本最小。

（1）成本一定，产量最大。在图 4-5（a）中，有一条等成本线 C，表示厂商的成本是既定的。当产量可以变化时，等产量曲线有无数条，用三条等产量曲线 Q_1、Q_2、Q_3 代表。因为在同一平面上有无数条等产量曲线，所以等成本线 C_0 必然与无数条等产量曲线中的一条相切。假定 C_0 与 Q_2 相切于 E 点，同时 C_0 与 Q_1 相交于 A，B 两点。就是说，A，B，E 三点都在等成本线 C_0 上，都是既定成本下所购买的最大数量的要素组合，但 E 点所生产产量是最大的，因为 E 点在产量较大的等产量曲线 Q_2 上，而 A、B 点在产量最小的等产量曲线 Q_1 上。

（2）产量一定，成本最小。在图 4-5（b）中，有一条等产量曲线 Q 表示厂商的目标是获得一定的产量。当成本支出可以选择时，等成本线有无数条，用三条等成本线 C_1、C_2、C_3 代表。因为成本可以选择，所以在同一平面上有无数条等成本线，等产量曲线 Q_0 一定会与无数条等成本线中的一条相切。假定 Q_0 与 C_2 相切于 E 点，同时 Q_0 与 C_2 相交于 A 和 B 两点。就是说 A、B、C 三点都在等产量曲线 Q_0 上，相应的三种要素投入组合都可以生产出产量 Q_0，但 E 点花费的成本是最小的，因为 E 点在成本较小的成本线 C_2 上，而 A，B 两点在成本较高的成本线 C_3 上。

在等成本线与等产量曲线的切点，两条线的斜率是相等的。等产量曲线上某一点的斜率可以用这一点的边际技术替代率表示，而等成本线的斜率为 $-P_L/P_K$。因此，在两者的切点处有

$$MRTS_{LK} = MP_L/MP_K = P_L/P_K$$

还可以写成

$$MP_L/P_L = MP_K/P_K$$

（二）生产扩展线

从长期看，厂商的总成本和产量水平都是可以变化的。在生产要素价格和生产技术水平不变的条件下，当总成本增加时，等成本线会向右上方平移。当产量增加时，等产量曲线会向右上方移动。这些不同的等产量曲线与不同的等成本线相切，形成一系列不同的生产者均衡点，这些生产者均衡点的连线就是生产扩展线，如图 4-6 所示。

如图 4-6 所示，三条等成本线 C_1、C_2 和 C_3 分别与三条等产量曲线 Q_1、Q_2 和 Q_3 相切于 E_1、E_2 和 E_3 点，把这些切点和原点连接起来的曲

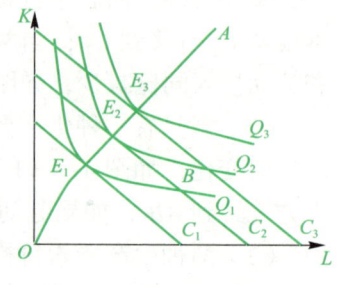

图 4-6　生产扩展线

线 OA，即为生产扩展线。

生产扩展线表示，在生产要素价格和技术水平不变的条件下，当企业调整产量时，必然会沿着生产扩展线选择要素投入组合，因为生产扩展线上的每一点都会使企业得到一定产量下的最小成本或一定成本下的最大产量。

四、规模经济

在本项目中，分析的是企业长期生产情况。在长期内，所有生产要素都是可以调整的，而所有生产要素的变动，也就是企业生产规模的变动。因此，必须了解企业规模变动对产量的影响。这就是规模报酬问题，如图 4-7 所示。

规模报酬又叫规模经济（规模收益），是指所有生产要素的变化与所引起的产量变化之间的关系。规模报酬有三种类型，即规模报酬递增、规模报酬不变和规模报酬递减。当企业生产规模扩大时，产量的增加会大于、小于或等于生产规模的变动。如果产量增加的比率大于生产规模扩大的比率，就是规模收益递增，如图 4-7 中 OA 所示；如果产量增加的比率与生产规模扩大的比率相同，就是规模收益不变，如图 4-7 中 OB 所示；如果产量增加的比率小于生产规模扩大的比率，就是规模收益递减，如图 4-7 中 OC 所示。

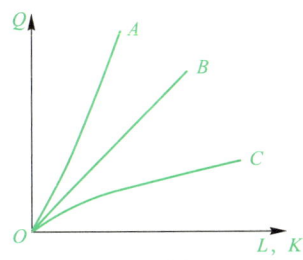

图 4-7　生产规模报酬变动

第四节　成本

案例导入

服装店的张老板是赢利还是亏损的？

假定张老板是某服装店的所有者，亲自管理服装店。此外，再假定张老板还面临其他两种选择：一是把拥有的相同资源（包括经营管理才能、资金及店铺）投入赵老板的商店，即为赵老板管理商店，并将资金和店铺租借给赵老板使用，他每年可以获得相应的工资收入 80 万元、利息收入 40 万元及店铺租金收入 30 万元，总计收入 150 万元。二是把拥有的相同资源投入王老板的商店，类似的，则他每年可以获得各类收入总计 180 万元。在这些条件下，事实上亲自管理服装店的张老板在去年的总收益中扣除当年付给他人的成本支出后，计算得到的会计利润是 120 万元。那么你认为，"张老板去年赢利 120 万元"的说法是对的还是错的？

正确答案是："张老板去年赢利 120 万元"的说法是错误的。我们知道，企业的利润，即经济利润＝总收益－总成本，而总成本既含显性成本，还含隐性成本。因此，正确的计算应该是在会计利润中再继续扣除隐性成本，即张老板去年的经济利润 = 120-180 = -60（万元）。这就是说，张老板去年没有赢利，而是亏损 60 万元！

为什么张老板去年不是赢利而是亏损呢？这要从机会成本的角度来理解。当张老板将自己拥有的全部资源投入自己的服装店时，他便失去了运用相同的资源在其他两种场合所可能得到的收入，这就是张老板亲自经营服装店的代价，即机会成本。显然这种机会成本应该得到补偿，此机会成本也被称为隐性成本。而且，机会成本的度量总是以生产者失去的相同资源在其他场合所能获得的最高收入为标准，因为唯有如此，经济资源才能够被使用并被保持使用在效率最高的场合。正鉴于此，在计算张老板去年的经济利润时，首先要确认应该从会计利润中再扣除隐性成本，然后确认此隐性成本应该以张老板在其他场合失去的最高收入为标准。于是，张老板去年的经济利润＝120-180＝-60（万元），而不是120-150＝-30（万元），更不是所谓的赢利120万元。

此外，更直观地讲，既然张老板把拥有的资源投入他人的商店，他人须向张老板支付工资、利息和地租收入，那么，张老板把相同的资源投在自己的服装店时，自然就应该自己向自己支付工资、利息和地租收入，这就是隐性成本支出。否则，张老板对自己资源的使用是没有得到应有的补偿的。

可以发现，在现实经济活动中，一些小生产者，尤其是个体生产者，从来不向自己支付本该得到的工资、利息和地租收入。由于这些生产者在账目中缺少这一部分的成本支出项目，以至于他们有时在亏损的状态下还自以为是赢利的。这不仅损害了生产者本人的经济利益，而且不利于经济资源的有效配置。事实上，张老板的最优选择应该是放弃自己经营服装店，而是把他拥有的资源投入王老板的商店，即为王老板管理商店，并把资金和店铺租借给王老板使用，由此获得180万元的年收入。

（资料来源：高鸿业，刘文忻，冯金华，等．西方经济学学习与教学手册［M］．北京：中国人民大学出版社，2007：5．）

问题：

从以上材料分析，服装店的张老板是赢利还是亏损的？

案例解析

在本节中，我们将学习成本的基本概念和成本函数，包括显性成本与隐性成本、经济成本与会计成本、短期成本与长期成本等。故事反映的正是显性成本与隐性成本、经济成本与会计成本的差别。

成本是经济学中的一个重要概念。产品成本的高低，决定着厂商的产量以及利润的多少，决定着厂商在商品经济中的竞争能力。

成本又称生产费用，是指企业对生产的产品或提供劳务使用的生产要素应该支付的代价，如工资、利息、地租和正常利润等。

为了更好地理解成本函数，下面介绍几个重要的成本概念。

一、成本概述

（一）显性成本与隐性成本

企业的生产成本可以分为显性成本和隐性成本两个部分。

（1）显性成本指的是企业在生产要素市场上购买或租用他人所拥有的生产要素时产生的实际支出。这类成本可以直接在会计账目上显示，因此也被称为会计成本。例如，某企业为了维持正常的生产运营，雇用了一定数量的工人并获得了银行的贷款。为此，企业须向工人支付工资，同时向银行偿付利息，这些支出就构成了该企业的显性成本。

（2）隐性成本则是指企业使用自身拥有的、投入到生产中的生产要素的总价值。在前面的例子中，除了雇用工人和获得贷款，企业还使用了自有资金，并由投资者亲自管理。经济学理论认为，既然借用他人资本须付利息，聘请外部管理须付薪金，那么企业使用自有生产要素时，也应计算相应的报酬。这种报酬实质上是企业对自己支付的费用，但由于这笔费用不会出现在会计账目中，因此被称为隐性成本。隐性成本并未实际支出，其计量需从机会成本的角度来理解。机会成本是指当某些资源被用于生产某种商品时，所放弃的其他用途可能带来的最大收益。例如，如果投资者为其他公司工作能获得的年薪最高为20 000元，而将资金投资于其他企业可以获得的年股息最高为5 000元，那么他应以此为基础来计算自己一年的劳动和资本的价值，这些价值即为他经营企业时的隐性成本。

综上所述，企业的总成本由显性成本和隐性成本共同构成。此外，与成本相关的还有利润的概念。在经济学中，我们需要区分经济利润、会计利润和正常利润这三个概念。

（1）经济利润是指企业的总收益与总成本之间的差额，这也是经济学中主要关注的利润概念，有时也被称为超额利润。

（2）会计利润则是指企业的总收益与显性成本之间的差额。通常情况下，会计利润会高于经济利润。

（3）正常利润通常指的是企业对自己所提供的企业管理能力的报酬。当然，正常利润的计量同样要从机会成本的角度来理解。例如，如果一个企业主具备出色的企业管理能力，那么他管理自己企业的机会成本，就是他放弃管理其他企业可能获得的报酬。值得注意的是，正常利润从本质上来说属于成本的一部分，应归入隐性成本中。

（二）社会成本与私人成本

社会成本是指对整个社会来说产生的成本，它反映了社会可获得的资源的最好替代用途；私人成本是指对生产者来说产生的成本，它反映了生产者可以得到的资源的最好替代用途。

私人成本通常是按照企业使用的资源的市场价格来计算的。如果资源的市场价格准确地反映了资源的最好替代用途所体现出来的对社会的价值，私人成本与社会成本就是一致的。并不是所有的资源都有市场价格，资源的市场价格也并不总是能够准确反映该资源的社会价值，因此，生产一种商品的私人成本就常常与它的社会成本不一致。例如，一个工厂可能会向附近的河流排放废水，对工厂来说，排放废水的成本仅仅是把废水从工厂输送到河流发生的费用，然而，河流被污染后，就破坏了供人们生活的用途。这样，对其他人、对社会就产生了额外的成本，此时的私人成本与社会成本就不一致。

由于私人成本与社会成本常常不一致，这就要求通过公共政策措施补救。

（三）短期成本与长期成本

生产理论说明了短期与长期的区分。在短期，企业不能根据自己要达到的产量来调整其全部生产要素，这就是说它只能调整可变生产要素（劳动力、原料等），而不能调整固定生产要素（厂房、设备等）。短期成本就是用于这些可变生产要素的支出。

在长期中，企业可以根据自己要达到的产量来调整全部生产要素。长期中企业没有可变投入与固定投入之分，一切投入的生产要素都是可变的，所以长期成本就是企业用于投入生产要素支出的所有费用。

短期成本与长期成本有着不同的变动规律，对企业也有不同的影响。

二、短期成本分析

（一）短期成本的分类

1. 短期总成本

短期总成本 STC 是短期内生产一定量产品所需的成本总和，其公式为

$$STC = f(Q)$$

从短期总成本公式可知，短期总成本是产量的函数，其大小受产量的影响。短期总成本又可以分为短期总固定成本 $STFC$ 和短期总可变成本 $STVC$。

短期总固定成本是一个固定的量，不随产量变化而变化，其公式可以表示为

$$STFC = F$$

F 为大于 0 的常数。

短期总可变成本是随着产量变化而变化的，其公式可以表示为
$$STVC = f(Q)$$
短期总成本、短期总固定成本和短期总可变成本三者之间关系为
$$STC = STFC + STVC$$

2. 短期平均成本

短期平均成本 SAC 是短期内生产某一单位产品平均所需要的成本，其公式为
$$SAC = STC/Q$$
短期平均成本分为短期平均固定成本 $SAFC$ 与短期平均可变成本 $SAVC$。短期平均固定成本是平均每单位产品所消耗的固定成本，其公式为
$$SAFC = STFC/Q$$
短期平均可变成本是平均每单位产品所消耗的可变成本，其公式为
$$SAVC = STVC/Q$$
短期平均成本、短期平均固定成本和短期平均可变成本三者之间关系为
$$SAC = SAFC + SAVC$$

3. 短期边际成本

短期边际成本 SMC 是指在短期内企业每增加一单位产品生产而带来的总成本的增加值，其公式为
$$SMC = \Delta STC/\Delta Q$$
由于在短期内，短期固定成本是不变的，成本的变化完全是由短期可变成本的变化带来的，因此，上式也可以表示为
$$SMC = \Delta STC/\Delta Q = \Delta STVC/\Delta Q$$

（二）各类短期成本的变动规律及其关系

为了分析各类短期成本的变动规律及其相互关系，我们把某企业的短期生产过程的成本列成下表 4-4。

表 4-4　各类短期成本的变动规律及其相互关系

产量 Q	固定成本 TFC	可变成本 TVC	总成本 TC	边际成本 MC	平均固定成本 AFC	平均可变成本 AVC	平均成本 AC
0	100	0	100	—	—	—	—
1	100	100	200	100	100	100	200
2	100	128	228	28	50	64	114
3	100	148	248	20	33.3	49.3	82.7
4	100	162	262	14	25	40.5	65.5
5	100	180	280	18	20	36	56
6	100	200	300	20	16.7	33.3	50
7	100	225	325	25	14.3	32.1	46.4
8	100	254	354	29	12.5	31.8	44.3
9	100	292	392	38	11.1	32.4	43.6
10	100	350	450	58	10	35	45

表 4-4 说明了各种成本的计算及其相互关系。例如，当产量由 1 单位增加到 2 单位时，因固定成本不随产量变动而变动，仍为 100，但变动成本可随产量的变动而变动，由 100 增加到了 128，而总成本是固定成本和变动成本之和，所以为 228。边际成本为总成本增加量除以产量增加量，即 28 除以 1，即为 28。平均固定成本为固定成本除以产量，即 100 除以 2 等于 50。平均变动成本为变动成本除以产量，即 128 除以 2 等于 64。平均成本为平均固定成本与平均变动成本之和，或总成本除以产量，即为 114。其他依此类推。

1. 短期总成本、短期总固定成本和短期总变动成本

根据表 4-4 可以绘制出总成本之间的关系图，如图 4-8 所示。

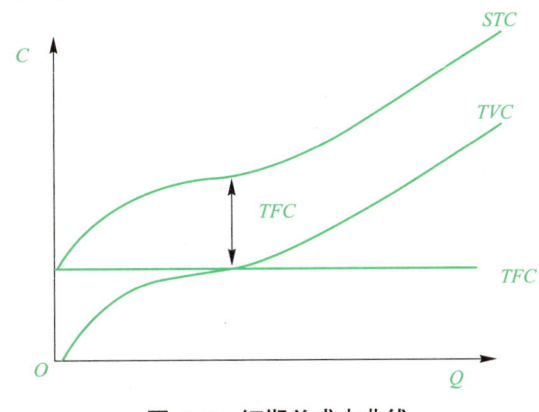

图 4-8　短期总成本曲线

在图 4-8 中，横轴 Q 代表产量，纵轴 C 代表成本，$STFC$ 为短期总固定成本曲线，它与横轴平行，表示不随产量的变动而变动，是一个固定的数。$STVC$ 为短期总可变成本曲线，它从原点出发，表示产量为 0 时，短期总可变成本也为 0。该曲线向右上方倾斜，表示短期总可变成本随产量的增加而增加。需要注意的是，短期总可变成本曲线最初比较陡峭，表示这时短期总可变成本的增加率大于产量的增加率；接着较为平坦，表示短期总可变成本的增加率小于产量的增加率；最后又比较陡峭，表示短期总可变成本的增加率又大于产量增加率。STC 为短期总成本曲线，它不是从原点出发，而是从固定成本出发，表示没有产量也不为 0，总成本最小也等于固定成本。短期总成本曲线向右上方倾斜也表明了总成本随产量的增加而增加，其形状与短期总可变成本曲线相同，说明短期总成本与短期总可变成本变动规律相同。短期总成本曲线与短期总可变成本曲线之间的距离也可以表示固定成本。

2. 短期平均成本、短期平均固定成本和短期平均可变成本

根据表 4-4 可以绘制出短期平均成本之间的关系图，如图 4-9 所示。

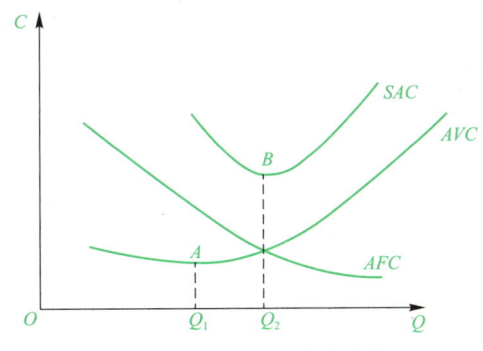

图 4-9　短期平均成本曲线

在图 4-9 中，AFC 为短期平均固定成本曲线，它开始比较陡峭，说明在产量开始增加时，它下

降的幅度很大；接着越来越平坦，说明随着产量的增加，它下降的幅度越来越小。AVC 为短期平均可变成本曲线。它先下降而后上升，呈 U 形，表明随着产量增加先下降而后上升的变动规律。SAC 为短期平均成本曲线，它也是先下降而后上升的 U 形曲线，表明随着产量增加先下降而后上升的变动规律。短期平均成本曲线形状与短期平均可变成本曲线基本相同，说明短期平均成本变动规律类似平均可变成本。

3. 短期平均成本、短期平均可变成本和短期边际成本

根据表 4-4 可以绘制出短期平均成本和短期边际成本之间的关系图，如图 4-10 所示。

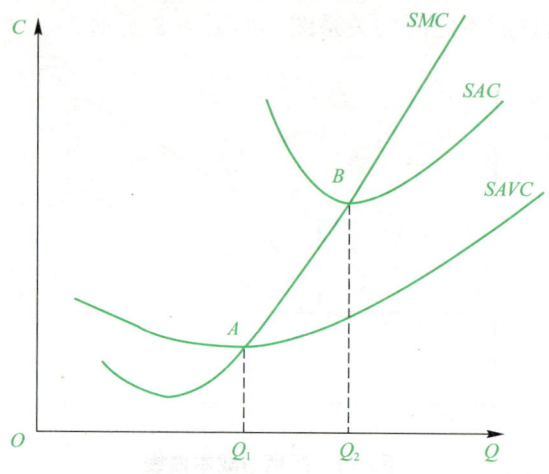

图 4-10 短期平均成本与短期边际成本曲线

短期边际成本曲线 SMC、短期平均成本曲线 SAC 和短期平均可变成本 SAVC 均呈 U 形。它们呈 U 形的原因在于边际产量递减规律在起作用，但是它们的几何含义是不同的：短期边际成本 SMC 曲线是短期总成本 STC 曲线上每一点切线的斜率，也可以说是短期总变动成本 STVC 曲线上每一点切线的斜率；短期平均成本 SAC 曲线则是短期总成本 STC 曲线上每一点与原点连线的斜率，短期平均可变成本 SAVC 曲线则是短期总可变成本 STVC 曲线上每一点与原点连线的斜率。

短期边际成本 SMC 曲线与短期平均成本 SAC 曲线相交于 SAC 的最低点 B 点。在 B 点的左侧，SMC＜SAC；在 B 点的右侧，SMC＞SAC。同样，短期边际成本 SMC 曲线与短期平均可变成本 SAVC 曲线相交于 SAVC 的最低点 A 点。在 A 点的左侧，SMC＜SAVC；在 A 点的右侧，SMC＞SAVC。

另外，由于产量的变化，短期边际成本 SMC 要比短期平均成本 SAC 和短期平均可变成本 SAVC 敏感得多，因此，不管是上升还是下降，SMC 曲线的变动都要早于 SAC 曲线和 SAVC 曲线。

三、长期成本分析

（一）长期总成本

在长期，所有的生产要素都是可以变化的，没有固定成本与可变成本之分。因此，在长期成本分析中，只有长期总成本、长期平均成本和长期边际成本。

在长期，厂商可以根据最优产量的要求，调整全部生产要素的投入量，甚至可以进入或退出一个行业。因此，可以把长期总成本 LTC 定义为企业在长期内在每一产量水平上通过选择最优的生产规模所能达到的最低总成本，长期总成本是产量的函数随产量的增加而增加，其函数

表达式为

$$LTC = f(Q)$$

可以从短期总成本曲线推导出长期总成本 LTC 曲线，如图 4-11 所示。

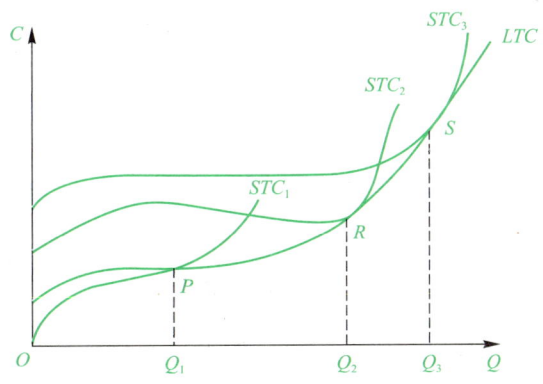

图 4-11　长期总成本曲线推导

图 4-11 中，LTC 曲线与 STC 曲线在形状上是一样的，但它们也有两点区别：一是 LTC 曲线是从原点出发的，而 STC 曲线的出发点则高于原点，这是因为在长期中不存在固定成本，当产量为 0 时长期总成本也为 0；二是 STC 曲线的形状是由可变投入要素的边际报酬先递增后递减决定的，而 LTC 曲线的形状是由规模报酬先递增后递减决定的，由于在长期所有投入要素均可变，所以这里对应的不是要素的边际报酬而是要素的规模报酬。

根据对长期总成本的定义，可以由 STC 曲线出发，推导 LTC 曲线。在长期中，厂商可以任意选择生产规模，因此对于某个事先确定的产量水平，厂商总会选择总成本最低的那个生产规模进行生产。在图 4-11 中，假定厂商可以选择的生产规模有三种，相应的总成本分别为 STC_1，STC_2，STC_3。当厂商决定生产数量为 Q_1 时，厂商必定会选择 STC_1 的生产规模，即在 P 点进行生产，因为 P 点能使总成本最低。类似地，如果将产量扩张到 Q_2，厂商会选择 STC_2 的生产规模，即在 R 点进行生产；如果将产量进一步扩张到 Q_3，则会选择 STC_3 的生产规模，即在 S 点进行生产。这样，厂商在每一个既定的产量水平上都能实现总成本最低。

虽然在图 4-11 中只有三条 STC 曲线，但在理论分析上可以假定有无数条 STC 曲线。这样，厂商在任何一个产量水平上都能找到一个相应的最优生产规模，都可将总成本降到最低水平。也就是说，可以找到无数个类似 P、R、S 的点，这些点的轨迹就形成了 LTC 曲线。显然，LTC 曲线是无数条 STC 曲线的包络线。在这条包络线上，连续变化的每一个产量水平上都存在着 LTC 曲线和一条 STC 曲线的相切点，该 STC 曲线所代表的生产规模就是生产该产量的最优生产规模，该切点所对应的总成本就是生产该产量的最低总成本。

（二）长期平均成本

长期平均成本 LAC 表示企业在长期内按产量平均计算的最低总成本，其公式为

$$LAC = LTC / Q$$

由上式可知，长期平均成本曲线是长期总成本曲线上每一点与原点连线斜率的连线，可以从短期平均成本曲线推导出长期平均成本曲线，如图 4-12 所示。

如图 4-12 所示，假定某厂商生产某种产品可选择的生产规模有 SAC_1、SAC_2、SAC_3、SAC_4、SAC_5 五种。越往上，表示成本越高；越往右，表示生产规模越大。从长期生产来考虑，当决定产量为 Q_1 时，厂商必定会选择 SAC_1 的生产规模，在 A 点进行生产；当产量为 Q_3 时，厂商会选择 SAC_2 的生产规模，在 C 点进行生产；当产量为 Q_5 时，厂商会选择 SAC_3 的生产规模，在 E 点进行生产。

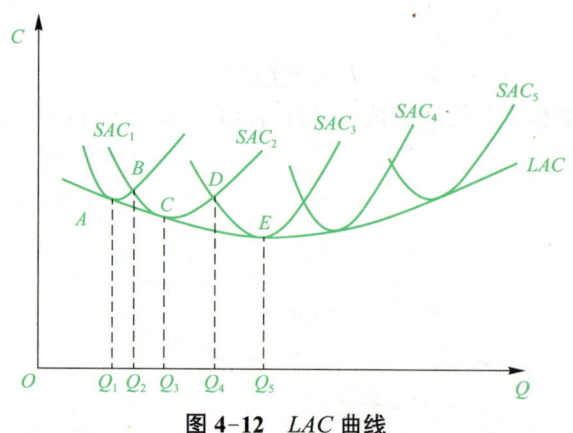

图 4-12 LAC 曲线

如果产量为两条 SAC 曲线的交点对应的产量，如 B 点对应的产量 Q_2，此时 SAC_1 和 SAC_2 两种生产规模的生产成本相等，厂商选择时不仅要考虑成本最低，还应考虑市场需求的变化趋势。如果市场需求在未来不会扩张，那么应选择 SAC_1 的生产规模；如果市场需求在未来会扩张，那么应选择 SAC_2 的生产规模。如果假定可供厂商选择的生产规模数目非常多，则 SAC 曲线的数目也非常多。这样，厂商可以在任何一个产量水平上都找到一个相应的最优生产规模，将平均成本降到最低水平。也就是说，LAC 曲线是无数条 SAC 曲线的包络线。在这条包络线上，连续变化的每一个产量水平上都存在 LAC 曲线与一条 SAC 曲线的相切点，该 SAC 曲线所代表的生产规模就是生产该产量的最优生产规模，该切点所对应的平均成本就是生产该产量的最低平均成本。

需要注意的是，虽然 LAC 曲线的每一点都是与某一既定的 SAC 曲线的切点，但每一个切点并不都是 SAC 曲线的最低点。当 LAC 处于递减阶段时，LAC 曲线与 SAC 曲线的切点必然位于该 SAC 曲线最低点的左上方；当 LAC 处于递增阶段时，LAC 曲线与 SAC 曲线的切点必然位于该 SAC 曲线最低点的右上方；只有当 LAC 曲线本身处于最低点时，其与相应的 SAC 曲线的切点才是该 SAC 曲线的最低点。

（三）长期边际成本

长期边际成本 LMC 指企业在长期内增加一单位产品生产所带来的最低总成本的增加值，其公式为

$$LMC = \Delta LTC / \Delta Q$$

长期边际成本是长期总成本曲线上每一点斜率的连线。

可以由短期边际成本 SMC 曲线推导出长期边际成本 LMC 曲线，如图 4-13 所示。

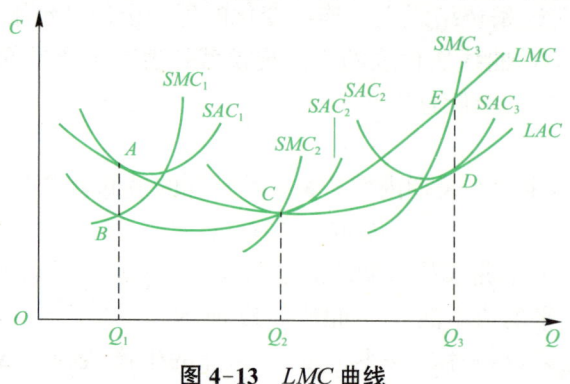

图 4-13 LMC 曲线

从图 4-13 中可以看出长期边际成本与长期平均成本之间的关系。LMC 曲线在 LAC 曲线到达最低点之前到达最低点，且 LMC 曲线在上升过程中一定与 LAC 曲线相交于 LAC 曲线的最低点，在这一点 LAC=LMC。在 LAC 曲线最低点的左边，LAC 曲线是下降的，但 LAC > LMC。在 LAC 曲线

最低点的右边 LAC 曲线是上升的，但 LAC < LMC。

在图 4-13 中，对于每一个产量水平，都存在一条代表最优生产规模的 SAC 曲线，并且每一条 SAC 曲线都对应着一条 SMC 曲线。这些 SMC 曲线都会经过相应 SAC 曲线的最低点。例如，在产量 Q_1 时，最优生产规模由 SAC_1 曲线和 SMC_1 曲线表示，此时的短期边际成本由点 B 给出。在点 B，边际成本既是该产量下的最优短期边际成本，也等于长期边际成本，即 $LMC=SMC_1$。类似地，在产量 Q_2 时，点 C 表示 $LMC=SMC_2$；在产量 Q_3 时，点 E 表示 $LMC=SMC_3$。如果假设厂商可以选择的生产规模数量非常多，那么就可以得到无数个像 B、C、E 这样的点。将这些点连接起来，就形成了一条光滑的 LMC 曲线。

四、收益与利润最大化

（一）总收益、平均收益与边际收益

收益是指企业卖出产品得到的全部收入，即价格与销售量的乘积。特别需要注意的是，收益不等于利润，收益中既包括了成本，又包括了利润。另外，在研究收益概念时，一般假定产量是等于销售量的。

收益可以分为总收益、平均收益和边际收益。

1. 总收益

总收益 TR 是企业生产和销售一定量商品得到的全部收入，其函数表达式为

$$TR = P \cdot Q$$

式中，P 为商品的价格，Q 为商品的产销量。

2. 平均收益

平均收益 AR 是企业生产和销售每一单位商品平均所得到的收入，其公式为

$$AR = TR/Q$$

3. 边际收益

边际收益 MR 是指企业每增加一单位商品的生产和销售带来的总收益的增加值，其公式为

$$MR = \Delta TR / \Delta Q$$

由于收益是产销量和价格的乘积，因而有 $TR = TQ \cdot P$，$AR = AQ \cdot P$，$MR = MQ \cdot P$。假定不考虑价格因素，收益与产量是相等的，那么，总收益、平均收益和边际收益的变动规律与总产量、平均产量和边际产量的变动规律是完全相同的。

（二）利润最大化原则

在分析了成本与收益之后，再来分析企业的利润。如果用 π 表示利润，TR 表示总收益，TC 表示总成本，则有 π = TR − TC。

企业的目标是利润最大化，企业如何实现利润最大化呢？实现利润最大化需要满足什么条件呢？在经济学中，认为企业实现利润最大化的原则为边际收益等于边际成本。为什么在边际收益等于边际成本时能实现利润最大化呢？分别从数学推导和经济意义两方面进行解释。

1. 利润最大化原则的数学推导

已知，π = TR − TC，要想使利润最大，可以令企业利润等式的一阶导数等于 0，即

$$d\pi/dQ = dTR/dQ − dTC/dQ = MR − MC = 0$$

所以

$$MR = MC$$

2. 利润最大化原则的经济意义解释

如果边际收益大于边际成本，即 MR > MC，表明企业每增加一单位商品生产带来的收益增加

量大于其带来的成本增加量。这时，对企业来说，增加产出是有利的，可以使利润增加。反之，如果边际收益小于边际成本，即 $MR < MC$，表明厂商每多生产一单位产品带来的收益增加量小于其带来的成本增加量。这时，对厂商来说增加产量是不利的，会使利润减少；而减少产量对企业是有利的，可以使利润增加。

因此，只有在边际收益等于边际成本的情况下，厂商才不再调整产量，实现利润最大化。在对市场结构理论的分析中，无论何种类型的市场和企业，其实现利润最大化的条件总是 $MR = MC$。

需要注意的是，这里的利润最大化是对经济利润而言的，利润最大化的条件 $MR = MC$ 并不能够保证企业一定获取利润，也有可能利润为 0 或者亏损。这是因为企业在实现利润最大化时，还要对比平均收益和平均成本。如果平均收益大于平均成本，则企业获得利润；反之，则企业亏损。如果企业是亏损的，则一定实现了亏损最小化。

知识点小结

1. 生产理论是分析生产者行为的理论。生产就是把土地、劳动、资本、企业家才能这四种生产要素变为产品的过程，生产理论就是要分析各种生产要素投入量与产量之间的关系，从而达到以最小生产要素投入获得最大产出的目的。

2. 在这种研究中，我们假设投入的生产要素为劳动与资本，当一种要素不变，另一种可变时，可变要素的合理投入范围可根据要素的边际报酬递减规律推知。在技术水平不变的情况下，当把一种可变的生产要素投入一种或几种不变的生产要素时，最初这种生产要素的增加会使产量增加，但当它的增加超过一定限度时，增加的产量将要递减，最终还会使产量绝对减少。这一规律即要素的边际报酬递减规律，推导出一种生产要素的投入最少应达到平均产量最高，最多达到边际产量为 0。

3. 两种生产要素的最适组合分析中运用了等产量曲线分析法。等产量曲线是表示两种生产要素的不同数量的组合可以带来同等产量的一条曲线。等成本线是表明在生产者的成本与生产要素价格既定的条件下，生产者所能购买的两种生产要素数量的最大组合的线。如果把等产量曲线与等成本线重合在一个图上，那么，等成本线必定与无数等产量曲线中的一条相切于一点。在这个切点上，就实现了生产要素的最适组合。

4. 生产要素最适组合的原则：在成本与生产要素价格既定的条件下，应该使购买的各种生产要素的边际产量与价格比例相等，即要使每一个单位货币无论购买何种生产要素都能得到相等的边际产量。

5. 成本是厂商在一定时期内生产一定数量的产品投入的各种生产要素的货币支出，是产量的函数。经济学中所讲的成本是机会成本，由显性成本和隐性成本构成。成本可分为短期成本和长期成本两类。短期成本有短期总成本（STC）、短期固定成本（SFC）、可变成本（SVC）、平均固定成本（AFC）、平均可变成本（AVC）、短期平均成本（SAC）和短期边际成本（SMC）7 种。而长期成本只有长期总成本（LTC）、长期平均成本（LAC）和长期边际成本（LMC）3 种。短期平均成本曲线、平均可变成本曲线和短期边际成本曲线呈 U 形的变化形态是由边际产量递减规律决定的，而长期平均成本曲线呈 U 形的变化形态是由于受到规模经济和规模不经济的影响。

6. 厂商从事生产的目的是获得利润。厂商实现利润最大化所要遵循的原则：边际收益等于边际成本。

一、名词解释

1. 短期和长期　　2. 生产函数　　3. 边际技术替代率
4. 隐性成本　　　5. 边际成本　　6. 边际收益

二、单项选择题

1. 当总产量达到最大时，边际产量是（　　）。
   A. 大于 0　　　B. 等于 0　　　C. 小于 0　　　D. 不一定
2. 当平均产量 =0 时，总产量（　　）。
   A. 递增　　　　B. 递减　　　　C. 不变　　　　D. 达到最大
3. 当投入的资本和劳动增加了一倍，而产出增加了 2 倍，这时的规模报酬是（　　）。
   A. 递增　　　　B. 递减　　　　C. 不变　　　　D. 不确定
4. 某厂商每年从企业的总收入中取出一部分作为自己所提供的自有生产要素的报酬，取出的这部分称为（　　）。
   A. 显性成本　　B. 隐性成本　　C. 经济利润　　D. 固定成本
5. 当总成本曲线的切线通过原点时，SAC（　　）。
   A. 最小　　　　　　　　　　　　B. 等于 SMC
   C. 等于 AVC 加上 AFC　　　　D. 以上都对

三、问答题

1. 简述什么是边际报酬递减规律，并举实例说明。
2. 简述企业在追寻其适度规模时，主要考虑的因素有哪些。
3. 简述经济成本与会计成本、显性成本和隐性成本之间的关系。
4. 当一种投入要素的价格提高时，平均成本、边际成本和总成本会发生什么变化？

四、案例分析

制药厂的经营决策

某制药厂已经花了 500 万元开发和试验一种新药。营销部经理估计该产品投入市场还需要花费 300 万元广告费，并预估由于该药品只适用于特殊病人群体，整体市场需求有限，所以其全部销售收入约为 600 万元。这样，营销部经理通过核算认为该药品上市的生产经营总成本为 500+300=800 万元，由此会产生 800-600=200 万元的亏损。因此，营销部经理建议停止生产该药品。

问题：

1. 营销部经理的建议是否正确？
2. 若会计部门的经理又指出，经营这种产品还必须分摊公司间接费用 350 万元，这一新的信息是否会对决策有影响？

PROJECT 5

第五章 市场结构理论

知识目标

○ 了解市场的概念及不同的市场结构;
○ 掌握完全竞争市场的概念及特征;
○ 掌握完全垄断市场的概念、特征及垄断产生的原因;
○ 理解垄断竞争市场的概念及特征;
○ 理解寡头垄断市场的概念、特征及博弈论的概念。

能力目标

○ 能归类和理解生活中的不同行业;
○ 初步学会从经济学角度分析各个行业的特点。

经济学中的市场是指从事某一种商品买卖的交易场所,由消费者和生产该商品的厂商构成。市场可以是一个有形的买卖商品的场所,也可以是一个利用现代化通信工具进行商品交易的接触点。任何一种商品都有一个市场,有多少种商品,就有多少个市场。例如,市场可以是金融市场、自行车市场、房地产市场等。

市场结构指的是某一市场中各种要素之间的内在联系及其特征,而这些联系和特征又影响着厂商的行为和活动。一般而言,可以根据市场竞争程度,将市场分为四种类型:完全竞争市场、垄断竞争市场、寡头垄断市场和完全垄断市场。而市场的竞争程度又受到四个因素的影响:①市场上厂商的数目;②厂商之间各自提供的商品的差别程度;③单个厂商对市场价格控制的程度;④厂商进入或退出一个行业的难易程度。

为什么要区别不同的生产结构呢?厂商生产的目的都是实现利润最大化。由于厂商的利润取决于厂商的收益和成本,因此,必须从成本和收益两方面分析利润的获得。厂商的成本是由生产中技术方面的因素决定的,而收益取决于市场上的消费者对厂商的商品的需求状况。在不同的市场条件下,厂商面临的需求状况是有差异的,厂商面临的需求曲线的形状是不相同的。不同市场条件下的厂商面临的需求曲线的差异会直接影响厂商利润的获得。因此,在分析厂商实现利润最大化的过程中,必须先区分不同类型的市场。

第一节 完全竞争市场

案例导入

政府举办的大型养鸡场为什么失败?

20世纪80年代,一些城市为了保证市民的菜篮子供应,由政府出资举办了大型养鸡场,但成功者甚少,许多养鸡场最后均以破产告终。这其中的原因是多方面的,重要的一点则是鸡蛋市场的特殊性。

政府建立的大型养鸡场在鸡蛋市场上并没有什么优势，它的规模不足以大到控制市场，产品也没有特色，而要以平等的身份与那些分散的养鸡专业户或把养鸡作为副业的农民竞争。但这种大型养鸡场的成本都要高于行业平均成本，因为这些养鸡场的固定成本远远高于农民的养鸡成本。大型养鸡厂建有大鸡舍，采用机械化方式，有相当一批管理人员，工作人员也是有工资的工人。这些成本的增加远远大于机械化养鸡带来的好处。而农民养鸡几乎没有什么固定成本，也不向自己支付工资，差别仅仅是种鸡支出和饲料支出。当鸡蛋行业的主力是农民时，行业平均成本也是由农民自己决定的。政府办的大型养鸡场的成本高于农民养鸡的成本，也就是高于行业平均成本；当价格等于行业平均成本时，就必然低于大型养鸡场的平均成本。这些大型养鸡场在与农民的竞争中并无优势，破产是必然的。

（资料来源：孙涛. 经济学基础［M］. 上海：上海交通大学出版社，2022：130.）

问题：
1. 鸡蛋市场有哪些特征？
2. 还有哪些市场类似于鸡蛋市场？

案例解析

> 在本节中，我们将学习完全竞争市场的市场均衡，包括完全竞争厂商的需求曲线和收益曲线，完全竞争厂商的短期均衡和长期均衡等。案例中政府举办的养鸡场之所以竞争不过普通农民养鸡，正是由于鸡蛋市场是完全竞争市场。

一、完全竞争市场结构要满足的条件

完全竞争市场必须具备四个条件。

1. 市场上有大量的买者和卖者

由于市场上有无数的买者和卖者，所以相对于整个市场的总需求量和总供给量而言，每一个买者的需求量和每一个卖者的供给量都是微不足道的，好比是一桶水中的一滴水。任何一个买者买与不买，或买多与买少，以及任何一个卖者卖与不卖，或卖多与卖少，都不会对市场的价格水平产生任何影响。于是，在这样的市场中，每一个消费者和每一个厂商的行为对市场价格都没有任何影响，他们都只能被动地接受既定的市场价格，所以也被称为价格接受者。

2. 市场上每一个厂商提供的商品都是完全同质的

这里的商品同质指厂商们提供的商品是完全无差别的，不仅指商品的质量、规格、外观等完全相同，还包括购物环境、售后服务等各方面也完全相同。这样一来，对消费者来说，无法区分产品是由哪一个厂商生产的，或者说，购买任何一个厂商的产品都是一样的。在这种情况下，如果有一个厂商单独提价，那么，他的产品就会完全卖不出去。当然，单个厂商也没有必要单独降价。因为在一般情况下，单个厂商总是可以按照既定的市场价格实现属于自己的那一份相对而言很小的销售份额。因此，厂商既不会单独提价，也不会单独降价。可见，完全竞争市场的第二个条件，进一步强化了在完全竞争市场上每一个买者和卖者都是既定市场价格的被动接受者的说法。

3. 所有的资源具有完全的流动性

这意味着厂商进入或退出一个行业是完全自由的。所有资源可以在各厂商之间和各行业之间完全自由地流动，不存在任何障碍。这样，任何一种资源都可以及时地投向能获得利润的生产，并及时地退出亏损的生产中。在这样的过程中，缺乏效率的企业将被市场淘汰，取而代之的是具有效率的企业。

4. 信息是完全的

完全竞争市场上的每一个买者和卖者都掌握与自己的经济决策有关的一切信息。这样，每一个消费者和每一个厂商都可以根据自己掌握的完全信息，作出自己的最优经济决策，从而获得最大的经济利益。而且，由于每一个买者和卖者都知道既定的市场价格，都按照这一既定的市场价格开展交易，这也就排除了由于信息不通畅而可能导致的一个市场同时按照不同的价格交易的情况。

由上述分析可见：理论分析中假设的完全竞争市场的条件是非常苛刻的。在现实经济生活中，真正符合上述四个条件的市场是不存在的。通常只是将一些农产品市场如大米市场、小麦市场等，看成比较接近完全竞争市场。既然在现实经济生活中并不存在完全竞争市场，为什么还要建立和研究完全竞争市场模型呢？西方经济学家认为，这是因为在对完全竞争市场模型的分析中，可以得到关于市场机制及其配置资源的一些基本原理，而且该模型也可以为其他类型市场的经济效率分析和评价提供一个参照对比。

> **课堂讨论**
>
> 结合生活常识思考：有哪些市场比较接近完全竞争市场？

二、完全竞争厂商的需求曲线

市场上对某一个厂商的产品的需求状况，可以用该厂商面临的需求曲线表示，该曲线也被简称为厂商的需求曲线。在完全竞争市场条件下，厂商的需求曲线是什么形状的呢？在完全竞争市场上，由于厂商是既定市场价格的接受者，所以完全竞争厂商的需求曲线是一条从既定市场价格水平出发的水平线，如图5-1所示。在图（a）中，市场的需求曲线D和供给曲线S相交的均衡点E决定的市场均衡价格为P_e，相应地，在图（b）中，由给定的价格水平P_e出发的水平线d就是厂商的需求曲线。水平的需求曲线意味着：厂商只能被动地接受给定的市场价格，既不会也没有必要去改变这一价格水平。

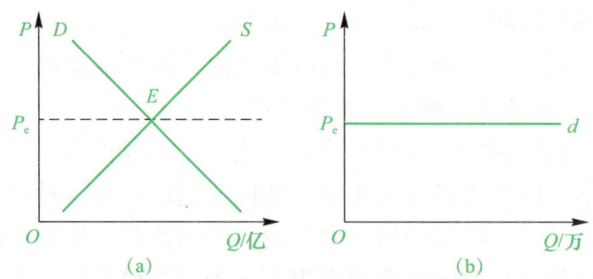

图5-1 完全竞争厂商的需求曲线

（a）完全竞争市场；（b）完全竞争厂商

需要注意的是，在完全竞争市场中，单个消费者和单个厂商无力影响市场价格，他们中的每一个都是被动地接受既定的市场价格，但这并不意味着完全竞争市场的价格是固定不变的。在其他一些因素的影响下，如消费者收入水平的普遍提高、先进技术的推广，以及政府有关政策的作用，等等。当众多消费者的需求量或众多生产者的供给量发生变化时，供求曲线的位置就有可能发生移动，从而形成市场的新的均衡价格。

三、完全竞争厂商的收益曲线

（一）厂商的收益概念

厂商的收益就是厂商的销售收入。厂商的收益可以分为总收益、平均收益和边际收益，它们的英文简写分别为 TR、AR 和 MR。

总收益指厂商按一定价格出售一定数量产品时获得的全部收入。平均收益指厂商平均销售每一单位产品获得的收入。边际收益指厂商增加一单位产品销售获得的总收入的增量。

（二）完全竞争厂商的收益曲线

厂商的收益取决于市场上对其产品的需求状况，或者说，厂商的收益取决于厂商的需求曲线的特征。在不同的市场类型中，厂商的需求曲线具有不同的特征。

完全竞争厂商的需求曲线又可以表示：在每一个销售量上，厂商的销售价格是固定不变的，于是，必然会有厂商的平均收益等于边际收益，且等于既定的市场价格的结论，即必有 $AR = MR = P$。这一点可以用表 5–1 予以具体说明。表 5–1 是某厂商的收益表。由表可见，在所有的销售量水平上，产品的市场价格是固定的，均为 $P = 1$（因为单个完全竞争厂商的销售量变化不可能对产品的市场价格产生影响）。这样一来，厂商每销售一单位产品的平均收益是不变的，仍是价格 $P = 1$，而且每增加一单位产品销售增加的收益即边际收益也是不变的，也是 $P = 1$。也就是说，有 $AR = MR = P = 1$。此外，随着销售量的增加，由于产品价格保持不变，所以总收益是以不变的速率上升的。

表 5–1　某完全竞争厂商收益

销售量 Q	价格 P	总收益	平均收益	边际收益
100	1	100	1	1
200	1	200	1	1
300	1	300	1	1
400	1	400	1	1
500	1	500	1	1

图 5–2 是根据表 5–1 绘制的收益曲线图，该图体现了完全竞争厂商的收益曲线的特征。如图可见，完全竞争厂商的平均收益曲线 AR、边际收益曲线 MR 和需求曲线 d 三条线重叠，它们都用同一条由既定价格水平出发的水平线表示，其理由是显然的：在厂商的每一个销售量水平上都有 $AR=MR=P$，且厂商的需求曲线本身就是一条由既定价格水平出发的水平线。此外，完全竞争厂商的总收益曲线是一条由原点出发的斜率不变的上升直线。其理由在于，在每一个销售量水平上，MR 值是 TR 曲线的斜率，且 MR 值等于固定不变的价格水平。

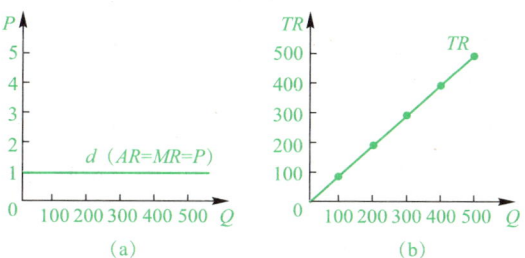

图 5–2　完全竞争厂商收益曲线

（a）平均收益和边际收益；（b）总收益

四、完全竞争厂商的短期均衡与长期均衡

（一）完全竞争厂商的短期均衡

在完全竞争市场条件下的短期生产中，不仅厂商无法改变不变要素的投入量，而且产品市场的价格也是既定的，所以厂商只有通过调整产量来实现 $MR = MC$ 的利润最大化，那么在 $MR = MC$ 时，是否厂商都是实现了利润最大化呢？可通过图 5-3 进行分析。

图中的三条成本曲线 SMC、SAC 和 AVC 共同代表厂商的既定的短期生产规模；厂商面临的五条需求曲线 d_1、d_2、d_3、d_4、d_5 分别代表在五个不同市场价格水平下的厂商的收益状况。对一个规模既定的厂商来说，不同的市场价格水平将直接影响它的短期均衡的盈亏状况，而并非在 $MR = MC$ 时都是赢利的。这一点，结合图 5-3 来分析。

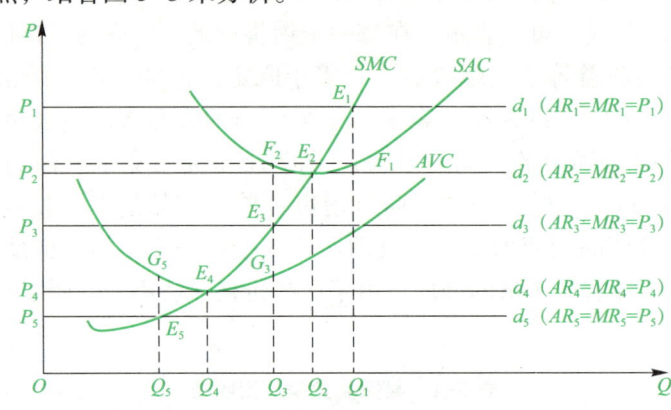

图 5-3　完全竞争厂商的短期均衡

完全竞争厂商在短期的均衡可以分成五种情况。

第一种情况，当市场价格为 P_1 时，厂商面临的需求曲线为 d_1，此时厂商的平均收益（价格）大于平均总成本，即有 $AR > SAC$，厂商获得经济利润。根据 $MR = MC$（在这里是 SMC，即短期边际成本，下同）的利润最大化均衡条件，厂商选择的最优产量为 Q_1，此时厂商获得的单位产品利润是 E_1F_1，总利润是 $E_1F_1 \times Q_1$。

第二种情况，市场价格处在 P_2 水平时，厂商面临的需求曲线为 d_2，此时厂商的需求曲线与短期平均总成本曲线相切于后者的最低点 E_2，短期边际总成本曲线也经过该点，即平均收益等于平均总成本（$AR = SAC$）。由于该点就是 SMC 曲线和 MR_2 曲线的交点，所以 E_2 点就是厂商在价格水平为 P_2 时的短期均衡点，相应的均衡产量为 Q_2。在 E_2 点上，厂商既无亏损，也无经济利润，所以 SMC 曲线与 SAC 曲线的交点（在这里是 E_2 点）也被称为厂商的收支相抵点。

第三种情况，当市场价格继续下降，厂商的平均收益小于平均总成本但大于平均总可变成本，即 $AVC < AR < AC$，如图中的 E_3 点，此时厂商亏损，但在短期内会继续生产。因为只有这样，厂商才能在用全部收益弥补全部可变成本之后，还能弥补在短期内总是存在的固定成本的一部分，所以在短期内厂商虽然亏损，但生产还是比停产要好。

第四种情况，平均收益等于平均总可变成本，即 $AR = AVC$，厂商仍然亏损，并且处于生产与不生产的临界点，即图中的 E_4 点，也称为停止营业点。当市场价格降为 P_4 时，厂商生产获得的平均收益刚好能弥补它的可变成本，但不能弥补固定成本。这时，厂商生产与不生产的结果是一样的。

第五种情况，当市场价格水平低于平均可变成本的最低点时，如图中的 E_5 点，此时厂商如果继续生产，其收益 AR 不仅无法弥补固定成本，也无法完全弥补可变成本的支出，所以厂商停止生产将避免更大的损失。在现实中，停止营业的原因是价格下降或者成本增加。停止营业的情况往往

发生在价格波动大的原料生产部门，其他价格波动大的部门也会发生这种情况。

从上述的分析过程可以看出，完全竞争厂商短期均衡的条件是

$$MR = SMC$$

其中，$MR = AR = P$。在短期均衡时，厂商可能得到经济利润，经济利润也可能为 0，也可能是亏损。但无论哪种情况，满足 $MR = SMC$ 时，厂商总是达到了短期内的最优状态。

（二）完全竞争厂商的短期供给曲线

完全竞争厂商的短期供给曲线表明了在其他条件不变的情况下，企业的利润最大化产量如何随市场价格的变动而变动。前面已经分析了完全竞争厂商的短期均衡条件 $MR = SMC$，由于完全竞争时厂商的 $MR = AR = P$，由此可以得到均衡条件的另一种形式

$$P = SMC$$

上式说明，完全竞争厂商为了获得短期的最大利润，应选择使商品的价格与边际成本相等的产量 Q。这表明，在每一个短期均衡点上，在厂商的最优产量（有时也称作均衡量）与商品的价格之间都存在着一种对应关系（图 5-3）。每一个市场价格都会有一个相对应的最优产量水平。由此可见，短期均衡点上的商品价格和厂商的最优产量（即厂商愿意提供的产量）之间存在着一种一一对应的函数关系。此外，根据利润最大化条件，所有的均衡点都处在厂商的边际成本曲线 SMC 上。因此，我们可以得出这样的结论，完全竞争厂商的短期边际成本曲线上等于或高于平均可变成本 AVC 曲线最低点的部分，就是完全竞争厂商的短期供给曲线。

上述研究的是一个孤立的企业。我们已经说明了，企业的利润最大化行为取决于市场价格。对一个企业来说，这种市场价格是既定的。市场价格越高，企业生产的产品就越多，企业的供给曲线是向右上方倾斜的。但是，市场价格是如何决定的呢？这就要研究整个行业的状况。

短期行业供给曲线说明了短期中一个行业所有企业的总供给量如何随市场价格的变动而变动。在价格既定时，行业的短期供给量是那个价格水平时该行业的所有企业供给量的总和。我们可以通过水平加总个别企业的供给曲线而得出行业的供给曲线。这一点可以通过一个例子说明。假定某完全竞争行业中有 1 000 个规模相同的厂商，每个厂商在任一个市场价格水平时的供给量相同，那么行业的供给量等于这 1 000 个厂商在每一价格水平时的供给量之和。当市场价格为 R 时，单个厂商的供给量为 20 单位，那么行业在这个价格水平时的供给量就是 $20 \times 1\,000 = 20\,000$（单位）。

由于行业的短期供给曲线是单个厂商的短期供给曲线的水平相加，所以行业的短期供给曲线也是向右上方倾斜的。行业短期供给曲线上的每一点都表示在相应价格水平下能够使全体厂商获取最大利润（或最小亏损）的行业短期供给量。

（三）完全竞争厂商的长期均衡

在完全竞争市场中，资源是完全自由流动的。也就是说，厂商为了实现利润最大化，可以自由地调整自己的生产规模，甚至可以自由地进入或退出某一行业。因此，如果行业存在经济利润，则现有厂商就有可能扩大规模以实现更多的利润。同时，由于信息是完全的，其他厂商也会被吸引而进入该行业，从而使整个行业的供给增加，均衡价格下降，最终会引起单个厂商的经济利润减少，直至经济利润为 0。反之，如果行业处于亏损状态，则现有厂商就可能缩小其生产规模甚至退出该行业，从而使整个行业的供给减少，均衡价格上升，最终使亏损减少，直至亏损消失。而当整个行业既无经济利润，又无亏损时，各个厂商就不再调整其规模，而保持其产量不变，从而实现长期均衡，如图 5-4 所示：

图中的 E 点为完全竞争厂商的长期均衡点。在点 E 处，LAC

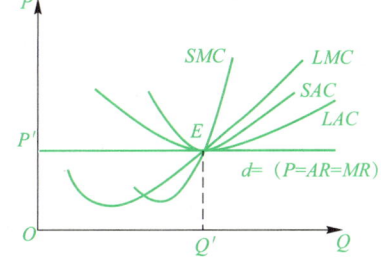

图 5-4　完全竞争厂商的长期均衡

与 LMC 交于 LAC 的最低点；厂商的需求曲线与 LAC 也切于该点。同时，代表最优生产规模的 SAC 也与 LAC 切于该点，并有相应的一条 SMC 经过该点。也就是说，当完全竞争厂商实现长期均衡时，LAC 曲线达到最低点，商品的价格也等于最低的长期平均成本。因此，完全竞争厂商的长期均衡条件是

$$MR = LMC = SMC = LAC = SAC = P$$

由上式可知，当完全竞争厂商实现长期均衡时，其经济利润为 0，但厂商仍然可以获得正常利润。另外，由于完全竞争厂商实现长期均衡时，不管是 LAC 曲线还是 SAC 曲线都达到最低，由此说明了完全竞争条件下的经济效率最高。这一点在学习了垄断厂商的长期均衡后会有更清楚的认识。

课堂讨论

当市场价格下降为多少时，厂商必须停产？

第二节　完全垄断市场

案例导入

从"钻石恒久远，一颗永流传"想到的……

戴比尔斯控制了世界上 80% 左右的钻石生产，虽然这家企业的市场份额不足 100%，但它也大到了足以对世界钻石价格产生重大影响的程度。戴比尔斯拥有多大的市场势力呢？

答案是这取决于有没有钻石产品的相近替代品。如果人们认为翡翠、红宝石和蓝宝石都是钻石的良好替代品，那么戴比尔斯的市场势力就较小了。在这种情况下，戴比尔斯任何一种想提高钻石价格的努力，都会使人们转向其他宝石。但是，如果人们认为这些宝石都与钻石极为不同，那么戴比尔斯就可以在相当大程度上影响钻石产品的价格了。

戴比尔斯支付了大量广告费。乍一看，这种决策似乎有点儿奇怪。如果垄断者是一种产品的唯一卖家，那它为什么还需要做广告呢？戴比尔斯广告的一个目的，是在消费者心目中把钻石与其他宝石区分开来。当戴比尔斯的口号告诉你"钻石恒久远，一颗永流传"时，你马上会想到翡翠、红宝石和蓝宝石吗？并不是这样的。如果广告是成功的，那消费者就将认为钻石是独特的，不是其他宝石所能替代的，消费者的这种感觉会使戴比尔斯拥有更大的市场势力。

问题：

结合阅读材料，请你运用市场结构理论分析钻石公司戴比尔斯能形成巨大的市场势力的原因。

案例解析

> 戴比尔斯是世界最大的钻石垄断公司，成立于 1888 年。20 世纪 80 年代掌握着全球 80% 的钻石产量，如今依然供应着全球约 40% 的天然钻石。戴比尔斯的定价策略和市场份额对全球钻石市场有着重大影响。戴比尔斯的成功部分归功于其高效的营销策略和品牌建设。戴比尔斯家族在 20 世纪发明了著名的广告语"钻石恒久远，一颗永流传"，并将钻石与爱情、婚姻紧密捆绑。

一、完全垄断市场结构要满足的条件

"垄断"一词出自希腊语。按照这个词最严格的定义,如果一家厂商是一种缺乏代用品的产品的唯一供应者,那么该厂商处于垄断地位,这种现象称为垄断。

(一)完全垄断的市场结构需要具备的条件

第一,市场上只有唯一的一个厂商生产和销售商品,它提供了整个行业需要的全部产量;

第二,该厂商生产和销售的商品没有任何相近的替代品;

第三,其他厂商多数不可能进入该行业;

第四,厂商独自决定价格。

(二)完全垄断存在的原因

第一,独家厂商控制了生产某种商品的全部资源或关键资源的供给。这种对生产资源的独占,排除了其他厂商生产同种商品的可能性。

第二,独家厂商拥有生产某种商品的专利权,这就使独家厂商可以在一定的时期内垄断该商品的生产。

第三,政府的特许。政府往往授予某些厂商垄断经营的特权,如铁路运输部门、供电供水部门等。

第四,自然垄断。在有些行业,厂商生产的规模经济需要在一个很大的产量范围和相应的巨大的资本设备的生产运行水平上才能得到充分体现,以至于整个行业的产量只有由一个厂商来生产时才有可能达到这样的生产规模。而且,发挥这一厂商在这一生产规模上的生产能力,就可以满足整个市场对该种商品的需求,在这类商品的生产中,行业内总会有某个厂商凭借雄厚的经济实力和其他优势,最先达到这一生产规模,从而垄断了整个行业的生产和销售。这就是自然垄断。

在现实的经济生活中,和完全竞争市场一样,完全符合完全垄断条件的市场也是基本不存在的,即使有一些这样的行业,也是相对于一定的时间和空间范围而言的。一般公用事业行业容易形成完全垄断市场。

垄断行为的利与弊

说起垄断,人们可能会想到19世纪称霸美国的一些资本家们,诸如卡内基、J.P.摩根和洛克菲勒之流,他们控制了石油、铁路、银行和钢铁等行业,不惜一切代价打击竞争对手。

垄断指的是一个行业中,只有一家公司或卖方,其商品或服务没有任何相近的替代品。通过垄断,公司将竞争对手挡在市场之外。垄断者能够为竞争对手设置障碍,这种障碍被称为进入壁垒。

在垄断行为中,垄断者可以限制产量、提高定价,而无须担心会被竞争对手抢占市场。因此,大多数经济学家支持反垄断法,以促进更公平的市场竞争。

不过,垄断并非一无可取。在一些特殊情况下,它也有有利的一面。专利就是一个典型的例子。专利授予发明者从特定产品或生产过程中获利的权利。作为知识产权的一种,专利权能够鼓励创新。

此外，在某些特定行业里会出现自然垄断现象。此类垄断会使所在行业的运营更加高效，过多的竞争反而会降低这些行业的运营效率。最典型的例子包括电力、自来水、天然气供应和污水处理等公用事业。

二、完全垄断厂商的需求曲线和收益曲线

（一）完全垄断厂商的需求曲线

在完全垄断市场中，只有一家厂商，行业的需求曲线就是这个厂商的需求曲线，即一条需求量与价格呈反方向变动的向右下方倾斜的曲线，如图 5-5 所示。

（二）垄断市场的收益曲线

在垄断市场中，每一单位产品的卖价也就是它的平均收益，因此，价格仍等于平均收益。但是，在垄断市场中，当销量增加时，作为被动接受价格的消费者可以通过变动消费量来对厂商产生影响，也会造成产品的价格下降，从而使边际收益减少，这样，平均收益大于边际收益。

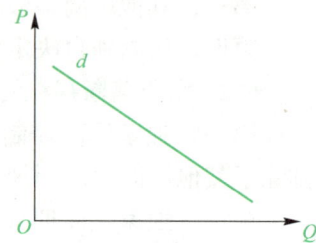

图 5-5　完全垄断厂商的需求曲线

如前所述，收益变动规律与产量变动规律相同。根据平均产量与边际产量的关系，当平均产量或平均收益下降时，边际产量或边际收益小于平均产量或平均收益。在完全垄断市场上，平均收益曲线向右下方倾斜，即平均收益下降，因此，边际收益就一定小于平均收益。

我们可以用表 5-2 来说明平均收益、价格、边际收益之间的关系，并绘制图 5-6。

表 5-2　垄断市场的价格与收益

销售量	价格	总收益	平均收益	边际收益
0	—	0	—	—
1	6	6	6	6
2	5	10	5	4
3	4	12	4	2
4	3	12	3	2
5	2	10	2	−2
6	1	6	1	−4

从图 5-6 可以看出：

（1）由于厂商的平均收益 AR 总是等于商品的价格 P，所以在图中，垄断厂商的平均需求曲线 AR 和需求曲线 d 重叠，是同一条向右下方倾斜的直线。

（2）由于平均收益 AR 总是向右下方倾斜的，根据平均产量和边际产量之间的相互关系可以推出，垄断厂商的边际收益 MR 总是小于平均收益。因此在图中，MR 位于 AR 的左下方，并也向右下方倾斜。

（3）由于每一销售量上的边际收益 AR 就是相应的总收益曲线 TR 的斜率，所以在图中，当 MR > 0 时，曲线 TR 向右上方倾斜，斜率为正；当 MR < 0 时，曲线 TR 向右下方倾斜，斜率为负；当 MR = 0 时，曲线 TR 达到顶点。

当然，垄断厂商一定会追求利润最大化，绝对不会在边际收益等于 0 或负数时生产。也就是

说，它只会在 $E_d>1$ 的 HC 部分生产。

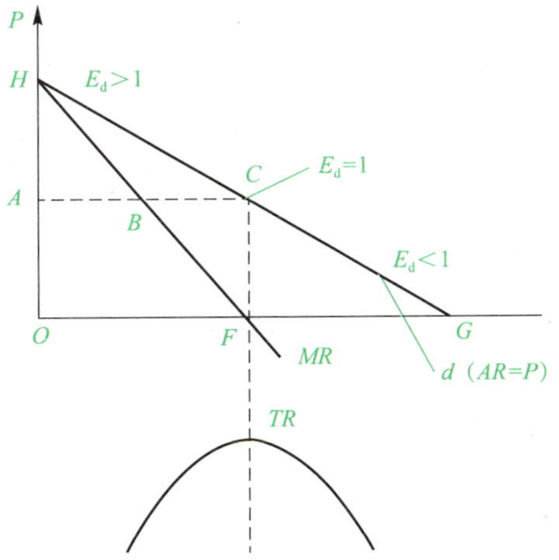

图 5-6　垄断市场的收益曲线

三、完全垄断厂商的短期均衡

在短期内，完全垄断厂商无法改变不变生产要素投入量，因此只能在既定的生产规模下通过调整产量和价格来实现 $MR=SMC$ 的利润最大化条件。

如图 5-7 所示，d 和 MR 代表垄断厂商的需求和收益状况。垄断厂商根据 $MR=SMC$ 的利润最大化条件，将产量调整到 Q_1 的水平，对应的价格为 P_1。

在短期均衡点 E 上，垄断厂商的平均收益为 P_1，平均成本为 H，平均收益大于平均成本。垄断厂商获得的总利润等于总收益减去总成本，相当于图中阴影部分的面积。

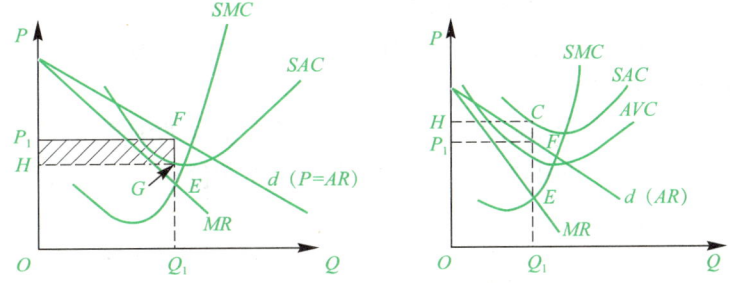

图 5-7　完全垄断厂商的短期均衡

和完全竞争厂商相似，由于 SAC 高低不同，垄断厂商在短期均衡点既可能赢利，也可能亏损或利润为 0。造成垄断厂商短期亏损的原因，可能是既定生产规模的成本过高，也可能是垄断厂商所面临的市场需求过小。在 $AR>AVC$ 时，才会选择继续生产，从而弥补一部分不变成本。当 $AR<AVC$ 时，一般停止生产。在 $AR=AVC$ 时，收益正好弥补可变成本，生产与否都无所谓。

综上所述，垄断厂商短期均衡的条件是 $ME=SMC$。

四、完全垄断厂商的长期均衡

在长期中，垄断厂商可以调整生产规模，从而实现 $MR=LMC$，取得最大利润。与完全竞争厂商不同的是，垄断厂商不用担心其他厂商进入市场而导致利润下降。因此，垄断厂商在长期内是可以保持利润的。在长期内对生产的调整一般有以下三种可能：

（1）在短期内是亏损的，在长期内继续亏损，该厂商退出该市场。
（2）在短期内是亏损的，在长期内，通过选择最优生产规模或产量，摆脱亏损状况。
（3）在短期内利用既定的生产规模获得盈利，长期内通过调整生产规模获得更大的利润。
综上所述，垄断厂商的长期均衡条件是 $MR=LMC=SMC$。

五、价格歧视

在某些情况下，完全垄断厂商为了获得更多的利润，往往会就同一种商品向消费者收取不同的价格，这种定价方法叫价格歧视。价格歧视也叫差别定价，指完全垄断厂商为了获取最大利润，在同一时间对同一商品向不同的消费者定出不同的价格。

（一）实施价格歧视的条件

（1）消费者对完全垄断厂商提供的商品有不同的需求弹性，且完全垄断厂商能够按照需求弹性区分不同消费者。

（2）具有不同需求弹性的消费者群体或不同的市场间是相互隔离的，低价格市场上的消费者无法将低价购进的商品在高价市场上出售从而获利。

（二）价格歧视的类型

（1）一级价格歧视，也称完全价格歧视，是指完全垄断厂商按每一单位商品消费者愿意支付的最高价格，确定单位商品的价格，即商品的售价等于其需求价格，消费者剩余全部转化为完全垄断厂商的经济利润。但是，由于消费者愿意支付的价格受边际效用的影响，完全垄断厂商很难了解消费者愿意支付的最高价格，因此，一级价格歧视在现实生活中比较少见。

（2）二级价格歧视，是指完全垄断厂商按照消费者不同的购买量确定不同的价格。购买量越小，完全垄断厂商索价越高；购买量越大，完全垄断厂商索价越低。因此，完全垄断厂商可以获得部分消费者剩余，另一部分消费者剩余归消费者。例如，自来水供应部门对一定的用水量（如 10 m³ 以下）实行一种价格，对用水量超过 10 m³ 的消费者实行另一种价格。在这种情况下，完全垄断厂商可以把部分消费者剩余转变为经济利润。

（3）三级价格歧视，是指完全垄断厂商对同一种商品在不同的消费群、不同市场上分别确定不同的价格。例如，电力部门对工业用电与居民用电实行不同的价格，同一种商品在城市和农村的价格不同等。

"价格歧视"在不同市场中的运用

日本生产的汽车运到美国后的价格比在日本本土更低，因而被指责为"倾销"，那是两国政治首脑谈判的重要议题。有人说日本厂商以低于成本的价格在美国倾销汽车，占领美国的市场，同时在日本本土用高价索取利润，补贴倾销的损失。

可是，这样的观点怎么说得通呢？日本人怎么会用自己的钱补贴美国人呢？说是扩大市场，可是亏损的市场谁愿意扩大？越扩大岂不越亏？"低于成本，占领市场"的倾销阴谋理论不堪一击，不过至今仍然深受欢迎。

问题在于怎样定价才能多赚。在日本，价格定得较高，才能使总收益达到最大；但在美国，只有价格定低一点，才能使总收益达到最大。显然，"价格歧视"的目的是增加交易，这对生产者和消费者双方都是有利的。

第三节 垄断竞争市场

案例导入

为什么有些企业热衷于做广告？

当代社会，广告随处可见。打开手机，会收到各种推介产品的广告信息；走在路上，公交车上贴有醒目的车体广告；打开一个网页，上面会浮现出广告窗口；等等。几乎人们生活的每个角落都充满了广告。广告将消费者、企业与世界连为了一体。

过去，人们常说，"酒香不怕巷子深"，只要产品质量好，即使不做广告宣传，大家一传十、十传百都会知道。但在现代商品经济社会，再香的酒，也可能永远不会被发现。所以，酿酒者即使酿造了醇香的美酒，也应该主动站在巷子口，引导消费者走进巷子进行品尝。

好的产品，要想让消费者及时了解和使用，就必须进行必要的广告宣传和推介。所以，要想在竞争激烈的市场上让产品脱颖而出，应做必要的广告宣传。对企业经营者而言，广告是联系消费者、沟通商情、传递信息的重要工具，是实现企业经营目标、树立企业良好品牌形象、增强企业竞争实力、扩大企业社会影响的重要途径。只有配以良好的广告宣传，企业才有可能在商海中立于潮头。

（资料来源：易思飞，杨晶.经济学基础［M］.北京：人民邮电出版社，2022：120.）

问题：

基于市场结构理论，分析为什么很多企业都会进行广告宣传。

案例解析

打广告是为了宣传品牌，让品牌具有排他性，企业希望利用广告来实现并保持市场的较高占有率。大部分企业所处的市场都是既有竞争因素又有垄断因素。市场上同类产品很多，每个产品都有大量的替代品，但各产品又略有差异，而差异性越大，企业在市场中的竞争优势就越大。通过广告，企业将产品的特性、功能、用途、价格等信息传递给消费者，引起消费者的注意与兴趣，从而促使其购买，企业才能更好地赢得市场。

垄断竞争是指许多厂商生产和销售有差别的同类商品，市场中既有竞争因素又有垄断因素，但又偏向于竞争的一种市场结构。因此，它兼有完全竞争和完全垄断这两种市场结构的特点。

一、垄断竞争市场结构要满足的条件

（1）市场上有很多的生产者和购买者，而每一个生产厂商的生产规模都比较小，所以每个厂商都知道自己的决策不会对市场产生影响，也不会引起竞争对手的反应。

（2）行业中厂商生产的商品是有差别的，而这些商品彼此之间又存在某种替代性。

（3）进入市场的障碍较少，生产厂商和生产要素都可以比较自由地进出市场。

比较垄断竞争市场和完全竞争市场的条件，可以发现它们的根本区别在于商品的差别性。完全竞争市场中各厂商生产的商品是无差别的，而在垄断竞争市场中各厂商提供的是有差别的商品。商品差别是造成垄断竞争市场上垄断因素与竞争因素并存的决定性原因。

需要注意的是,这里的"商品差别",是指从消费者(购买者)的角度来看,该行业各厂商商品略有差别。这种差别一般来自两个方面:一是商品本身的物质的或物理的属性具有细微的差别,如两种衬衫,即使质料、款式和颜色完全相同,只要商标或包装不同,也要算有差别的不同的商品。二是销售条件的差别,如商标包装等,完全相同的衬衫,在不同的零售店销售也被看作不同的商品;甚至邻近两家杂货店的商标牌号完全一样的衬衫或牙膏,由于服务态度的好坏会影响顾客的偏好,因而也应看作不同的商品。

二、垄断竞争厂商的短期均衡

垄断竞争厂商的短期均衡条件依旧为 $MR=SMC$,分析垄断竞争厂商的短期均衡和分析完全竞争厂商与垄断厂商的方法相同。

(1)关于产量。垄断竞争厂商根据 $MR=SMC$ 决定产量。

(2)关于价格和收益。在既定的产量水平下,垄断竞争厂商的产品价格和平均收益由需求曲线的位置决定。按照利润最大化的原则,最优产量在 MR 曲线与 SMC 曲线的交点上,该产量对应的价格即为最优产品价格。

(3)关于利润。三种情况:如果 $P>SAC$,则赢利;如果 $P<SAC$,则亏损;如果 $P=SAC$,则经济利润为 0,只获得正常利润。由此可见,垄断竞争厂商的盈亏取决于 SAC 曲线的高低。

三、垄断竞争厂商的长期均衡

垄断竞争厂商可能在短期获得相当可观的利润,但不能长久,因此在实现长期均衡时,需求曲线 d 也必定与 LAC 曲线相切。需求曲线是向右下方倾斜的,因此在实现长期均衡的过程中又有着自己的特点。

假设垄断竞争厂商在短期内有利润,吸引了新厂商加入,新老厂商成本相同情况下,新厂商的产品会瓜分一定的市场份额。因此,老厂商的产品需求曲线会向左移动。最终的结果是,厂商不断进入,直到利润为 0。与之相反,垄断竞争厂商在短期内亏损,则老厂商退出,进而使未退出的老厂商的需求曲线向右移动。最终的结果是,亏损减少直到利润为 0。总之,垄断竞争厂商进入和退出市场的过程会持续到经济利润为 0 为止。

接下来我们用图说明垄断竞争厂商的长期均衡。如图 5-8 所示,d_1 随进入者的增加向左移动,直到与 LAC 曲线相切,即到达 d_2 位置。点 G 是长期均衡点,这时,没有厂商企图进入或被迫退出该市场。

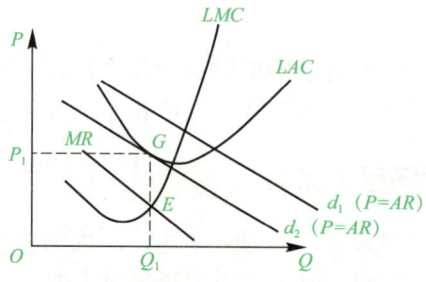

图 5-8 垄断竞争厂商的长期均衡

综上所述,垄断竞争厂商长期均衡的条件是 $MR=LMC$ 且 $AR=LAC$。

其中,$P=AR>MR$。由于垄断竞争厂商面临的需求曲线是向右下方倾斜的,所以在长期均衡时的需求曲线只能与长期平均成本 LAC 曲线相切于最低点的左边。这意味着垄断竞争厂商所提供的产量低于完全竞争厂商,但高于垄断厂商。

在垄断竞争市场上，长期均衡时，$P=LAC>LMC$，与完全竞争相比，价格高些，而产量低些，但厂商没有经济利润这一点与完全竞争市场相同。

四、垄断竞争条件下的企业行为

在垄断竞争市场上，长期竞争的结果是经济利润为 0，但短期中可以凭借产品特色形成的垄断地位获得经济利润。因此，想实现利润最大化的企业就应该把长期变成一个个短期。这样做的关键是创造产品差别，以不断变化的产品特色保持自己的垄断地位，这样在垄断竞争市场上企业的成功取决于产品差别竞争。

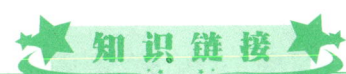

垄断竞争市场企业战略位置选择及其三个检验

垄断竞争是指规模都不大的许多企业提供有差别的同类产品，市场中既有垄断因素又有竞争因素的市场结构。在垄断竞争市场上，有差别就会形成垄断，但是，不同企业提供的毕竟是同一类产品，它们还具有一定的相似性和替代性，所以企业间又有一定的竞争。如果在某一市场上，企业特别多，形成供应严重大于需求的局面，竞争常常会非常激烈。在现实经济生活中，垄断竞争是一种广泛存在的市场结构类型，尤其在服装服饰、文化、艺术、零售业和服务业中普遍存在。本文主要论述零售业和服务业的企业战略位置选择问题。

在一个人口规模近 1 万人，附近还有一所近 2 万人规模的大学的居民小区考察，除了大学里两个规模很大的餐厅、超市外，校外居民区的商业街上，有大大小小的餐馆近 50 家、大型超市 1 家、小型超市 5 家、美发店 6 家、药店 5 家和培训机构 4 家等。因为同类型企业数量多，竞争异常激烈和残酷。经过观察，我们总体上判断差不多有三分之一的企业没有竞争优势，经营状况很不景气。这些企业之所以经营状况不佳，战略位置选择模糊或错误是主要原因。

在垄断竞争市场上，最好的状态是各个企业占据着对自己最有利的战略位置，通过提供差异化的产品和服务，满足各不相同的市场需求。但是，因为垄断竞争市场上产品繁杂、市场变化快、需求层次多，市场上可选择的战略位置多而杂，所以选择正确的好位置，成为非常具有挑战性的事情，成为企业制定竞争战略的首要工作。然而，正确的战略位置通常不是显而易见的，经营者想要找到它需要洞察力和创造性，需要丰富的实践经验和一定的理论功底。

战略位置决定着企业的盈利水平和竞争优势地位。不同的战略位置，其利润潜力也会不同。俗话讲，有同行没同利，其中，既有经营水平的原因，也有战略位置不同的原因。例如，在同一地段上紧挨着的两家餐馆，一家做烧烤和炒菜，另一家做重庆小面。这两家餐馆同属餐饮行业，但是，因为位置不同，两家的利润水平有很大差异。做烧烤和炒菜的那一家生意红红火火，做重庆小面的企业却冷冷清清。事实证明，在那个地段选择重庆小面这个产品位置是错误的，其市场规模非常小，怎么会有钱赚呢？相反，因为人们喜欢吃烧烤和炒菜，所以在相应的市场位置上，市场规模大，需求旺盛，生意兴隆。

再举一个反面的例子。有一家浴池开在北方一个三线城市的旧城区，附近居民多，且大多有到公共浴池洗澡的习惯。这家新开的浴池，开张一年，生意惨淡，最后关张倒闭。这家企业的错误首先在于其不应该选择浴池服务这个产品。这家浴池附近方圆 1 000 m 范围内，已经有三家浴池，竞争非常激烈，价格已经压到了最低，多余的可供这家新企业占领的市场规模很有限。新店开起来以后，进一步加剧了市场的竞争饱和度。另外，这家新企业设施、设备都是新的，环境肯定比其他几家要好，按理说应该能够把其他几家的顾客拉过来一些，但是，企业开张之时，把票价定为5元一次（其他的都是3元），生意不好，后来又降为4元。这相当于把产品位置定在比竞争对手稍高一点的地方。可惜的是，在这个位置上，顾客的消费意愿不强，导致生意一直没有红火起来。

（资料来源：卢国红. 垄断竞争市场企业战略位置选择及其三个检验［J］. 焦作大学学报，2022，36（04）：48-51.）

第四节 寡头垄断市场

案例导入

反垄断不断加码 打破垄断势在必行

自2020年以来，监管层通过多种方式释放出强化反垄断的明确信号。2021年3月5日，《政府工作报告》中论及2021年要重点做好的工作时，提到"强化反垄断和防止资本无序扩张，坚决维护公平竞争市场环境"。在"十四五"规划和"2035年远景目标纲要"中，"反垄断"亦多次出现，如"完善垄断认定法律规范，打击垄断和不正当竞争行为"，"坚持鼓励竞争、反对垄断，完善竞争政策框架，构建覆盖事前、事中、事后全环节的竞争政策实施机制"，并再次提及"加大反垄断和反不正当竞争执法司法力度，防止资本无序扩张"。

在不断释放和强化信号的同时，监管层也在加快完善反垄断执法工具。2020年1月，国家市场监督管理总局公布《〈反垄断法〉修订草案（公开征求意见稿）》，这是《反垄断法》实施十多年来的首次修订，包含了互联网领域。2021年2月，《国务院反垄断委员会关于平台经济领域的反垄断指南》发布。11月18日，国家反垄断局正式挂牌，我国反垄断执法体制机制迈上一个新台阶。

（资料来源：易思飞，杨晶. 经济学基础［M］. 北京：人民邮电出版社，2022：123.）

问题：

我国目前对企业垄断行为的态度是怎样的？企业垄断会带来哪些后果？

案例解析

> 为了预防和制止垄断行为，保护市场公平竞争，鼓励创新，提高经济运行效率，维护消费者利益和社会公共利益，以及促进社会主义市场经济健康发展，我国必须反垄断。企业垄断从积极的方面来看，可能在研发创新、成本控制等方面具有优势，然而带来的更多是负面后果。为了防止企业垄断带来的不良影响，政府通常会采取反垄断措施，如加强监管、制定反垄断法规、拆分垄断企业等，以维护市场的公平竞争和消费者的合法权益，促进经济的健康发展。

寡头是指只有少数几家厂商垄断了某一行业的市场，控制了这一行业的供给。寡头垄断市场的一个特点是只有在大规模生产时才能获得好的经济效益，即规模经济的效益。这就决定了在一个行业中只需要少数几家厂商就足以满足市场的需求。

一、寡头垄断市场结构要满足的条件

（一）寡头垄断市场结构要满足的条件

（1）寡头垄断市场上，厂商的数量较少，因而每一个厂商在市场中都有相当大的份额。当一个厂商改变自己的产量和价格时，会对市场的均衡价格和销售量产生影响，且会影响竞争对手的收益和利润。

（2）寡头厂商生产的产品可以无差别，也可以有差别。前者如钢铁、石油等行业，被称为纯粹寡头；后者如汽车、家电等行业，被称为差别寡头。

（3）进入寡头垄断市场存在比较大的障碍。这种障碍表现在：现有厂商比试图进入该市场的厂商在规模经济、技术装备、获得政府特许、对投入要素的控制等各方面都占据优势。

（二）寡头垄断市场的特征

（1）寡头厂商之间存在着相互依存性。由于行业中只有少数几家大厂商，它们的供给量均占有市场的较大份额，因而各个寡头厂商相互之间容易达成某种形式的勾结和妥协。

（2）寡头厂商决策结果的不确定性。由于寡头厂商的决策互相影响，因而其决策产生什么样的结果具有很大的不确定性。其原因在于任何一个寡头厂商在作出决策时，都必须考虑竞争对手的反应。

（3）寡头厂商竞争手段的多样性。价格和产量一旦确定之后，就具有相对的稳定性，这也就是说，各个寡头厂商由于难以确定对手的行为，因而一般不会轻易变动已确定的价格与产量。

与前三种市场结构不同，到目前为止，在寡头垄断市场上，还没有一个统一的市场模型能够对寡头垄断市场上产量和价格的决定作出一般性的理论总结。其原因在于每一个寡头厂商在作出自己的决策前，都必须考虑自己的决定可能引起的竞争对手的反应，然后才能决定自己下一步的行动。由于这种相互影响的存在，寡头垄断理论趋于复杂化。竞争对手有多少反应方式，就有多少寡头垄断模型。

二、寡头市场的价格决定

1. 价格领先制

价格领先制又称"价格领袖制"，是指市场价格由某一寡头率先制定，其余寡头追随其后确定各自的价格。价格可能是相同的，也可能有所差别。

作为价格领袖的寡头厂商往往是自然形成的，一般有三种类型，如表5-3所示。

表5-3 价格领袖的类型

类型	介绍
支配型价格领袖	市场中最大、最具有支配地位的厂商
效率型价格领袖	市场中成本最低、效率最高的厂商
"晴雨表"型价格领袖	在掌握市场行情变化或其他信息方面明显占优势的厂商

2. 成本加成法

成本加成法是指在估算的平均成本基础上加一个固定百分率的利润的定价方法。例如，某产品的平均成本为100元，利润率为20%，则该产品的价格就可以定为120元。平均成本可以根据长期内成本变动的情况确定，所加的利润率可参照全行业的利润率情况确定。

这种定价方法可以使价格相对稳定，从而避免各寡头在降价竞争中两败俱伤。从长期看，这种方法接近于实现最大利润，是有利的。

3. 卡特尔

卡特尔是纯粹寡头行业的厂商就产品的价格、产量分配、市场划分等方面订立协定而形成的同盟。通过建立卡特尔，寡头厂商共同制定价格，就有可能像垄断厂商一样使利润达到最大。但是，由于卡特尔各成员之间的矛盾，有时达成的协议很难兑现，或引起卡特尔解体。即使在不存在公开勾结的卡特尔的情况下，各寡头还能通过暗中勾结来确定价格。

拓展阅读

欧佩克和世界石油市场

欧佩克即石油输出国组织（OPEC），是一个由世界主要产油国自愿结成的政府间组织，现有的13个成员国是：阿尔及利亚、安哥拉、刚果、赤道几内亚、加蓬、伊朗、伊拉克、科威特、利比亚、尼日利亚、沙特阿拉伯、阿拉伯联合酋长国和委内瑞拉。这些国家的石油总储量约占世界石油储量的80%，控制着全球约50%的石油出口，对国际石油市场具有很强的影响力。

欧佩克力图对其成员国的石油政策进行协调，以通过控制产量来维持石油价格的稳定，从而保证各成员国在任何情况下都能获得稳定的石油收入。为此，欧佩克对石油生产实行配额制。如果石油需求上升，或某些产油国石油产量减少，欧佩克将增加其石油产量，以阻止石油价格飙升；如果石油价格下滑，欧佩克将根据市场形势减少石油产量。

然而，欧佩克并不能完全控制国际石油市场。首先，自实行原油生产配额制以来，欧佩克从未有效杜绝过其成员国的超产行为。欧佩克的成员国受到增加生产可得到更大利润份额的诱惑，常常就减少产量达成协议，然后又私下违背协议。为限制成员国超产，欧佩克不得不一再调低生产限额，因此形成了一个"超产—限产—再超产—再限产"的怪圈。其次，欧佩克成员国的财政预算绝大部分依赖以美元结算的财政收入，在美元汇率持续下滑的情况下，虽然欧佩克毅然决定按期履行减产承诺，但为减少美元汇率下跌造成的巨大损失，并非每个欧佩克成员国都愿意买单。

三、博弈论在寡头市场中的运用

在寡头市场上，厂商既相互勾结又相互欺瞒，他们经常考虑的是采取什么策略打败对手。经济学中用博弈论来分析寡头厂商在价格、产量、广告、研发等方面的策略，我们以"囚徒困境"这一经典例子来进行讲解。

囚徒困境是指虽然合作对双方都有利，但理性和不相信对方使他们选择打击对手而使自己利益最大化的最优策略。

囚徒困境的假设条件是，两个犯罪嫌疑人 A 和 B 被警方抓获，警方怀疑他们合谋偷窃，但证明他们偷窃的证据并不充分。他们每一个人都被单独囚禁并审讯，警方的政策是"坦白从宽，抗拒从严"。如果一方坦白，另一方不坦白，则坦白者从宽处理，判刑1年，不坦白者从重处理，判刑7年；如果两人都坦白，则每人各判刑5年；如果两人都不坦白，则警方由于证据不足，只能对每个人各判刑2年，如图5-9所示。

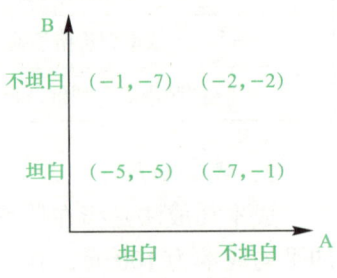

图 5-9 囚徒困境

在图 5-9 中，每个数字组合代表对应选择组合下两个囚徒的结局，第一个数字属 A，第二个数字属 B。通过观察，我们可以发现对两个囚犯最有利的单独选择都是坦白。因为对 A 囚犯来说，如果 B 坦白，那他选择坦白要获刑 5 年，不坦白则要获刑 7 年；如果 B 不坦白，那他选择坦白要获刑 1 年，不坦白则要获刑 2 年。同理，对 B 囚犯也一样。总之，无论对方做出什么选择，自己的最优选择都是坦白，坦白符合个人理性需求，结果就是都坦白构成均衡，这种均衡被称为"纳什均衡"，即任何参与人单独改变策略都不会得到好处。而这种无论对手选择哪种战略，自己都选择的唯一的以不变应万变的最优策略被称为"占优策略"。

但值得注意的是，对于两个人来讲，最佳结果是同时选择不坦白，每人只被判刑 2 年，这种选择是"帕累托最优"，即偏离这个选择组合的任何其他选择组合都至少会使一个人的境况变差。但由于两个人都追求自己利益的最大化，且不敢相信对方，所以只能得到不理想的结果。在现实中，寡头厂商也常像处于困境的囚徒一样进行博弈，对他们来说，共同合作造成垄断是最有利的，假定是（3000，3000），但每个寡头厂商都有违背协议的激励（例如违背方得 4500，未违背方得 1000），最终造成两败俱伤（比如都是 1500）。

思考与讨论：生活中哪些地方会用到博弈论？

四、寡头市场的评价

寡头市场对经济发展具有很大的推动作用：

（1）可以实现规模经济，降低成本，提高效益；

（2）有利于技术进步，因为各寡头为了获取更多利润，就要进行技术创新，以提高生产率，创造新产品；

（3）寡头厂商实力雄厚，抗风险能力强。

缺点也是很明显的，各寡头往往会相互勾结抬高市场价格，损害消费者利益和社会福利。

从竞争走向垄断

垄断市场是如何形成的呢？完全竞争市场会一直不变么？一个完全竞争市场持续发展下去可能有两种路径成为垄断市场。其一，虽然每个完全竞争市场下的企业面对的价格相同，但是其生产成本是不一样的，所以他们的短期均衡结果也不一样，有的赢利，有的持平，有的亏损。经过一段时间的调整，亏损的企业会选择退出，赢利的企业会进一步扩大生产。随着生产规模的逐步扩大，生产成本也持续降低，利益也继续降低（在边际成本递增之前）。如此循环，最后这些规模较大的企业所占据的市场份额便不会再微不足道，最终甚至可能会垄断整个行业。其二，当一家完全竞争企业不断通过技术创新和产品开发，使得其产品具有不可替代性时，它会逐步增加自己对于市场价格的话语权，也会慢慢成为寡头甚至垄断。

在西方经济学中，通常认为有些垄断本身就源于竞争。竞争常常引起资本的积累和集中，当资本积累并集中到一定的程度，就形成了垄断。在完全竞争的市场中，虽然市场价格相同，但是每个企业对生产成本的控制不同，导致存在着赢利、持平和亏损等多种情况。又由于完全竞争的市场可以自由进出，于是亏损的企业会选择退出，而赢利的企业则可以继续扩大生产。久而久之，生产规模越来越大，成本越来越小，赢利越来越多，最终就会出现一

些规模巨大的企业。此时完全竞争的格局被打破，寡头市场取而代之。寡头们再通过相互竞争或联合，最终形成垄断。

从完全竞争市场到垄断市场的另一个路径则是"产品差别"。获得利润的企业可以将利润投入到产品差异的技术创新中，从而形成垄断竞争市场，再不断扩大产品的差异化，最终形成寡头或垄断。这种看法是不深刻的，其实，垄断是生产集中发展到一定阶段的产物，从竞争走向垄断，是资本主义发展的必然。

（资料来源：赵莉，朱小平. 经济学基础［M］. 北京：高等教育出版社，2022：161.）

问题讨论

中国电信业有何特点？为何需要改革？

知识点小结

1. 如果把市场定义为一个行业市场，依据市场中企业数量、产品差别程度等可把市场划分成四种结构：完全竞争、完全垄断、垄断竞争和寡头垄断。

2. 在完全竞争的市场条件下，由于行业内厂商数量无数，产品没有差别，因而每一个厂商都是市场价格的完全接受者。这就决定了完全竞争厂商的需求曲线与边际收益曲线、平均收益曲线完全重合，表现为一条水平线。在边际收益等于边际成本的利润最大化条件下，完全竞争厂商的长期均衡条件是 $P=MR=MC=LAC$。

3. 与完全竞争完全相反的极端例子是完全垄断，即一个行业中只有一个生产厂商。完全垄断的形成主要由于自然垄断、资源垄断、专利技术和政府政策限制等原因导致。市场只有一个供应商，这使得厂商成了产品市场价格的制定者，完全垄断厂商面临的需求曲线就是市场的需求曲线。在这种情况下，完全垄断厂商的长期均衡条件是 $MR=LMC=SMC$。

4. 垄断竞争与寡头垄断市场介于完全竞争与完全垄断市场之间，是现实世界中最常见的两种市场结构。与完全垄断类似，产品差别的存在使得垄断竞争厂商和寡头垄断厂商出现。

5. 在非完全竞争市场上，厂商对产品的市场价格有一定的控制能力，不同程度地影响着市场价格。厂商面临的需求曲线向右下方倾斜，通过调整价格和产量来实现利润最大化。在垄断竞争市场上，由于厂商对价格的控制力较小，价格竞争利益不大，垄断竞争厂商更注重运用非价格竞争策略；在寡头垄断市场上，厂商之间相互依存，或竞争，或合作，其主要定价策略为价格领袖制，合作形式为卡特尔；在完全垄断市场上，厂商唯一，产品唯一，厂商是产品价格的制定者，为获得最大利润往往采取歧视定价策略。

一、名词解释

1. 完全竞争市场　　　　2. 完全垄断市场　　　　3. 垄断

二、单项选择题

1. 根据完全竞争市场的条件，下列哪个行业最接近完全竞争行业？（　　）
   A. 自行车行业　　B. 玉米行业　　C. 糖果行业　　D. 服装行业
2. 在垄断厂商的长期均衡产量上可以有（　　）。
   A. P 大于 LAC　　　　　　　　B. P 小于 LAC
   C. P 小于等于 LAC　　　　　　D. 以上都有可能
3. 垄断竞争厂商短期均衡时，（　　）。
   A. 厂商一定能获得超额利润
   B. 厂商一定不能获得超额利润
   C. 厂商只能得到正常利润
   D. 取得超额利润、发生亏损及获得正常利润三种情况都可能发生
4. 下列哪一个不是垄断竞争的特征？（　　）
   A. 需求曲线向下倾斜　　　　　　B. 进出该行业容易
   C. 存在产品差异　　　　　　　　D. 长期存在超额利润
5. 完全竞争厂商处于短期均衡的位置，意味着（　　）。
   A. $P = MC$　　　　　　　　　　B. $P = MC$，$P \geqslant AVC$
   C. $P = AC$　　　　　　　　　　D. $P = AVC$

三、计算题

已知某完全竞争行业中的单个厂商的短期成本函数为 $STC = 0.1Q^3 - 2Q^2 + 15Q + 10$。试求：

（1）当市场上产品价格为 $P = 55$ 时，厂商的短期均衡产量和利润；

（2）当市场价格下降为多少时，厂商必须停产；

（3）厂商的短期供给函数。

四、问答题

1. 完全竞争市场有哪些特征？
2. 垄断如何导致低效率？
3. 请利用互联网，查找并阅读文章《爱情博弈论》（作者：赵新月）。举例说明你在日常生活中遇到过哪些博弈问题。

五、案例分析

大数据会"杀熟"吗？

现有研究已证实厂商会借助消费者的消费数据调整商品价格并施行价格歧视。大型平台更可能也更容易滥用用户数据，在制定价格时对消费者不公正地对待。一些消费者发现有些网约车平台、旅游平台、视频网站等，根据消费者的消费记录、搜索历史等对新老客户制定不同的价格。有历史消费记录的老客户在购买同样的商品或服务时，其价格比初次购买该商品的消费者的价格更高，这被称为"大数据杀熟"。

例如，有消费者在购买机票时发现，消除计算机浏览记录后价格变低；老客户在某旅游平台 App 上订房价格比新客户高出 14 元；老会员在 App 上购买电影票反而比新会员贵 4 元；等等。经济学关注的消费者个人信息常常被定义为消费者对产品的偏好和保留价格等非敏感信息，商家则通过获取这类信息来对消费者进行价格歧视以最大化自己的利润。只要出售的商品存在差异，在一定程度上，厂商就有了垄断力量，此时"大数据杀熟"的效果值得进一步研究。

试分析：

大数据杀熟损害了消费者的哪些权益？为什么商家要实行价格歧视？

PROJECT 6

第六章 收入分配理论

知识目标

○ 理解生产要素需求的含义；
○ 理解生产要素供给的含义；
○ 掌握工资、地租、利息是如何决定的；
○ 掌握洛伦兹曲线、基尼系数的含义。

能力目标

○ 能根据要素需求曲线与供给曲线确定要素的均衡数量和均衡价格；
○ 能够用工资理论、地租理论和利息理论解释现实中的相关问题。

通过学习收入分配理论，我们将理解生产要素需求与供给的含义，生产要素价格的决定过程也就是要素的所有者取得收入的过程，在此基础上，掌握工资、地租、利息是如何决定的。改革开放四十多年，中国社会阶层结构已经发生了深刻的变化，代表中国城市居民收入差距的基尼系数一度达到 0.46，超过国际警戒线。大学生应该树立正确的公平与效率观，正确看待收入分配差距扩大的问题。

第一节 生产要素的需求与供给

案例导入

在近年来快速发展的电子商务行业中，捷达物流是一家新兴的物流公司，致力于通过高效的配送服务满足在线消费者的需求。随着电商市场的迅猛增长，捷达物流的业务量激增，这迫使公司重新调配其生产要素（如劳动力、运输工具和仓库空间），以便快速响应市场变化。为了进一步提升公司运营效率，管理层决定仔细分析其生产要素的需求。

问题：
（1）捷达物流应如何评估在不同季节和促销活动期间对劳动力的需求变化？
（2）在劳动力短缺的情况下，捷达物流是否可以通过技术投资来替代部分人力资源？如果可以，哪些技术投资是值得考虑的？

案例解析

（1）捷达物流的劳动力需求衍生于市场对其配送服务的需求。在电商销售高峰期（例如，促销活动和节假日），订单量显著增加。公司通过历史数据预测，在"双十一"期间，订单量将比平常增长 300%。这意味着，捷达物流须提前招聘和训练临时配送司机和仓库工作人员，以确保在高峰期间按时处理订单。

> **案例解析**
>
> （2）面对劳动力不足的问题，捷达物流可以投资自动化技术。例如，采用无人机进行短途派送，使用自动化仓储系统提高配送效率。如果公司决定在某个区域引入无人机派送，将可以减少对人力配送的依赖，同时提高配送的速度和准确性。通过技术投资，捷达物流能有效缓解人力短缺带来的压力。

生产要素是用于生产物品与劳务的投入，是为社会总产品的创造作出贡献的资源。19世纪早期的西方经济学家把生产要素划分为土地、劳动和资本三类，它们的价格则分别称为地租、工资和利润（包括利息）。到了19世纪晚期，增加了第四个要素——企业家才能，从而，利润成为企业家的报酬，利息则成为资本所有者的收入；地主、工资收入者则作为土地、劳动的所有者，获得地租和工资。

地租、工资、利息和利润从生产者角度看，是生产要素的价格，或生产成本；而从要素所有者角度看，则分别是各所有者的收入。各种生产要素所获得的报酬就是生产要素的价格。因此，要素价格的决定问题，也就是收入分配问题，分配理论就是要解决生产要素的价格决定问题。

美国经济学家J.B.克拉克最先提出生产要素价格决定的主要理论基础是边际生产率分配论，认为劳动的收入——工资、资本的收入——利息是由劳动和资本的最后生产力，即边际生产率决定的。后来的研究认为，要素的市场价格也是由需求和供给两个方面共同决定的。生产要素价格决定是收入分配理论的一个主要部分，但并不构成收入分配理论的全部内容。除了生产要素的价格决定之外，还包括收入分配的不平等程度以及收入之间差异的原因等。

一、生产要素的需求

（一）生产要素需求的定义

生产要素即是消费者对产品的需求引发的企业对生产要素的需求。厂商在生产过程中必须投入各种生产要素，因而产生了对生产要素的需求。

（二）生产要素需求的性质

1. 对生产要素的需求是间接需求

在生产要素市场上，需求不是来自消费者，而是来自厂商。厂商购买生产要素不是为了自己的直接需要，而是为了生产和销售产品以获得收益。从这个意义上来说，对生产要素的需求不是直接需求，而是"间接"需求。更进一步来看，厂商通过购买生产要素开展生产并从中获得收益，部分地要取决于消费者对其所生产产品的需求，即消费者对生产产品的需求引致厂商对生产要素的需求。从这个意义上说，西方学者认为，生产要素的需求又是所谓"派生"需求或"引致"需求。对计算机软件程序员的需求与计算机软件的供给有不可分割的联系，而对加油站服务员的需求与汽油的供给密不可分。

2. 对生产要素的需求具有联合性

要素需求不仅是一种派生需求，也是一种"联合需求"。任何生产行为需要的都不是一种生产要素，而是多种生产要素，它们相互依存、相互结合，不能单独发生作用，具有替代性。因此，厂商对某一生产要素的需求，不仅取决于该要素的价格，也同时取决于其他要素价格的影响。

（三）影响生产要素需求的主要因素

（1）市场对产品的需求及产品的价格。这两个因素影响产品的生产与企业的利润，从而也就会影响生产要素的需求。一般而言，如果市场对汽车的需求越大，汽车的价格越高，则生产汽车所用的各种生产要素的需求也就越大。

（2）生产技术状况。生产技术决定了对某种生产要素需求的大小。资本密集型技术对资本的需求大；反之，劳动密集型技术对劳动的需求大。

（3）生产要素的价格。各种生产要素之间有一定程度的替代性。企业一般用价格低的生产要素替代价格高的生产要素，生产要素的价格本身对其需求有重要的影响。

课堂讨论

生产要素的需求与一般商品需求有何不同？

二、生产要素的供给

（一）生产要素供给的定义

生产要素的供给是指在不同的价格下，生产要素市场上提供的生产要素数量。一般来说，如果某种生产要素的价格提高，这种生产要素的供给就会增多；如果某种生产要素的价格降低，这种生产要素的供给就会减少，其供给量与价格呈同方向变动。

（二）生产要素供给的特点

生产要素的供给是指最初的生产要素，诸如劳动、土地、资本和企业家才能的供给，不包括中间要素的供给，如原材料、汽车制造中所需要的钢材等生产过程中的中间产品，因为它们本身就是一般的产品。前面已经详细讨论过一般产品的供给行为，因此，这里要讨论的要素的所有者完全局限于要素所有者为消费者。例如，厂商生产产品所需要的各种固定资本，如厂房、机器等，不论是从银行借贷购置的，还是通过证券市场发行股票或债券筹集而来的，其最终的供给者是家庭或消费者。

与其他商品的价格决定一样，要素的均衡价格（如工资率、利率）也是由各要素的供给与需求共同决定的。由于要素拥有者的要素供给各不相同，这几种要素各有不同的供给特性，其报酬也有不同的形式和意义。不过，还是有一些共同的供给特性。

1. 要素供给只提供其使用特性，而不是要素本身

就是说，这些生产要素可供厂商使用，而不像产品生产者那样卖掉产品。当土地、机器设备用于买卖时，它们被看作产品而非生产要素。因此，在要素市场上分析的要素价格和要素数量，是指生产要素的使用价格和数量，而不是要素的出售价格和数量。要素的使用价格被称作服务价格，要素的出售价格被叫作源泉价格。例如，厂商投资于土地建厂，不论是用买的或租的，从生产者行为的观点看，主要是考虑土地的使用价格（租金）而不是其买卖价格。但劳动的供给有其特殊性：工人在生产过程中提供劳动能力，而不是工人本身，劳动的使用价格就是劳动服务价格，工人本身是不能作为买卖对象的。

2. 各种生产要素有不同的流动性

有些生产要素，包括劳动资源和自然资源，有总量固定的特性。土地就是最明显的例子。土地泛指所有自然资源，包括土壤、矿藏、森林、河川、海洋等，供给总量是固定的，在短期内很少有变动的可能。但这并不意味着各行业面对的土地资源供给量是固定的，相反，其供给弹性可能非常大。如一块土地既可以种麦，也可以种蔬菜或葡萄等，这取决于它们的相对价格；劳动资源总量受到人口的限制，人们对各种行业的劳动供给，在短期可能改变的幅度不大，尤其是那些有特殊技术、专门化的劳动供给，在短期内很难随工资率的上升而增加，供给弹性接近于0。而那些非

技术性、非专门化的劳动供给在短期内会随着工资率的上升而增加。时间越长，各行业的劳动供给弹性也越大，因为只要有足够的时间，转业和改行都可以通过教育与培训来实现。资本供给量在短期内是固定的，在长期中流动性非常大，超过了劳动与土地。因此，一般来说，各种资源在短期中的供给总量是固定的，但长期中要素的供给量完全受相对价格左右，供给量随着要素价格的上升而增加。

第二节　生产要素价格的决定

案例导入

华为的神话

在深圳，华为公司新建的华为城分为生活区、科研开发区和生产厂房三个部分，均由来自美国、德国和我国香港的工程师规划和设计。这个设施齐全、技术先进、环境优美的现代化工业城为员工提供"比这个城市的其他人相对优越的生活和待遇"。

华为是个创造神话的企业。2023年全年，华为实现全球销售收入7 042亿元，而且创造出一批敬业高效、贴着"华为创造"标签的华为人。20万名华为员工用自己的全部青春和热情，日复一日地过着两点一线的生活。

据猎头公司介绍，摩托罗拉和贝尔等外资企业要想挖华为的人很难，但华为要挖他们的人就容易多了。

2024年4月2日，华为投资控股有限公司发布关于分配股利的公告，拟向股东分配股利约770.945亿元。在工资和奖金外，分红一直是华为员工薪资的重要组成部分。据华为最新财报，截至2023年12月31日，华为员工持股计划参与人数为151 796人，均为华为在职员工或退休保留人员。按此计算，华为持股员工平均分红约50.788万元/人。

总之，高薪和一个巨大的持股计划，使得华为员工都很关心公司的市场前景和发展，也使他们愿意用自己的努力创造企业的神话。

问题：

华为员工的工资是如何决定的？

案例解析

从上述案例可以看出，华为支付给员工的工资高于市场上的平均工资水平，其目的在于给工人以激励，从而提高工人的生产效率。从经济学的角度分析，在完全竞争的条件下，厂商使用要素的原则是利润最大化，它满足如下条件：使用要素的"边际成本"即要素价格等于使用要素的"边际收益"即边际产品价值。此时，厂商使用的要素数量为最优要素数量。生产要素劳动、资本、土地和企业家才能的价格分别为工资、利息、地租和利润。生产要素的价格也是由其供求关系决定的，即由生产要素的供给和生产要素的需求决定。

要素需求曲线反映要素价格与要素使用量呈反方向变化，当要素价格变化时，要素的边际产品价值也随之变化。回到华为的例子中，公司（或厂商）支付一个较高的工资，将会得到生产更有效率的工人，其创造的产品边际价值也就更高。

一、工资理论

19世纪末20世纪初，英国经济学家马歇尔以均衡分析为方法论基础而提出均衡工资理论，认为劳动的需求价格和供给价格相均衡时的价格决定工资。

（一）劳动的需求

劳动的需求指在各种可能的工资水平下，企业愿意雇佣的劳动数量。每一个理性的企业都是根据利润最大化的原则来选择使用的劳动数量。工资越高，企业的劳动需求量越低；工资越低，企业的劳动需求量越高。同时，整个市场的劳动需求曲线是把所有企业的劳动需求曲线沿横向相加而得到的。工资提高时，企业使用的劳动数量将减少，从而减少劳动的市场需求量；反之，企业使用的劳动数量将增加，从而增加劳动的市场需求量。如图6-1所示，横轴表示劳动的数量 L（laber），纵轴表示劳动的价格即工资 W（wage），则劳动需求曲线自左上方向右下方倾斜。

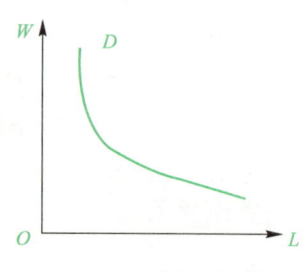

图6-1 劳动需求曲线

为什么工资越高，对劳动的需求就越低呢？由于劳动的边际生产力递减规律，随着劳动投入的增加，劳动的边际产量越来越低，即追加劳动给企业带来的产量（即贡献）越来越少，企业自然只愿意对追加的劳动支付较低的工资。

（二）劳动的供给

劳动的供给指在各种可能的工资水平下，人们愿意提供的劳动数量。劳动者都面临着工作与闲暇的权衡取舍，用于工作的时间越多，则用于看电视、逛街或追求其他业余爱好的时间也就越少。所谓机会成本是说某种东西的成本是为了得到它而放弃的东西。为了得到1小时的闲暇时间而放弃了每小时30元的工资；如果当工资增加到每小时35元时，那么闲暇的机会成本也相应地上升到35元。

劳动供给则反映了工人如何根据机会成本的变动作出劳动与闲暇之间的权衡取舍。一般，工资上升，工人会增加他们的供给劳动量，也就是说闲暇机会成本升高时，工人一般会作出减少闲暇时间的决策。

但也会出现这样的情况，当工资上升到一定程度时，随着工资继续上升，劳动供给反而减少。假设工人工资从每小时35元上升到40元，闲暇的机会成本上升了，但工人也比之前更为富有，可能更愿意去享受闲暇生活。这也是目前社会上很多高薪人士反而更有时间和财富去旅游、开展娱乐活动的原因。

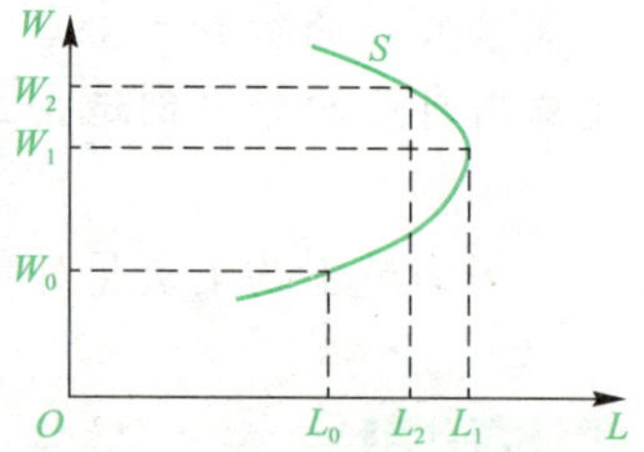

因此，个人的劳动供给曲线则具有"向后弯曲"的特征，如图6-2所示。在点（W_1, L_1）之前，劳动供给曲线向右上方倾斜，但在此点之后，随着工资的增加，劳动提供量反而减少，供给曲线弯向左边。

图6-2 向后弯曲的个人劳动供给曲线

（三）均衡工资的决定

虽然许多个体劳动者的劳动供给曲线在工资高到一定程度的时候会向后弯曲，但由所有个体劳动供给水平相加而得到的劳动的市场供给曲线不一定向后弯曲。这是因为，在较高的工资水平上，可能会有一些劳动者减少劳动，但也会吸引新的劳动者加入，因而总的劳动供给一般还是随着工资的上升而增加，劳动的市场供给曲线仍然向右上方倾斜。

在竞争性的市场条件下，劳动市场供求关系决定了均衡工资，如图6-3所示。劳动需求曲线 D 与劳动供给曲线 S 相交于 E 点，该点

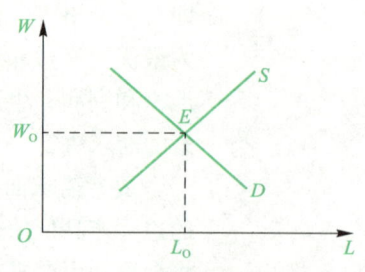

图6-3 均衡工资的确定

对应的工资W_0,就是劳动市场均衡工资,即能够使劳动市场供求相等的工资。

现实生活中的市场工资围绕均衡工资上下波动。当W_0市场工资高于均衡工资时,劳动供给量将大于劳动需求量,劳动者之间的竞争会使市场工资下降,直到跌到W_0的水平;当市场工资低于均衡工资时,劳动供给量将小于劳动需求量,企业之间的竞争会使市场工资上升,直到升至W_0的水平;在W_0的工资水平下,劳动需求量等于劳动供给量,从而实现充分就业。

向后弯曲的劳动供给曲线

我们可以用替代效应和收入效应的概念来解释为什么劳动供给曲线向后弯曲。

如果把"闲暇"看作是一种商品的话,那么这种商品的价格就是工资。首先,劳动供给可以看作是闲暇的反面。因为在时间总量确定的情况下,劳动供给的增加就是闲暇的减少,反之则相反,所以两者之间存在反方向变化的关系。其次,劳动的价格(即工资)其实就是闲暇的机会成本:增加一单位时间的闲暇,意味着失去了将这一单位时间用于劳动而挣得的收入。这也就意味着,一单位时间的闲暇是用一单位时间的劳动收入买来的,因此,也可以将工资看作是闲暇的价格。

先来看工资增加的替代效应。工资上升即闲暇的价格上升,闲暇变贵,消费者减少闲暇,增加劳动供给,也就是用劳动供给来替代闲暇,即工资增加的替代效应使劳动供给增加。

再来看工资增加的收入效应。工资上升时,人们的收入增加,变得更加富裕,会增加各种商品(包括"闲暇")的购买量,从而使劳动供给减少,即工资增加的收入效应使劳动供给减少。

总而言之,工资增加的替代效应使劳动供给增加,工资增加的收入效应使劳动供给减少。那么工资增加时,劳动供给究竟是增加还是减少呢?这取决于替代效应与收入效应孰大孰小。

当人们工资较低时,提高工资使收入增加得不多,增加劳动供给带来的收入效应就比较小,但增加收入可以增加消费,因为收入较低时增加消费带来的效用还是很高的,人们会积极地加班加点多挣钱,用劳动替代闲暇,所以替代效应较大。在这一阶段,工资增加的替代效应大于收入效应,随着工资的增长,劳动供给会增加。

当人们工资较高时,再提高工资使收入增加得较多,因而收入效应较大。在这一阶段,由于闲暇的时间过少,闲暇的效用变大,用劳动供给代替闲暇的替代效应较小,因此,工资较高时,工资增加的收入效应大于替代效应,劳动供给会减少。综上所述,劳动的供给曲线向后弯曲。

(资料来源:郭克锋. 经济学基础[M]. 北京:中国人民大学出版社,2021:140.)

(四)工资的差异

不同国家、地区、部门、职业、群体和个人之间的工资差异是十分明显的。经济学通常从四个方面来解释工资差异。

1. 补偿性工资差异

不同的工作负效用不同,为了吸引人们进入条件比较艰苦、负效用比较大的工作领域,企业需要支付较高的工资以补偿。美国钢铁业的平均小时工资大致是商店的3倍,除了工会的作用之外,钢铁工人较繁重的体力劳动和较艰苦的工作环境也是这种工资差异的重要成因。在钢铁公司内，一线的炉前工比其他工种工人的工资要高。在野外、高温、高热的环境工作，相应地也应该取得较高的工资。比如殡葬师工作，工作强度不一定多大，但是要承受着世俗观念的压力。小到个人的一言一行，大到婚姻大事都可能受到制约和影响。别的行业，提倡微笑服务，而这里的工作人员，必须严肃，还有很多禁用语，如"欢迎光临""欢迎再来"等。不同职业在安全、辛苦、环境和声誉等方面的不同，对劳动者产生的心理成本不同。在市场经济条件下，将必然给那些从事此类工作的人以较高的报酬。

2. 生产率工资差异

生产率工资差异即由人们的劳动质量和劳动效率的差异而造成的工资差异。高质量劳动力的形成需要付出高成本，高工资就是对其的补偿。行业工资水平的差异主要是劳动力的生产率不同造成的。不同行业对劳动力质量的需求也不一样，有些行业需要的劳动力质量高，或者劳动力的形成所需投入大，工资水平自然就高。例如：大学教师的工资高于商店售货员，这是因为大学教师的劳动是一种高质量和高效率的复杂劳动，而售货员的劳动是一种相对比较简单的劳动。一个人要成为大学教师，要经过多年的正规教育和在职训练，在此期间要支付学费并放弃工资收入，还要付出普通人没有付出的辛苦努力。较高的工资收入是对大学教师较高劳动质量的认可，也是对其机会成本的回报。

3. 非竞争性工资差异

现实生活中的劳动市场是一个不完全竞争的市场，信息不完全、劳动力的流动性障碍、劳动力市场分割、非竞争群体等非竞争性因素的存在，也会导致工资差异。

由于信息不完全，一个人不可能了解所有企业愿意为他支付的工资，因而他接受的工资未必是与他的能力相对应的最高工资。即使信息是充分的，南方的人到北方去找工作，或者西部的人到东部去找工作等，也会面临户口、环境、人文、生活习惯、地区差异等许多问题，这种劳动力的流动性障碍也会导致工资差异。同时，劳动力市场按职业被分割为若干子市场，不同的子市场需要不同的专门知识和技术，而熟练劳动力的培养需要大量的时间与金钱的投入，这就给工作的转换造成了困难，从而限制了劳动力在各子市场间的自由转移，事实上形成了某些行业劳动力缺乏而工资水平高，某些行业劳动力充足而工资水平低，即行业工资水平的差异。此外，习惯、偏见、歧视与制度等若干因素也会导致非竞争群体之间的工资差异。

4. 特殊的工资差异

某些个体天赋异禀或拥有非凡的才能，能在特定的环境中获得特别高的收入。例如：美国篮球运动员和欧洲足球运动员可以得到几百万甚至上千万美元的年收入，除了他们的天赋和后天的努力之外，各国的经济发展水平、媒体的宣传和公众的偏好也是其获得高收入的重要原因。

知识拓展

如何使用平均工资数据？

（1）全面客观看待平均工资指标。由于目前工资统计以法人单位为统计对象，因此，平均工资一般指单位从业人员在一定时期内平均每人所得的工资额。

首先，平均工资不等于个人工资。平均工资是反映工资总体情况的指标，是由统计部门根据每个单位上报的数据汇总计算得出的平均概念，反映的是从行业、地区等维度分组的总体工资水平。由于各单位所处行业、所在地区和经济效益不同，各单位的工资水平有高有低；而在同一个单位内，不同个人所在岗位不同，工资差距也较大。因此，不能简单地拿个人工资与总体平均工资直接比较。实际上，工资和收入一般呈现正偏态分布，平均值往往偏离并高于一般水平，即大多数个体数据低于平均值。

其次，平均工资反映的是税前工资。公众心目中的工资收入往往是拿到手的实发工资，但统计部门统计的工资是税前工资。根据国务院批准发布的《关于工资总额组成的规定》和国际工资统计的通常做法，工资包括了用人单位代扣、代缴的个人所得税、公积金以及养老、医疗、失业保险基金个人缴纳部分。因此，统计部门公布的平均工资比个人实际拿到的工资要高。

（2）平均工资指标用途广泛。一是平均工资是制定各地区、各行业工资标准和核算劳动力成本的依据，是国际比较、评估国际竞争力的重要数据。二是平均工资反映国民收入初次分配的基本状况和变化，对国民经济核算、研究制定收入分配政策至关重要。三是平均工资是征缴和支付各项社会保险的重要依据和制定赔偿制度的基础数据。此外，平均工资具有一定的市场参考价值。比如一些企业在投资设厂布局时，为了最大限度地节约人工成本，也会参考地区间平均工资数据。

（资料来源：国家统计局. 每次公布平均工资数据以后，一些群众反映自己"被平均""拖后腿"了，是什么原因？如何使用平均工资数据？[EB/OL].https://www.stats.gov.cn/zt_18555/zthd/lhfw/2021/rdwt/202302/t20230214_1903873.html, 2021-02-19.）

二、地租理论

（一）土地与地租的性质

经济学上的土地，泛指一切自然资源，其特点被描述为"原始的和不可毁灭的"。说它是原始的，因为它一般不能生产；说它不可毁灭，因为它在数量上不会减少。因而，我们一般都认为土地的供给是固定不变的。

地租是土地这种生产要素的价格。它的产生首先在于土地自身具有生产力，这种生产力决定了土地具有四个特征：

（1）土地本身的"天然报酬"，即土地的边际生产力是先天性的；

（2）土地资源具有不可再生、数量有限、位置不变的特征，即土地的供给是不变的；

（3）土地的质量是不同的；

（4）土地的需求几乎是不可替代的。

土地和地租的特点，决定了地租的产生与归属是两个不同的问题。地租产生的原因是多方面的，是普遍存在的，而地租的归属与土地的所有制性质相联系。因此，地租的形成与地租的决定是不一致的。

（二）以均衡价格论为基础的地租理论

地租（rent）是土地使用的服务价格，或者说是土地这一生产要素的收益或价格。按照均衡价格理论，地租是由土地市场上的土地供给曲线和土地需求曲线的交点决定的。土地的需求取决于土地的边际生产力，因而土地的需求曲线与其他要素的需求曲线一样，都具有向右下方倾斜的特征。

土地作为一种自然资源，既不能流动，又不能再生，因而就一个整体经济而言，供给量是固定的，其市场供给曲线为一条垂直线，如图6-4（a）中的S线。也就是说，不管地租怎样变化，土地总供给量始终为Q_0。

将土地的市场需求曲线与供给曲线综合在一个坐标系中，供求曲线的交点就是均衡点，如图6-4（b）中的E点。从图6-4（b）可以看出，由于土地数量固定，地租的大小完全取决于需求。如果土地需求曲线移动，土地的均衡数量不变，仅地租发生变化。

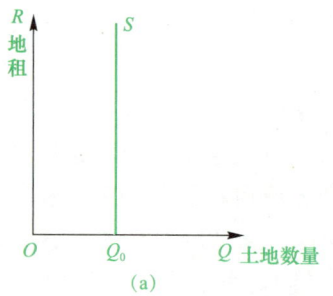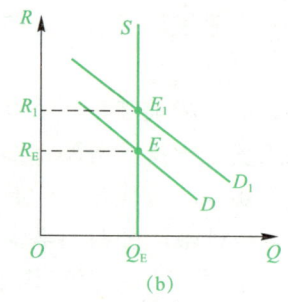

图 6-4 土地的供给与价格决定

（a）市场供给曲线　（b）市场需求和供给曲线

（二）准地租

土地要素能获得地租的原因是无论从短期或长期来看，土地资源都是固定不变的，或者说是一种完全缺乏供给价格弹性的生产要素。而现实中有些生产要素尽管在长期中是可变的，在短期中却是固定的，如厂房、机器设备等。这些要素的服务价格在一定程度上也与"租金"类似，称为"准租金"。所谓"准租金"，就是对短期内供给量暂时固定的生产要素的支付，或固定要素的支付。如图 6-5 所示，MC、AC、AVC 分别表示厂商的短期边际成本、平均成本和平均可变成本曲线。假定产品价格为 P_0，均衡产量为 Q_0。那么，总收入为 OP_0CQ_0，总可变成本为 $OGBQ_0$。GP_0CB 就是固定要素的收入，也就是准租金。

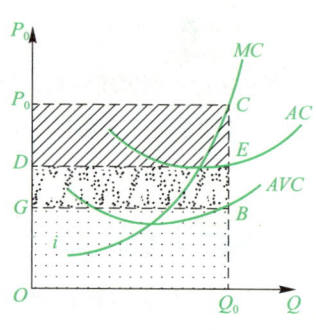

图 6-5 准租图

如果从准租金 GP_0CB 中减去固定总成本 $GDEB$，就得到经济利润 DP_0CE。因此，准租金为固定总成本与经济利润之和。

（二）经济地租

在长期中，一切要素都是可变的。因此，要使这些固定要素继续留在这个行业，必须使它们的经济利润超过转移到其他产业的最大经济利润。这个经济利润的差额，称为经济地租（economic rent）。显然，当经济地租大于 0 时，这些固定要素会继续留在这个行业；若经济地租小于 0，这些固定要素将转向其他产业。

由此可见，经济地租属于长期分析，而准地租属于短期分析。经济地租是对某些特定要素来说的，而经济利润是对整个厂商来说的。厂商存在经济利润，并不意味着其要素也存在经济地租。一种要素在短期中存在准地租，也不意味着在长期中存在经济利润。

生活中的经济租金

经济租金的概念形象地揭示了某种要素或资源获得的超过其供给价格的报酬。在现实生活中，经济租金的案例比比皆是。

一块土地用于种小麦的报酬是 100 元，用于种玉米的报酬是 80 元，那么，人们会选择用这块地种小麦。种玉米可能获得的 80 元是转移收入，经济租金为两者之差，即 20 元。

我国某篮球明星在 NBA（美国职业篮球联赛）的年收入是 8 000 万元，在 CBA（中国职业篮球联赛）的年收入则是 500 万元，经济租金是 7 500 万元。也就是说，如果不考虑其他成本，即使 NBA 只支付给他 500 万元/年，也不影响他到 NBA 打球的决定。

商场旁边有一间20 m²的店面，可以租给零售药店（4万元/年），或租给兰州拉面店（3万元/年），或租给个体烧烤店（3万元/年），或租给洗车公司（3万元/年），或租给保险公司（2万元/年），或租给手机零售店（2.5万元/年），或租给服装店（2万元/年），或租给房屋租赁公司（2万元/年）……那么，土地所有者会租给谁呢？当然租给出价最高的，所以他会租给零售药店，从而获得4万元/年的收入。他把土地租给零售药店而放弃的机会成本等于租给兰州拉面店（3万元/年）、租给个体烧烤店（3万元/年）、租给洗车公司（3万元/年）的机会成本。因此，他的经济租金为4-3=1（万元）。也就是说，如果把这1万元拿走，零售药店只给土地所有者3万元，也不影响他把土地租给零售药店的决定，因为租给其他人最多也只能获得3万元/年的收入。

可见，经济租金其实是要素或资源收入的一部分，对所有者来说也相当于行业平均收入之上的超额收入，把这部分相当于经济租金的要素或资源收入拿走并不影响要素或资源的供给。既然这样，为什么要素或资源需求方还要付出经济租金呢？难道需求方不知道少付钱更好吗？关键就在于这种要素或资源的特殊性，拥有这种特殊的要素或资源能够创造更多的价值，能够给要素或资源需求方创造更多的利润。因此，虽然这样的特殊要素或资源比一般的要贵，甚至要贵上很多，需求方还是趋之若鹜。

例如：NBA的巨星年薪都是2 000万美元以上，甚至3 000万美元以上，一份4~5年的合同往往价值1亿美元，甚至2亿美元以上。其实NBA共有400多名球员，普通球员300多名，占绝大多数，年薪也就500万美元左右，有些角色球员的年薪可能连100万元美元都不到。与普通球员相比，超级巨星的年薪可谓是非常高，经济租金就占了大约1 500万美元。为什么还要斥巨资引来巨星呢？还不是因为巨星的票房号召力，能够带来更高的收入。所以说，在这个世界上，不怕你优秀，就怕你不够优秀。只要你足够优秀，自然就能获得经济租金。

（二）寻租行为

寻租行为（rent seeking）指人们以各种方式争取获得经济租金和准租金的行为。

在发达的市场经济中，寻租行为的典型表现为垄断企业人为地减产提价，以增加企业的准租金。但是从长期来看，准租金和高价可能吸引其他企业进入该行业，所以垄断企业的寻租行为往往涉及政治行为，如通过贿赂等手段获取特许权。

在发展中国家的市场经济中，寻租行为比较普遍，这与行政权力较大、法律不够完善、缺乏制衡机制和市场不发达有关。例如，为了保护民族产业，一些发展中国家实行进口配额制，即规定进口商品的最高限额。进口配额造成国内市场价格高于国际市场价格，这种额外收益是一种经济租金，可能诱使一些商人以贿赂手段获得进口额度。

知识拓展

权力寻租的根源与破解

为什么个别官员热衷于与开发商做"朋友"，为什么土地违法问题越演越烈，屡禁不止？其实，只要存在权力寻租的土壤或空间，腐败就会如同割了一茬又一茬的野草般疯狂地滋长，这在房地产市场得到了明显验证。本来开发商与城建官员之间就存在一种"共生"现象，开发商既是个别城建官员的"政绩推动者"，又是诱导其腐败的"麻烦制造者"。而当双方臭味相投时，往往会结成"利益联盟"，土地开发由此成为腐败高发地带。个别官员冒着犯罪的危险也愿意为开发商"两肋插刀"

的背后，有着深刻的根源。

政府承担双重角色，层级制的行政管理结构使得权力缺乏约束。

在一定程度上，政府承担双重角色。一方面，政府作为公共利益的代表者，制定政策，调控经济活动，充当裁判员，掌握了基础设施、工业、房地产等项目的审批权，这些项目的建设都需要土地。一些不法开发商想要获得低价土地，就向个别抵挡不住诱惑的政府官员寻租。另一方面，政府又掌握着数量庞大的资源，直接作为一个主体参与经济活动，充当运动员的角色。各个地方政府都肩负着发展本地经济的重任，在中央对地方政府官员的政绩考核中，GDP是最关键的指标，这加剧了他们经营土地的冲动。因为只有获得土地，才能用它来招商引资、兴办工业园区、开展基础设施建设。在这些活动中，土地资源的定价权掌握在相关官员手中。即便是土地公开招标拍卖，也无法完全断绝其中的利益输送。个别地方党政部门齐上阵的直接招商引资行为，更容易加剧土地违法和腐败行为。

另外，层级制的行政管理结构，使地方政府一把手和分管土地的直接领导权力过大，缺乏监督和制衡机制。我国的土地主管部门是各级国土部门，但国土部门是政府的一个下属部门。国土局长要受分管副市长的领导，分管副市长又要受市长和市委书记的领导。分管副市长、市长或市委书记如果绕过国土局长直接批地或干预土地交易，国土部门是很难有效约束的，纪检、监察等部门在查处时也会遇到困难和阻力。因土地腐败而落马的高官，基本上都是分管土地、城建或重大建设项目的副市长、区长。权力不受约束，自然导致腐败。

针对这个现象，对策是把土地资源配置权力交给市场、法律和制度。

要破解官员与开发商的"合谋"，从根本上扭转这种局面，还必须多管齐下，从体制、法制和机制入手，同时引入和完善外部监督，把土地资源配置权力交给市场、法律和制度。

要斩断政府官员伸向土地的揩油之手。首先要减少政府对微观经济活动的干预，特别要从根本上改变个别地方政府利用土地聚财、敛财、生财的行为，取缔土地财政，国有土地出让金一律纳入财政预算。建立官员的财产、收入申报制度，对超出法定收入的部分和消费，除非能够说明来源的，一律确定为非法所得。

改革征地制度，严格划定公共利益的边界。严格规定征地程序，即使是公益性征地，也要提高公共利益征地的补偿标准，对被征地农民给予合理公平的补偿，使农民分享到工业化、城市化的成果。

强化对土地管理部门和政府主要领导的监管和约束。简单的道德说教是不行的，必须在机制上引入各种社会力量（特别是群众和新闻媒体）以监督官员的权力，加强土地交易的透明性。规范土地招拍挂和出让程序，在招标、拍卖与挂牌交易的流程中加强监督尤为重要。从每宗地价格的评估到开发商资质的审查以及后期的评标开标均应设立监察机制。对于每宗地的评选结果应公开发布，绝不能让私下协议的土地通过公开招标与挂牌的形式成交，从而引发新的钱权交易现象发生。中央、国土资源部已经三令五申在土地交易招拍挂过程中严禁非法暗箱操作，确保公平与公开，明确交易规则，完善市场运作。

改变中央和地方的利益分配格局，使中央政府与地方政府各自的事权和财权相对应，扭转地方政府借地生财的内在动力。改革现行分税体制，重新划分现行共享税的分配比例，适度提高地方政府（增值税等税种）的分享比例。

（资料来源：蔡继明. 权力寻租的根源与破解 [J]. 人民论坛，2008（23）：36-38.）

三、利息理论

资本，包括实物资本，如机器设备，也包括货币资本。不过，实物资本与货币资本之间存在明显的差异，比如实物资本往往以"存量"形式出现，不是一次耗尽；实物资本比货币资本具有更小的流动性，从而增加了风险。不过为了简化分析，将实物资本与货币资本的利息统一起来，这里有几个重要的假定：第一，资本市场是均衡的；第二，假定不同资本市场的风险相同，不同资本的流动性相同。这样，实物资本与货币资本的收益在市场均衡时就一定相等，资本所有者可以及时转换自己的资本形态。正如工资是由劳动市场的均衡决定的、土地是由土地市场的均衡决定的一样，利息是由资本市场的均衡决定的。利息就是货币在一定时期内的使用费。利息除以本金就是利息率，简称利率。

（一）资本的需求

资本的需求是指一定时期内企业在不同利率水平上需要的资本总额。企业投资的目的在于获取利润，因而企业对资本的需求取决于其对新增投资的预期利润率或资本的边际生产力。假定市场利息率为 5%，企业借入一单位资本的预期利润率高于 5%，假定是 7%，那么该企业借入一单位资本可获利 2%，对企业来说追加投资是有利的。但是，如果该企业的预期利润率低于 5%，投资收益小于投资成本，企业就宁可储蓄也不愿意投资。由此可见，假如预期利润既定，利息率高，对资本的需求量较少；利息率降低，对资本的需求量增加。由于资本的边际生产力递减，因而厂商的资本需求曲线向右下方倾斜。将所有厂商对资本的需求曲线加总，即可得到资本的市场需求曲线，它向右下方倾斜，如图 6-6 中的曲线 D。

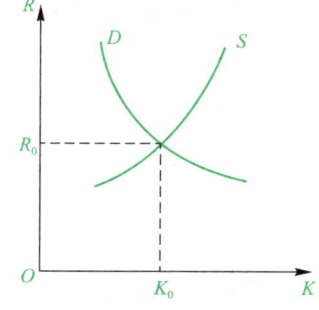

图 6-6 资本市场的均衡

（二）资本的供给

资本的供给是资本所有者在各个不同的利息率水平上愿意且能够提供的资本数量。对资本的供给者来说，借出资本，让渡一定时期的资本使用权，是有损失和风险的。打个比方，有人年初时拥有 100 万元，按照当时房产市场价格，可以买单价 1 万元的公寓房 100 m²。到年底时，同样的房子价格上涨到每平方米 1.2 万元，买 100 m² 公寓，需要 120 万元。可见，人们推迟购买，不仅损失消费商品带来的满足，而且要承担价格波动的风险。利息是对资本供给者抑制或推迟眼前消费的一种补偿，利息率越高，补偿越多，人们愿意提供的资本也就越多。

西方经济理论假定资本的供给主要来自个人储蓄，通过描绘不同利率水平下个人的最优储蓄量，可以得到一条向右上方倾斜的资本供给曲线。将所有个人的资本供给曲线加总，即可得到资本市场供给曲线，如图 6-6 中曲线 S。

（三）利率的决定

利率是资本的价格，是由资本的需求和供给的均衡状态决定的，即由资本的需求曲线和供给曲线的交点确定。在图 6-6 中，资本供给曲线 S 与资本需求曲线 D 的交点 E 对应的利率 R_0 是均衡的纯粹利率，均衡资本量为 Q_0。这说明，企业愿意按 R_0 的利率借入 K_0 的资本量，资本所有者也愿以 R_0 的利率贷出 K_0 的资本量，资本的供求恰好达到均衡状态。在这个理想的资本市场上，如果利率高于 R_0，则资本供大于求，市场压力会迫使它下降到 R_0 的水平；如果利率低于 R_0，则资本供不应求，市场压力会迫使它上升到 R_0 的水平。资本市场的均衡点出现在市场需求曲线与供给曲线的交点，如图 6-6 中的 (R_0, K_0)。

这里分析的均衡利率是指资本市场上的纯粹利率，它是一种理论分析的利率水平。在现实经济生活中，在不同的情况下，实际利率与纯粹利率并不完全相同，其差别主要由两个原因造成：一是贷款的风险程度，如果货币资本的所有者认为其提供资本的风险大，则要求得到的利率也就高；二是贷款的期限长短，贷款的时间越长，利率也就越高。微观经济学分析的利率不是实际利率，而是指排除了上述因素的资本市场上的纯粹利率。

利率由资本的需求和供给共同决定，但同时利率的变动又会影响资本的供求。如果政府干预

或人为地提高、降低利率，资本市场的均衡就会被打破，出现资本供大于求或供小于求的情况。利率与资本供求的这一内在联系，使得利率具有调节投资和就业的功能。当一个社会出现了通货膨胀时，提高利率可以抑制对可贷资金的需求和供给，从而抑制通货膨胀；相反，当出现通货紧缩时，降低利率可以刺激对可贷资金的需求和供给，从而抑制通货紧缩。因此，利用利率调节经济是很重要的。

（四）利息的作用

利息在现代经济社会中具有十分重要的作用。

（1）利息能鼓励人们储蓄，增加资本的供给。利息的存在能鼓励人们多储蓄，加速资本形成，提高就业水平，促进经济发展。

（2）利息能最有效地利用资本。如果社会利息率是既定的，利息率可将社会中的储蓄引导到最有利的投资场所，人们将把资本投向获利最多的部门，而获利最多的部门又是资本最能发挥作用的部门。此外，企业在支付利息的情况下，就要更节约、更有效地利用资本。

（3）利息能抑制过度投资，防止通货膨胀。当一个社会出现通货膨胀时，提高利息率可压抑对可贷资本的需求和供给，从而制止通货膨胀。利息还可以限制过度需求，将资本的需求约束在一定的可行性限度内。

四、利润理论

利润是企业家才能这种生产要素的报酬。企业家不仅从事企业生产经营中的管理工作，而且要创新和承担风险。利润一般有两种，即正常利润与超额利润。

（一）正常利润

正常利润是企业家才能的价格，也是企业家才能这种生产要素得到的收入，包括在成本之中，其性质与工资相类似，也是由企业家才能的需求与供给决定的。如前所述，对企业家才能的需求是很大的，因为企业家才能是生产好坏的关键。使劳动、资本与土地结合在一起而生产出更多产品的决定性因素是企业家才能，而企业家才能的供给又是很少的。培养企业家才能所耗费的成本也是很高的。企业家才能的需求与供给的特点，决定了企业家才能的收入——正常利润——必然是很高的。可以说，正常利润是一种特殊的工资，其特殊性就在于其数额远远高于一般劳动得到的工资。

（二）超额利润

超额利润是指超过正常利润的那部分利润，又称为纯粹利润或经济利润。在完全竞争的条件下、在静态社会里，不会有这种利润产生。只有在动态的社会中和不完全竞争条件下，才会产生这种利润。动态的社会涉及创新和风险，不完全竞争则意味着存在垄断。

1. 创新产生的超额利润

创新是指企业家对生产要素实行新的组合，包括五种情况：第一，引入一种新产品；第二，采用一种新的生产方法；第三，开辟一个新市场；第四，获得一种原料的新来源；第五，采用一种新的企业组织形式。这五种形式的创新都可以产生超额利润。创新是社会进步的动力，因此，由创新获得的超额利润是合理的，是社会进步必须付出的代价，也是社会对创新者的奖励。

2. 风险产生的超额利润

风险是从事某项事业时失败的可能性。由于未来具有不确定性，人们对未来的预测有可能发生错误，风险的存在就是普遍的。在生产中，由于供求关系发生难以预料的变动，由于自然灾害、政治动乱，以及其他偶然事件的影响，也会存在风险，而且并不是所有的风险都可以用保险的方法弥补。这样，从事具有风险的生产就应该以超额利润的形式得到补偿。

> **课堂讨论**
>
> 股票市场风险大，为什么还有那么多人炒股？

3. 垄断产生的超额利润

由垄断而产生的利润又叫垄断利润，它既可以产生于卖方垄断，又可以产生于买方垄断。

（1）卖方垄断也称垄断或专卖（monopoly），指对某种产品出售权的垄断。垄断者可以通过抬高销售价格损害消费者的利益而获得超额利润。

（2）买方垄断也称专买（monopsony），指对某种产品或生产要素购买权的垄断。在这种情况下，垄断者可以压低收购价格，以损害生产者或生产要素供给者的利益而获得超额利润。

垄断引起的超额利润是垄断者对消费者、生产者或生产要素供给者的剥削，是不合理的。这种超额利润也是市场竞争不完全的结果。

（三）利润在经济中的作用

资本的根本动机是利润，这是一个毋庸置疑的问题。西方经济学家进一步认为，企业家不断地追求利润，在经济生活中是有其客观意义的，更进一步说，利润还是社会进步的动力。

（1）正常利润作为企业家才能的报酬，是提高厂商经济效率的重要条件，可以鼓励企业家更好地经营和管理企业，不断提高经济效益。

（2）经济利润是创新的动力，没有经济利润，也就不会有创新，也就没有对创新的模仿和普及。因此，由创新而产生的经济利润可以鼓励企业家不断大胆创新，这种创新有利于社会技术的进步。

（3）经济利润使投资者愿意承担一定的风险，如果没有这种诱惑，具有风险性的产品就不会有人生产。因此，由风险而产生的经济利润可以鼓励企业家勇于承担风险，从事有利于社会经济发展的风险事业。

（4）追求利润的目的是使企业按社会的需要生产，努力降低成本，有效地利用资源，从而在整体上符合社会的利益。

（5）以利润来引导投资，使投资与资源的配置符合社会的需要。

第三节 完全竞争条件下的工资、利息、地租和利润

案例导入

市中心的多个IT公司正在招聘软件工程师。市场上有许多求职者，他们的技能和经验都差不多，而且很多人愿意接受此类工作。与此同时，尽管招聘需求强劲，但不同公司提供的薪资和福利水平却不尽相同。某家新成立的技术公司希望通过提供较高的工资招纳更多的技术人才，从而快速扩展其业务。而其他一些已经在市场上运营多年的老公司，虽然提供的工资略低，但提供了更好的职业发展空间。这种情况在竞争完全的劳动力市场中，会如何影响工资水平呢？

问题：

在完全竞争的市场条件下，IT公司如何确定工资水平？

> **案例解析**
>
> 在完全竞争的劳动力市场中,工资完全由市场的供给关系决定。所有企业都是工资接受者,无法单独决定工资水平。工资随着劳动力的供给和需求的变化而变动,并趋向市场均衡。在完全竞争的条件下,工资通常会趋于稳定。由于公司和求职者完全是"接受者",每个公司都无法单方面通过调整工资来获得竞争优势,因此市场内的价格水平将围绕一个均衡点波动。虽然完全竞争的理论框架中工资差异不大,但现实中仍可能由于企业的非工资福利、企业文化、区域差异等因素出现一些工资差异。

我们把同时处于完全竞争产品市场和完全竞争要素市场中的厂商称为完全竞争厂商。本节我们分析完全竞争厂商使用劳动要素的原则以及完全竞争条件下生产要素价格的均衡。

一、完全竞争厂商使用劳动要素的原则

(一)完全竞争厂商的假设

完全竞争厂商处于完全竞争产品市场和完全竞争要素市场之中。关于完全竞争产品市场的一些性质,在第五章已经介绍,包括产品买卖者众多、产品同质、产品买卖双方信息完备、产品市场不存在进入壁垒等性质。而和完全竞争产品市场一样,完全竞争要素市场的基本性质也可以描述为要素的供求双方人数都很多,要素没有任何区别,要素供求双方都具有完全的信息,要素可以充分自由地流动等。从中,我们可以得到两个结论:完全竞争厂商出售产品的价格(P)是不变的;完全竞争厂商购买要素的价格(W)也是不变的。为分析方便,我们假定完全竞争厂商只使用一种生产要素,生产单一产品,追求最大限度的利润。

比如一家处于完全竞争市场的服装企业,由于服装市场上有无数个服装供应商,服装的价格由服装市场的供求曲线决定。当确定服装市场的均衡价格以后,该服装企业可以根据服装的单位价格来确定供应量,而该企业本身供应量的增减不影响市场上的供给曲线。同样,由于在完全竞争要素市场中,也有很多企业雇用大量的生产工人,付给工人的工资也是由要素市场的供求曲线决定,因而服装企业只能被动地接受市场条件决定的工人工资和服装价格。它唯一要决定的是生产出售多少服装和雇用多少工人。

(二)完全竞争厂商使用要素的边际收益——边际产品价值

假设完全竞争厂商使用的生产要素为劳动 L,使用一定量的劳动要素将创造出一定量的产量。要素与产量之间的这种数量关系用函数可表示为 $Q=Q(L)$。

在此基础上,我们可以得到要素的边际产量 MP。该概念在生产理论中介绍过,是指企业的固定资产不变时,连续增加要素投入,最后一单位要素的投入带来的产量变化。由于分析的是劳动要素,因而可得劳动要素的边际产量

$$MP_L = \frac{dTP}{dL}$$

而要素的边际收益是指增加一单位要素增加的收益,用要素的边际收益产品 MRP 来表示,利用数学式可以得出 MRP。而劳动要素的边际收益是指最后投入的一个单位劳动要素给企业带来的收益增量。如 $R(L)=Q(L) \cdot P[Q(L)]$ 为收益函数,其中,L 为使用的要素,$R(L)$ 为厂商的收益,$Q(L)$ 为产量,$P[Q(L)]$ 为产品需求价格。因而要素的边际收益产品 MRP,一般表达式为 $MRP = MR \cdot MP$。

而对完全竞争厂商来说，因为 $MR = AR = P$，可得到 $MRP = MP \cdot P$，而通常，我们将要素边际产品 MP 与产品价格 P 的乘积定义为边际产品价值 VMP。因此，完全竞争厂商使用要素的边际收益为

$$MRP = MP \cdot MR = MP \cdot P = VMP$$

根据边际生产力递减的性质，可得出以下结论：随着要素价格的上升，厂商对要素的最佳使用量即需求量将下降。完全竞争厂商的要素需求曲线与边际产品价值曲线完全重合，向右下方倾斜，如图 6-7 所示。

要素需求曲线等于边际产品价值曲线的结论实际上要依赖于两个"潜在假定"：第一，要素的边际产品曲线不受要素价格变化的影响；第二，产品价格不受要素价格变化的影响。在考虑多要素共同使用以及多个厂商共同调整时，完全竞争厂商对要素的需求曲线一般说来就不再等于该要素的边际产品价值曲线。

（三）完全竞争厂商使用要素的边际成本——要素价格

边际要素成本（marginal cost of factor，MFC）是指增加一单位投入要素而增加的成本。

在完全竞争要素市场上，每个厂商都是价格接受者，厂商增加雇用一单位要素，并不会引起要素市场价格上升，因而 $MFC = W$。

因此，完全竞争厂商使用要素的边际成本为要素价格。完全竞争厂商面临的要素供给曲线是一条水平线，因而厂商的平均要素成本、边际要素成本和要素价格三者相等，即 $W = AFC = MFC$，如图 6-8 所示。

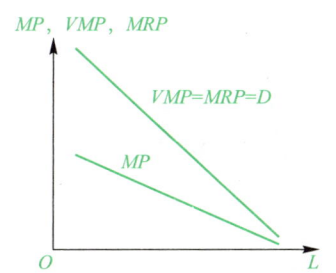

图 6-7　MP、MRP 与 VMP 曲线

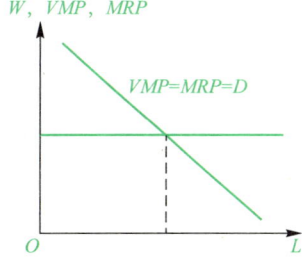

图 6-8　劳动的需求与供给

（四）完全竞争厂商使用要素的原则

完全竞争厂商使用要素的原则是利润最大化这个一般原则在要素使用这个问题上的具体化，可以简单地表述为使用要素的"边际成本"和"边际收益"相等，即 $VMP = W$ 或者 $MP \cdot P = W$。

二、完全竞争条件下的利息、地租

我们已经说明了企业如何决定雇用多少工人，以及这些决策如何决定工人的工资。在企业雇用工人的同时，还要决定其他生产投入。例如，苹果生产企业必须选择苹果园的规模，以及供摘苹果工人使用的梯子的数量。

由于工资是劳动的租赁价格，因此，完全竞争条件下的劳动力市场的价格即工资决定的很多内容，可以运用到资本和土地的租赁价格。如图 6-9（a）、6-9（b）所示土地和资本的租赁价格是由供给和需求决定的。当苹果生产企业决定租用多少土地和梯子时，也遵循和劳动使用要素同样的原则。无论是资本还是土地，企业会一直增加对它们的租用量，直到要素的边际产量值等于要素的价格时为止。因此，每种要素的需求曲线反映了该要素的边际生产率。

只要使用生产要素的企业是完全竞争的和利润最大化的，每种要素的租赁价格就必须等于该要素的边际产量值。劳动、资本和土地各自赚到了它们在生产过程中的边际贡献的价值。

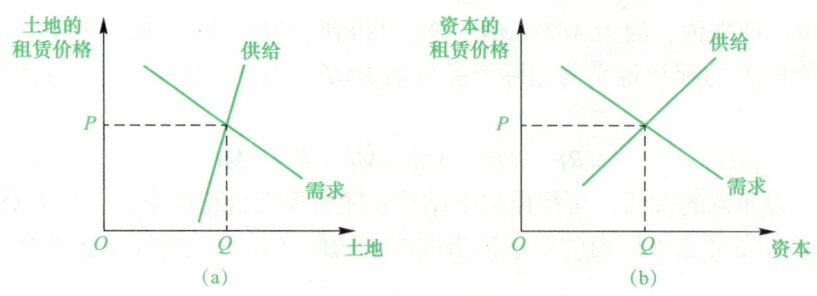

图 6-9　土地和资本的租赁价格
（a）土地市场；（b）资本市场

三、完全竞争条件下的利润

在完全竞争市场下，利润最大化为正常利润。利润最大化原则是 $MR=MC=P$，生产每一单位的成本等于生产每一单位的产品利润，也等于市场价格，所以市场均衡状态下的经济利润这个时候为 0。

在完全竞争市场中，由于企业进入或退出不受任何限制，所以当某个行业有超额利润时，其余企业会进入该行业，以获得经济利润，结果导致行业供给会增加，均衡价格下降，经济利润逐渐减少，直至为 0。如果亏损即不能获得正常利润，就会有企业退出该行业，行业供给会减少，均衡价格上升，直至获得正常利润，即经济利润为 0。因此，完全竞争市场长期均衡，企业只能获得正常利润，也就是经济利润为 0。

第四节　社会收入分配

案例导入

明星千万片酬有罪吗？

80 后和 90 后，童年一定被问到过这样一个问题：你长大后想做什么？一些孩子回答说想成为一名伟大的科学家，一些说想成为一名能治病救人的医生，一些说想成为一名教书育人的教师。那时，几乎没有孩子会说"我想成为一个大明星"，但如果我们再问今天的小学生，他们中的一些人会这样回答这个问题。

我们眼中的明星大多很漂亮，特别是参加活动时，他们会穿上漂亮的礼服。对于普通人来说，一生中可能不会穿几次。而小孩子都爱美，所以会萌生当明星的念头。看到明星们那么"闪耀"。当然，还有一点非常重要，那就是明星的收入真的很高。他们可以在很短的时间内赚很多钱，多到很多人一辈子都赚不到！

几年前，政府推出了"限薪令"，这一政策对电影行业中片酬高昂的明星产生了显著限制。然而，随着岁月的流逝，似乎大家都渐渐淡忘了"限薪令"的存在。因此，在当前的娱乐圈中，依然有众多明星要求数百万元乃至数亿元的片酬来参与一部电视剧的拍摄。

疫情爆发后，不少明星也在积极为湖北人民捐款捐物，而且他们也非常慷慨，几万、几百万甚至几千万地捐款。他们的奉献值得我们肯定。但仍在前线奋战的李兰娟院士所说的话，真是感人至深。

"疫情过后，我们希望国家能为年轻一代树立正确的生活方向。把高科技留给有能力、有道德的科研人员和军人，妥善控制娱乐圈一些"明星"的千万薪酬！只有年轻人坚强、国家强大，才能为祖国的未来发展培养自己的栋梁人才！"

李兰娟院士的话在网络上被大量网友疯狂转载，他们都表示支持李兰娟院士的观点。的确，大多数艺人和明星的收入远远高于科研人员。与普通人相比，明星们似乎赚钱很容易。但一些明星粉丝似乎不同意这种说法。他们认为明星成名也很难。他们今天的高收入也取决于他们自己的努力。而且，很多明星在获得高收入后，都在积极献爱心、行善举，明星的高收入有没有错？

《人民日报》就明星天价薪酬问题作出回应，其观点被网民概括为"三宗罪"：第一宗，一些明星的薪酬过高，已形成畸形状态，其努力与所得回报不成正比，这种状况对文艺界的正常发展构成了危害。第二宗，明星的高薪扭曲了许多真正努力付出者的价值观，并对学生群体的价值取向产生了直接影响，导致社会上出现盲目崇拜明星而轻视科学家的现象，这容易引发社会的浮躁心态和信仰危机。第三宗，盲目崇拜明星甚至超过科学家，容易引发整个社会的浮躁心态和信仰危机。

当然，也有人说，李兰娟院士不会公开发表网上流传的这样的言论，她也不会主动去触碰利益集团的奶酪。但事实上，李兰娟院士确实说过类似的话，她深切期望社会能够更加重视科学的发展，并希望每一位科研人员能够不为生计所困，安心地投身于科研工作之中。她认为，只有这样，才能吸引并激励更多的年轻人积极投身于科学研究，为国家的科技进步贡献力量。

（资料来源：小建的科技．明星千万片酬有罪吗？粉丝，这是劳动所得，人民日报却回应三句话[EB/OL].https://www.163.com/dy/article/HN6BU5EV0552ZN9V.html,2022-11-27．）

问题：
你如何看待明星的千万片酬？

> **案例解析**
>
> "明星千万片酬"的合理性背后，既有市场机制的运作、文化价值的体现，以及社会需求的支撑，同时也触发了对收入不平等和资源分配合理性问题的深刻反思。在现代社会中，收入分配的公平性备受瞩目，被视为促进社会均衡发展的关键要素。因此，为了确保社会的和谐发展，我们不仅要关注明星等高收入群体的经济收益，更应致力于提升广大社会成员的生活质量和收入水平，以实现社会整体的和谐与进步，以及可持续发展。

（一）洛伦兹曲线

生产要素价格决定理论，是收入分配论的重要部分，它从理论上说明了各个要素的收入源泉及其决定，但没有分析收入在个人之间的分布。考察国民收入在各国民之间的分配分布状况，需要考察收入分配的不平等程度。这里讲的"不平等程度"仅仅涉及数量上的不均等程度，不涉及伦理上的判断。

为了考察收入分配的不平等程度，美国统计学家 M. 洛仑兹（M.Lorenz）提出了著名的洛仑兹曲线。他首先将一国总人口按收入由低到高排队，再考虑一定累计人口比例获得的收入累计比例，如从收入最低起累计 20% 人口获得的收入累计比例为 3%，累计 40% 的人口获得累计收入比例为 8%，见表 6-1。

表 6-1 收入分配资料

人口累计（%）	收入累计（%）
0	0

（续表）

人口累计（%）	收入累计（%）
20	3
40	8
60	29
80	49
100	100

以人口累计比例为横轴，收入累计比例为纵轴，描绘以上累计百分比的对应关系，就得到洛伦兹曲线。如图 6-10 所示，曲线 ODL 即为洛伦兹曲线（实际收入分配曲线）。

洛伦兹曲线的弯曲程度反映了收入分配的不平等程度。弯曲程度越大，收入分配越不平等。如果所有收入集中于一人手中，收入分配达到完全不平等，洛伦兹曲线成为折线 OHL；如果人口累计比总是等于收入累计比，则收入分配完全平等，洛伦兹曲线是 45°线 OL。

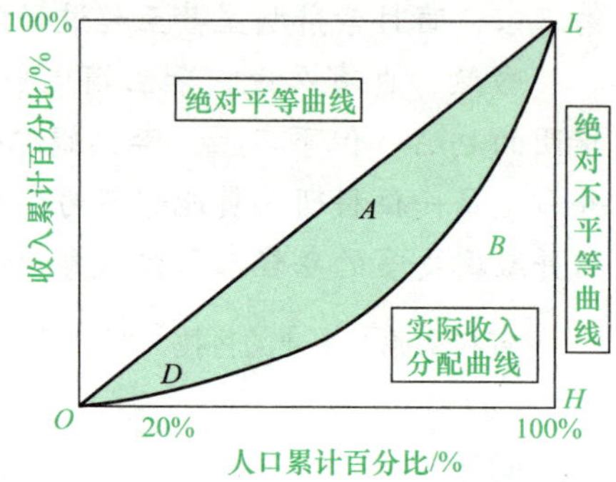

图 6-10 洛伦兹曲线

（二）基尼系数

1. 基尼系数的计算

意大利经济学家基尼（C.Gini）以洛伦兹曲线为基础，提出了判断收入分配平等程度的指标——基尼系数。在图 6-10 中，A 表示实际收入分配曲线与绝对平等曲线之间的面积，B 表示实际收入分配曲线与绝对不平等曲线之间的面积，则

$$基尼系数 = \frac{A}{A+B}$$

如果 $A = 0$，基尼系数为 0，收入绝对平等；如果 $B = 0$，基尼系数为 1，收入绝对不平等。但一般来说，基尼系数在 0 与 1 之间。基尼系数越大，收入越不平等。按照美国经济学家库兹涅茨的观点，一个国家的经济发展水平与收入分配之间存在倒 U 形关系，即在经济未充分发展阶段，收入分配将随同经济发展而趋于不平等，因而基尼系数较大；其后经历收入分配暂时无大变化的时期，到达经济充分发展阶段，收入分配将趋于平等，基尼系数将变小。

基尼系数被西方经济学家认为是一种反映收入分配平等程度的方法，也被现代国际组织（如联合国）作为衡量各国收入分配的一个尺度。按国际上通用的标准，基尼系数小于 0.2 表示绝对平等，0.2～0.3 表示比较平等，0.3～0.4 表示基本合理，0.4～0.5 表示差距较大，0.5 以上表示收入悬殊。

基尼系数具有广泛的用途，不仅可以显示国家间、各种社会集团和阶级之间的收入分配平均程度，而且可以反映财产、住房等其他项目的分配平均化程度。

2. 使用基尼系数的注意事项

基尼系数给出了反映居民之间贫富差异程度的数量界线，较全面客观地反映了居民之间的贫富差距，能预报、预警居民之间出现贫富两极分化，但基尼系数这个反映差距的指标也有局限性，在使用时须要注意：

（1）基尼系数衡量的是收入相对差距。假如每个家庭的收入都比基期年翻一番，虽然高收入户增收的绝对额要大得多，但因为所有家庭收入增加的比例是一样的，相对差距仍一样，计算得到的基尼系数也是一样的。

（2）基尼系数反映的是收入总体差距。基尼系数的变化取决于所有居民的收入相对变化，其中某一群体相对于另一个群体的收入差距的变化有可能与基尼系数的变化趋势不一致。

（3）基尼系数衡量了收入差距，却不能衡量在哪里存在分配不公。有些差距是公平合理的，例如，劳动者付出的劳动数量及质量不同，得到的收入有所不同是合理的。而有些差距是不公平的，需要进一步作深入的制度研究，找出差距原因并消除不公平的分配现象。

（4）使用不同来源、不同口径的收入基础数据会得到不同的基尼系数。例如，收入指标是否规范，用总收入指标还是可支配收入指标，收入中是否包括政府的实物福利，是否扣除年度物价因素，是否扣除地区差价等，都对基尼系数及其变化趋势有影响。在国际比较或时序比较基尼系数时，需要注意到基础数据的可比性。

2020年我国居民人均可支配收入基尼系数为0.468，比2012年的0.474下降0.006，居民收入差距总体在缩小，见图6-11。

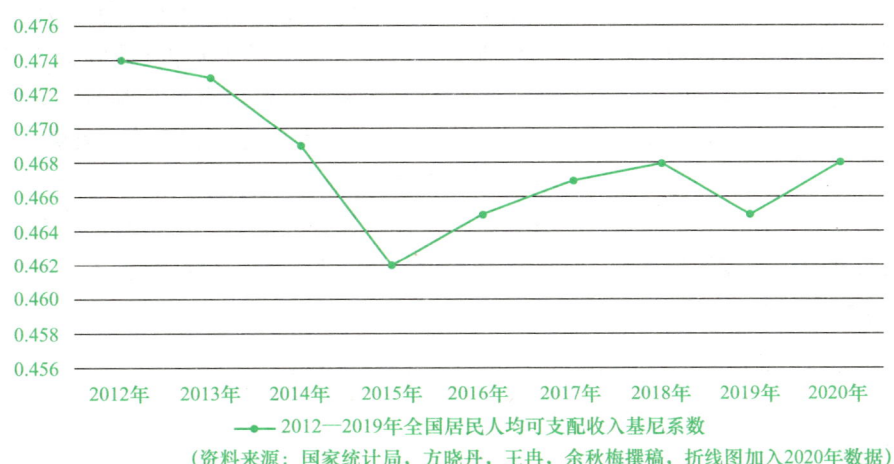

（资料来源：国家统计局，方晓丹，王冉，余秋梅撰稿，折线图加入2020年数据）

图6-11　2012—2020年全国居民人均可支配收入基尼系数

知识拓展

基尼系数

基尼系数是衡量居民间收入差距的综合指标。该指标由意大利经济学家基尼在20世纪初提出。社会中每个人的收入都一样、收入分配绝对平均时，基尼系数是0；全社会的收入都集中于一个人手中、收入分配绝对不平均时，基尼系数是1。现实生活中，这两种情况都不可能发生。每个人的收入有多有少，差距大时，基尼系数就高；差距小时，基尼系数就低。基尼系数是根据洛伦茨曲线即收入分布曲线计算的。

基尼系数是反映居民之间贫富差异程度的常用统计指标，较全面客观地反映了居民之间的贫富差距，能预报、预警居民之间出现贫富两极分化。国际上并没有一个组织或教科书给出最适合的基尼系数标准。但有不少人认为基尼系数小于0.2时，居民收入过于平均，0.2-0.3之间较为平均，0.3-0.4之间比较合理，0.4-0.5差距过大，大于0.5时差距悬殊。通常而言，与面积或人口较小的国家相比，地域辽阔、人口众多和自然环境差异较大国家的基尼系数会高一些；经济处于起步阶段或工业化前期的国家，基尼系数要大一些；而发达经济体特别是实施高福利政策国家的基尼系数要小一些。

全国居民基尼系数可以通过历年《中国住户调查统计年鉴》的第六部分"其他数据"和《中国统计年鉴》综合部分的"国民经济和社会发展比例和效益指标"查询，但没有分城乡的居民基尼系数。

（资料来源：国家统计局．怎样理解基尼系数？全国居民基尼系数怎么查找？[EB/OL].https://www.stats.gov.cn/zt_18555/zthd/lhfw/2021/rdwt/202302/t20230214_1903884.html,2021-02-18．）

知识点小结

通过本章的学习，我们掌握了生产要素需求与供给的含义以及生产要素价格的确定，并分析了在完全竞争条件下的工资、利息、地租、利润。在发达的市场经济学中，生产要素主要是由社会上的个人占有，在市场上通过商品交换的方式，出售给企业。每种生产要素都获得相应的报酬，即资本获得利息，劳动获得工资，土地获得地租，而企业家才能的报酬称为利润。社会各阶层获得的收入，源于他们提供的劳动、资本、土地和其他要素。整个社会的收入分配是否公平，取决于劳动、资本、土地和其他要素的供应者是否得到了与其相对应的补偿。经济发展过程中存在收入分配不均等问题。适当的收入分配差距可以提高经济效率，刺激经济增长。但是，过度的收入差距又会抑制经济增长并威胁社会稳定。学习完本章后，我们可以尝试从理论方面分析收入分配差距产生的原因以及影响。希望通过学习收入分配理论，可以激发读者的发散性思维，将收入分配理论应用于实际问题的分析中，反过来帮助我们更好地理解收入分配理论。

思考与练习

一、单选题

1. 厂商每增加一单位生产要素投入增加的生产力，是（　　）。
   A．边际产品价值　　　　　　B．边际收益
   C．边际产品　　　　　　　　D．边际生产力

2. 在完全竞争条件下，要素市场上的边际产品价值的公式是（　　）。
   A．$\Delta Q/\Delta L$　　B．$MP \cdot P$　　C．$\Delta T/\Delta Q$　　D．$MP \cdot MR$

3. 厂商使用生产要素最优数量的原则是（　　）。
   A．$VMP = W$　　B．$MRP = W$　　C．$MP = W$　　D．$MR = W$

4. 在完全竞争的要素市场上，整个市场的供给曲线是一条（　　）。
   A．水平线　　　　　　　　　B．垂直线
   C．向右上方倾斜的曲线　　　D．向右下方倾斜的曲线

5. 劳动的供给曲线是一条（　　）。
   A．向右上方倾斜的曲线　　　B．向后弯曲的曲线
   C．向右下方倾斜的曲线　　　D．与横轴平行的曲线

6. 随着工资水平的提高（　　）。
   A．劳动的供给量会一直增加
   B．劳动的供给量逐渐减少

C．劳动的供给量先增加，但工资提高到一定水平后，劳动的供给不仅不会增加反而减少

D．劳动的供给量增加到一定程度后就不会增加也不会减少

7．土地的供给曲线是一条（　　）。

　　A．向右上方倾斜的曲线　　　　　　B．向右下方倾斜的曲线

　　C．与横轴平行的线　　　　　　　　D．与横轴垂直的线

8．就单个劳动者而言，一般情况下，在工资率较低的阶段，劳动供给量随工资率的上升而（　　）。

　　A．上升　　　　B．下降　　　　C．不变　　　　D．不能确定

9．在完全竞争市场上，土地的需求曲线与供给曲线分别是（　　）。

　　A．水平垂直　　　　　　　　　　　B．向左下方倾斜，向右下方倾斜

　　C．向右下方倾斜，向左下方倾斜　　D．向右下方倾斜，垂直于数量轴

10．租金被定义为（　　）。

　　A．使用供给十分丰富的生产要素时支付的报酬

　　B．设备、建筑物或可以被用来制造其他商品的存货

　　C．对使用供给固定的生产要素而支付的报酬

　　D．使用土地而支付的利息率

11．假设某歌唱演员的年薪为10万元，如果他从事其他职业，最多只能得到3万元，那么该歌唱演员获得的经济地租为（　　）。

　　A．10万元　　　　B．7万元　　　　C．3万元　　　　D．不可确定

12．收入分配绝对平均时，基尼系数（　　）。

　　A．等于0　　　　B．等于1　　　　C．大于0小于1　　D．小于1

13．根据基尼系数的大小，比较下列三个国家中哪一个国家的分配最为平均。（　　）

　　A．甲国的基尼系数为0.1　　　　　　B．乙国的基尼系数为0.15

　　C．丙国的基尼系数为0.2　　　　　　D．丁国的基尼系数为0.18

14．基尼系数越小，收入分配越（　　），基尼系数越大，收入分配越（　　）。

　　A．不平均，平均　　　　　　　　　B．平均，不平均

　　C．不平均，不平均　　　　　　　　D．平均，平均

15．衡量社会收入分配公平程度的曲线是（　　）。

　　A．洛伦兹曲线　　　　　　　　　　B．菲利普斯曲线

　　C．契约线　　　　　　　　　　　　D．工资曲线

16．如果收入分配不均等，洛伦兹曲线就会（　　）。

　　A．越直　　　　B．越弯曲　　　　C．越小　　　　D．越长

17．如果收入是平均分配的，则洛伦兹曲线将会（　　）。

　　A．与纵轴重合　　　　　　　　　　B．与横轴重合

　　C．与45°线重合　　　　　　　　　D．无法判断其位置

二、问答题

1．为什么说生产要素价格理论就是分配理论？

2．简述单个劳动的供给曲线的特征、含义、原因。

3．什么叫准租金？

4．改革开放之前，我国城镇人口的基尼系数为0.18左右，现在基尼系数已接近0.5，这说明我国的收入分配发生了什么变化？如何认识这种变化？

5. 当今社会，无论在国外还是国内，明星的收入都是非常高的。在西方国家，大牌明星年收入达几千万美元并不奇怪。在国内，据报道，明星拍一集电视连续剧的收入也有一二十万元。怎样理解明星的这种高收入？这种高收入究竟合不合理？

三、计算题

假设劳动力供给为 $L_S=10W$，其中，L_S 为劳动力数量（以千万人/年计），W 为工资率（以元/小时计），劳动力需求为 $L_D = 60 - 10W$。计算不存在政府干预时的工资率与就业水平。

四、案例分析题

印度贫富差距扩大到世界严重之列

一家名为"世界不平等实验室"的欧洲智库机构针对当前印度社会贫富差距状况发布的报告引发印度舆论广泛关注。报告显示，截至2023年3月底，印度全国最富有的1%人士不仅掌握着全国四成的财富，而且其收入也占到全国总收入的22.6%。报告称，当前印度社会的贫富差距甚至超过英国殖民统治时期，达到有统计以来的最高水平。横向对比的状况同样令人震惊。报告显示，印度贫富差距在世界各国中属最严重之列。

彭博社的分析指出，从2014—2015财年到2022—2023财年，印度的贫富差距急剧扩大，这一时期与现任总理莫迪的执政时间基本重合。在此期间，印度涌现出如信实集团总裁穆克什·安巴尼和阿达尼集团董事长高塔姆·阿达尼等超级富豪，他们与莫迪的关系备受关注。报告发布后，反对党印度国大党也借此对莫迪进行了猛烈批评。

报告还深入分析了印度贫富差距的具体情况。其中，中产阶层是受损最严重的群体。在1961年至1981年间，印度中产阶层与最富有的10%人口所拥有的财富总量基本相同，但在接下来的30年里，最富有的10%人口的财富不断增长，而中产阶层的财富占比却持续下降。此外，由于印度统计数据的质量问题，研究人员认为实际的贫富差距可能比报告所展示的还要严重。

印度《德干先驱报》分析认为，当前的贫富差距已经大到政府出台一般性政策无法解决的地步，必须通过征收财富税等全面改革措施来应对。

（资料来源：甄翔. 欧洲智库：印度贫富差距急剧扩大，在世界各国中属最严重之列 [EB/OL].https://world.huanqiu.com/article/4H7y7dNYFBs, 2024-03-26.）

问题思考：

1. 基尼系数过大会带来哪些影响？
2. 目前我国的个人所得税改革，对我国基尼系数有影响吗？

第七章 国民收入核算与决定理论

PROJECT 7

知识目标
○ 了解国民收入的含义；
○ 了解国民收入的核算方法；
○ 理解国内生产总值及其他总量指标之间的关系；
○ 掌握产品市场上均衡国民收入的决定。

能力目标
○ 能运用支出法和收入法核算GDP；
○ 能运用乘数原理分析投资对国民收入的作用。

前面，我们主要从单个人、单个家庭、单个厂商的角度分析节省的问题，即微观经济学要研究的问题。从本章开始，我们将涉足宏观经济学的内容，即从全局的角度考量节约、节省，解决资源的最优配置问题。

第一节 国民生产总值

案例导入

GDP——20世纪最伟大的发现之一

美国著名的经济学家保罗·萨缪尔森说："GDP是20世纪最伟大的发现之一。"没有GDP这个发现，就无法比较国与国之间的经济实力。没有GDP这个总量指标，就无法了解我国的经济增长速度是快还是慢，是需要刺激还是需要控制。

GDP就像一把尺子、一面镜子，是衡量一国经济发展和人民生活富裕程度的重要指标。对个人而言，要判断其在经济上是否成功，首先要看其收入；对一个国家的整体经济而言，这种逻辑同样可以适用，即判断一个国家富裕还是贫穷时，首先要看人口袋里有多少钱。这就是GDP的作用。

GDP同时衡量着两件事：经济中所有人的总收入和用于经济中物品与劳务产量的总支出。GDP既衡量总收入又衡量总支出的秘诀在于，这两件事实际上是相同的。于一个整体经济而言，收入必定等于支出。其原因就是每一次交易都有买者和卖者两方。如果你雇一个小时工为你搞卫生，每小时10元，那么这种情况下，小时工是劳务的卖者，而你就是劳务的买者，小时工赚了10元，而你支出了10元。因此，无论是使用总收入来衡量GDP，还是用总支出来衡量GDP，得到的结果都是相同的。

问题：
（1）为什么要关心宏观经济？

（2）GDP有何作用？

案例解析

在财经新闻中，"国民收入"这一名词频繁出现。联合国亦以此为依据，区分发达国家与发展中国家。显然，国民收入已成为衡量国家整体经济状况的重要指标。本章将深入剖析宏观经济分析的核心指标，并对国民收入进行探讨。国民整体经济状况对我们每个人的生活影响深远，因此我们常在各类媒体中见到诸如国民生产总值（GNP）、国内生产总值（GDP）、国民生产净值（NNP）、个人收入（PI）、国民收入（NI）及个人可支配收入（PDI）等宏观经济数据。这些数据揭示的是国民整体经济状况，而非单一家庭或企业的情况。例如，按现行汇率换算，我国人均GDP已达新的水平。人均GDP的这一增长，不仅象征着消费结构的升级，更意味着我国消费模式正由基础型向发展型和享受型转变。这将加速汽车、高端电器及电脑在国内家庭的普及，并推动住房需求的迅速攀升。

2023年，我国GDP达到了126.06万亿元，增速为5.20%，人均GDP也达到了8.94万元/人，增速为5.40%，这标志着我国经济水平达到了一个新的高度。人均GDP的增长不仅象征着消费结构的升级，更意味着我国消费模式正由基础型向发展型和享受型转变。这一转变加速了汽车、高端电器及电脑在国内家庭的普及，同时，随着城市化进程的加速和居民收入的提高，住房改善型需求也呈现出快速增长的态势。这些变化不仅彰显了我国经济的蓬勃发展，也为相关产业带来了新的发展机遇，进一步证明了我国经济的持续发展和国民生活水平的不断提升。

一、国内生产总值的含义

宏观经济学研究整个社会的经济活动，首先要有定义和计量总产出或总收入的一套方法。国民收入核算就研究这套方法。核算国民经济活动的核心指标是国内生产总值（简称GDP）。什么是GDP？为了弄清这一概念，可以先从一个假定的例子谈起。假定一件上衣从生产到消费者最终使用共要经过五个阶段：种棉、纺纱、织布、制衣、销售。假设棉花的价值为15美元，并假定它都是当年新生产的价值，不再包含为生产棉花所花费的肥料、种子等价值（当然，这事实上不可能，但为说明问题起见，须做这样的假定）。再假定棉花纺成纱售价20美元，于是纺纱厂生产的价值是5美元，即增值5美元。20美元纱织成布售价30美元，于是织布厂生产的价值是10美元，即增值10美元。30美元布制成成衣卖给售衣商为45美元，于是制衣厂生产的价值是15美元，即增值15美元。售衣商卖给消费者为50美元，于是售衣商在售卖中增值5美元。可见，这件上衣在五个阶段中的价值创造增值共计15+5+10+15+5=50（美元），正好等于这件上衣的最后售价。现在这件上衣不再出售，由最后使用者即顾客消费了。像这样一种在一定时期内生产的并由其最后使用者购买的产品和劳务就称为最终产品。而棉花、纱、布等称中间产品，中间产品是指用于再出售而供生产别种产品用的产品。

上述例子说明，一件最终产品在整个生产过程中的价值增值，就等于该最终产品的价值。一个国家在一定时期内（通常指一年）会生产千千万万种最终产品。这些最终产品的价值总和就等于生产这些最终产品的各行各业新创造的价值的总和。这是该国在该时期内真正生产的价值，称为国内生产总值。因此，国内生产总值是指经济社会（即一国或一地区）在一定时期内运用生产要素生产的全部最终产品（物品和劳务）的市场价值。这一定义含有六个方面的意思。

（1）GDP是一个市场价值的概念。各种最终产品的价值都是用货币加以衡量的。产品市场价值就是用这些最终产品的单位价格乘以产量获得的。假如某国一年生产10万件上衣，每件上衣售价50美元，则该国一年生产上衣的市场价值为500万美元。

（2）GDP测度的是最终产品的价值，中间产品价值不计入GDP，否则会造成重复计算。例如，如果把棉花、纱、布及制衣厂手中的成品的价值都算作这一时期生产的价值，则其总额将是15+20+30+45+50=160（美元），而不再是50美元，但其卖价只能是50美元，因为50美元的价值才是这件上衣在生产中真正被创造出来的价值。

（3）GDP是一定时期内（往往为一年）生产而不是所售卖掉的最终产品价值。若某企业年生产100万美元产品，只卖掉80万美元，所剩20万美元的产品可看作企业自己买下的存货投资，同样应计入GDP。相反，虽然只生产了100万美元产品，然而卖掉了120万美元产品，则计入GDP的仍是100万美元，只是库存减少了20万美元而已。

（4）GDP是计算期内（如2023年）生产的最终产品价值，因而是流量而不是存量。流量是一定时期内发生的变量，存量是一定时点上存在的变量。若某人花20万美元买了一幢旧房，包括19.8万美元的旧房价值和2 000美元的经纪人费用，这19.8万美元不能计入GDP，因为它在生产年份已计算过了，但买卖这幢旧房的2 000美元经纪人费用可计入GDP，因为这笔费用是经纪人买卖旧房过程中提供的劳务价值。

（5）GDP是一国范围内生产的最终产品的市场价值，因而是一个地域概念，而与此相联系的国民生产总值（GNP）则是一个国民概念，乃指某国国民拥有的全部生产要素在一定时期内生产的最终产品的市场价值。因此，一个在日本工作的美国公民的收入要计入美国的GNP，但不计入美国的GDP，而计入日本的GDP。反之，一个在美国制造业中开设公司的日本老板取得的利润是日本GNP的一部分，不是美国GNP的一部分，但它是美国GDP的一部分。因此，若某国一定时期内的GNP超过GDP，说明该时期该国公民从外国获得的收入超过了外国公民从该国获得的收入，而GDP超过GNP时，说明的情况则正相反。

（6）GDP一般仅指市场活动导致的价值。家务劳动、自给自足生产等非市场活动不计入GDP中。

上衣生产的例子不仅说明了产出是指增值，或者说产出等于新增价值，而且还说明产出总是等于收入，以及产出总是等于支出。

为什么说产出总是等于收入呢？仍以上衣生产为例。假定棉农共生产15万美元棉花，并假定这15万美元就是新增价值，这实际上就是假定这15万美元价值是生产棉花投入的生产要素（劳动、资本、土地）共同创造的。这15万美元棉花卖给纺纱厂纺成纱卖20万美元，增值5万美元。怎么会增值的呢？因为纱厂把棉花纺成纱也需要投入劳动、资本、土地等生产要素，这5万美元的增值就是这些生产要素共同创造的。由于企业使用要素必须支付代价，雇用劳动力要付工资，使用资本要付利息，使用土地要付租金，这些要素报酬都被认为是这些要素在生产中作出的贡献，因而这5万美元的增值要转化为要素提供者的收入。假定工资是2万美元，利息是1.5万美元，地租是0.5万美元，则5万美元售价中还剩余1万美元，这1万美元就是利润。上述情况可列简表说明，见表7-1。

纱厂的情况是这样，织布厂、制衣厂、售衣商的情况也是这样。他们生产的价值，都要转化为生产要素报酬和企业利润，即转化为要素提供者和企业经营者的收入。由于把利润看作产品卖价扣除工资、利息和地租等成本支出后的余额，产出（生产的价值）才总等于收入。上例中的利润为1万美元；若工资、利息、地租之和为4.5万美元，则利润为0.5万美元；若三种报酬之和为5.5万美元，则利润为-0.5万美元，说明企业亏损了。一个企业的产出总等于收入，一个国家的总产出也必然等于总收入。

表 7-1　一个假设的纺纱厂年产出和收入报表　　　　　　　　　　单位：美元

收入（支）	产出（收）
工资和薪金　20 000	生产出成品（纱）　200 000
利息　15 000	减：购买原料棉花　150 000
地租　5 000	
利润　10 000	
总计收入　50 000	产出（增值）　50 000

　　为什么产出又总等于支出呢？这是因为最终产品的销售收入，就是最终产品购买者的支出。例如，生产了一件上衣卖 50 美元，就是购买上衣的消费者支出了 50 美元，这 50 美元就是生产和经营上衣的五个阶段的厂商（棉农、纱厂、织厂、制衣厂及售衣商）创造的价值，即产出。上衣是这样，千千万万最终产品的生产都是这样。因此，从全社会看，总产出就总等于购买最终产品的总支出。然而，假如社会某年生产了 1 万亿美元的最终产品，只卖掉 0.8 万亿美元，总产出又怎么说是等于总支出呢？在国民收入核算中，这未卖掉的 0.2 万亿美元产品被看作本企业在存货方面的投资支出，称为存货投资。由于企业把存货变化也看作自己购买自己产品的投资支出，因此，上例中的总支出就不是 0.8 万亿美元，而是 1 万亿美元了。

　　了解总产出等于总收入，总产出又等于总支出，对弄清如何核算 GDP 有着重大意义。由于总产出等于总支出，因而 GDP 也可以通过核算整个社会在一定时期内购买最终产品的支出总和来求得。这种方法称为支出法。从上述分析还可知，总产出等于总收入，因此，GDP 也可通过核算整个社会在一定时期内获得的收入来求得。这种方法叫作收入法。常用的就是支出法和收入法。

二、核算 GDP 的两种方法

（一）用支出法核算 GDP

　　用支出法核算 GDP，就是通过核算在一定时期内整个社会购买最终产品的总支出即最终产品的总卖价来计量 GDP。谁是最终产品的购买者呢，只要看谁是产品和劳务的最后使用者。在现实生活中，产品和劳务的最后使用，除了居民消费，还有企业投资、政府购买及净出口。因此，用支出法核算 GDP，就是核算经济社会（指一个国家或一个地区）在一定时期内消费、投资、政府购买以及净出口这几方面支出的总和。

1. 消费

　　消费（指居民个人消费）支出用字母 C 表示，包括购买耐用消费品（如小汽车、电视机、洗衣机等）、非耐用消费品（如食物、衣服等）和劳务（如医疗、旅游、理发等）的支出。建造住宅的支出则不包括在内。

2. 投资

　　投资指增加或更换资本资产（包括厂房、住宅、机械设备及存货）的支出，用字母 I 表示。为什么用于投资的物品也是最终产品？资本设备难道不是像中间产品一样是用来生产别的产品的吗？为什么不属于中间产品呢？要知道，资本物品（如厂房、设备等）和中间产品是有重大区别的。中间产品在生产别的产品时全部被消耗掉，但资本物品在生产别的产品过程中只是部分地被消耗。一个钢铁厂若用 40 年，则每年都只耗费部分价值，40 年后全部耗费掉。资本物品由于损耗造成的价值减少称为折旧。折旧不仅包括生产中资本物品的有形磨损，还包括资本老化带来的无形磨损。例如，一台设备使用年限虽然未到，但过时了，其价值要贬损。

投资包括固定资产投资和存货投资两大类。固定资产投资指新厂房、新设备、新商业用房以及新住宅的增加。为什么住宅建筑也属投资而不属消费？因为住宅像别的固定资产一样是长期使用，慢慢地被消耗的。

存货投资是企业掌握的存货价值的增加（或减少）。如果年初全国企业存货为1 000亿美元而年末为1 200亿美元，则存货投资为200亿美元。存货投资可能是正值，也可能是负值，因为年末存货价值可能大于也可能小于年初存货价值。

投资是一定时期内增加到资本存量中的资本流量，而资本存量是经济社会在某一时点上的资本总量。假定某国家在2023年投资900亿美元，该国2023年末资本存量可能是5 000亿美元。由于机器厂房等会不断磨损，假定每年要消耗即折旧400亿美元，则上述900亿美元投资中就有400亿美元要用来补偿旧资本消耗，净增加的投资只有500亿美元，这400亿美元因是用于重置资本设备的，故称重置投资。净投资加重置投资称为总投资。用支出法计算GDP时的投资，指的是总投资。

3. 政府购买

政府对物品和劳务的购买（G）是指各级政府购买物品和劳务的支出，如政府花钱设立法院、提供国防、建筑道路、开办学校等方面的支出。政府购买只是政府支出的一部分，政府支出的另一部分（如转移支付、公债利息等）都不计入GDP。理由是政府购买时通过雇用人员，建立公共设施、建造舰队等为社会提供了服务，而转移支付只是简单地把收入从一些人或一些组织转移到另一些人或另一些组织，没有相应的物品或劳务的交换发生。如政府给残疾人发放救济金，不是因为这些人提供了服务、创造了价值，而是因为他们丧失了劳动能力，要靠救济生活。

4. 净出口

净出口指进出口的差额。用X表示出口，用M表示进口，$(X-M)$就是净出口。进口应从本国总购买中减去，因为进口表示收入流到国外，不是用于购买本国产品的支出；出口则应加进本国总购买量，因为出口表示收入从外国流入，是用于购买本国产品的支出。因此，只有净出口才应计入总支出，它可能是正值，也可能是负值。

把上述四个项目加总，用支出法计算GDP的公式可写成

$$GDP = C + I + G + (X - M)$$

（二）用收入法核算GDP

收入法即用要素收入也即企业生产成本核算国内生产总值。严格来说，最终产品市场价值除了生产要素收入构成的成本，还有间接税、折旧、公司未分配利润等内容，因而用收入法核算的国内生产总值应包括下述一些项目。

（1）工资、利息和租金等这些生产要素的报酬。工资包括工作的酬金、津贴和福利费，也包括工资收入者必须缴纳的所得税及社会保险税。利息在这里指人们为企业提供的货币资金所得的利息收入，如银行存款利息、企业债券利息等，但政府公债利息及消费信贷利息不包括在内。租金包括出租土地、房屋等租赁收入及专利、版权等收入。

（2）非公司企业主收入，如医生、律师、农民和小店铺主的收入。他们使用自己的资金，自我雇用，其工资、利息、利润、租金常混在一起作为非公司企业的主收入。

（3）公司税前利润，包括公司所得税、社会保险税、股东红利及公司未分配利润等。

（4）企业转移支付及企业间接税。这些虽然不是生产要素创造的收入，但要通过产品价格转嫁给购买者，故也应视为成本。企业转移支付包括对非营利组织的社会慈善捐款和消费者呆账，企业间接税包括货物税或销售税、周转税。

（5）资本折旧。它虽不是要素收入，但包括在应回收的投资成本中，故也应计入GDP。

这样，按收入法计得的国民总收入 = 工资 + 利息 + 利润 + 租金 + 间接税和企业转移支付 + 折

旧。它和支出法计得的国内生产总值从理论上说是相等的，但实际核算中常有误差，因而还要加上一个统计误差。

三、国民收入的其他衡量指标

在西方国民收入核算体系中，除了要弄清国内生产总值和国民生产总值这些概念，还要弄清国内生产净值、国民收入、个人收入和个人可支配收入这些概念及其相互关系，因为这些概念都是属于从不同角度衡量国民收入。

（一）国内生产总值（GDP）

其含义在前文已有表述，它计量一定时期内一个国家的所有生产活动的价值。"某年某国产出多少"就是指国内生产总值。国内生产总值中的"总"字意指在计算各个生产单位的产出时，未扣除当期的资本耗费即折旧，如果扣除资本耗费，那就是国内生产净值。

（二）国内生产净值（NDP）

从GDP中扣除资本折旧，就得到NDP。"总"和"净"对投资也具有类似意义。总投资是一定时期内的全部投资，即建设的全部厂房设备和住宅等，而净投资是总投资中扣除了资本消耗或者说重置投资部分。例如，某企业某年购置10台机器，其中2台用来更换报废的旧机器，则总投资为10台机器，净投资为8台机器。

（三）国民收入（NI）

国民收入，在此特指根据生产要素报酬来计算的收入。要得到这一数据，需要从国内生产净值中扣除间接税和企业转移支付，同时加上政府补助金。经过这样的计算，我们得到的是一国生产要素在一定时期内为生产性服务所提供的报酬总和，包括工资、利息、租金和利润。需要注意的是，虽然间接税和企业转移支付是产品价格的组成部分，但它们并不构成要素收入；相反，政府给予企业的补助金虽然不直接体现在产品价格中，但确实属于要素收入的一部分。因此，在进行国民收入计算时，需要将间接税和企业转移支付扣除，同时将政府补助金纳入其中。

（四）个人收入（PI）

生产要素报酬意义上的国民收入并不会全部成为个人的收入。例如，利润收入中要给政府缴纳公司所得税，公司还要留下一部分利润，只有一部分利润才会以红利和股息形式分给个人。职工收入中也有一部分要以社会保险费的形式上缴有关机构。此外，人们也会以各种形式从政府那里得到转移支付，如退伍军人津贴、工人失业救济金、职工养老金、职工困难补助等。因此，从国民收入中减去公司未分配利润、公司所得税及社会保险税（费），加上政府给个人的转移支付，大体上就得到个人收入。

（五）个人可支配收入（DPI）

个人收入不能全归个人支配，因为要缴纳个人所得税，税后的个人收入才是个人可支配收入，即可用来消费或储蓄的收入。

西湖第一高楼爆破

2007年1月6日清晨，随着一声闷响，西湖第一高楼——浙江大学医学院的三号实验楼被成功定向爆破，倒塌在晨曦之中。这一爆，让浙大入账24.6亿元人民币。我这里关心的，不是浙大将怎样使用这笔钱，也不是接手大楼下面土地的香港公司将如何使用这块土地，而是这一爆对浙江GDP增长的贡献。GDP，即国内生产总值，是国内各生产环节上新增价值的总和。按常理，爆破的作用是毁掉一座建筑，也就是毁掉过去创造的价值，而不是创造新的价值。但是，按照 GDP 统计规则，这一爆创造了至少 24 亿元的 GDP！让我们看一下这是怎么回事儿。

浙大得到的 24.6 亿元可以分解成四个部分：一部分用于支付爆破公司的服务，一部分给政府交税，一部分用于抵扣大楼的净值，最后一部分用于抵扣土地原来的价格。由于是难度较大的定向爆破，付给爆破公司的费用不会低。但是，这个价格是浙江 GDP 的一部分。首先，从这个价格中扣除原材料费用，我们就得到爆破公司创造的价值；其次，如果没有爆破的发生，提供原料的厂家的销量就会下降。因此，对全社会来说，爆破的新增价值就等于浙大给爆破公司付的费用。政府税收也是计入 GDP 的，只有大楼净值和土地原来的价格要从 GDP 中扣除。但是，由于 13 年前的建筑成本不高，且经过折旧，大楼净值不会很高，而土地本来就是国家拨给原浙江医科大学的，没有成本。因此，浙大这一爆，至少创造了 24 亿元的 GDP！

（资料来源：齐世福，刘定，谭雪刚，等. 西湖第一高楼定向爆破拆除［J］. 工程爆破，2007, 13（4）：50-53.）

上述资料要说明的是宏观经济分析指标之一的国内生产总值的计量。大拆大建是促进 GDP 增长的最快手段。但是，这种增长是表面的，而不是实质性的，因为拆的过程中并没有创造实质性的产出品；相反，拆本身是在毁灭价值。

第二节 国民收入的决定与均衡

案例导入

蜜蜂的寓言[①]

自 1929 年起，资本主义世界经历了一场前所未有的大危机。超过 3000 万人失业，三分之一的工厂被迫停产，整体经济水平倒退至第一次世界大战前的状态。面对经济的极度混乱，传统经济学既无法提供合理解释，也未能提出有效解决方案。在理论界广泛探讨的背景下，英国经济学家凯恩斯从一则古老寓言中汲取了灵感。这则寓言讲述了一群蜜蜂的故事：在老蜂王的领导下，蜜蜂们过着优渥的生活，整个蜂群因此繁荣昌盛。然而，当老蜂王逝世，新蜂王继位后，他们摒弃了过往的生活方式，开始追求节俭与朴素。不幸的是，这导致了社会的衰败和经济的衰退，最终他们被敌人击败并四散逃离。受这则寓言的启发，凯恩斯创立了国民收入决定理论，进而掀起了"凯恩斯革命"，为宏观经济学的建立奠定了基础。

问题：

凯恩斯从这个寓言中得到了什么启示？

案例解析

在本节中，我们将深入探讨简单的国民收入决定模型以及凯恩斯的国民收入决定理论。凯恩斯从上述寓言中深刻领悟到了需求的重要性。他观察到，蜂群的繁荣正是由于他们过去的奢侈生活所创造出的充足需求；然而，当他们转向节俭后，有效需求的不足导致了经济的衰退。凯恩斯认为，我们的社会与蜂群有着相似之处。因此，他强调需求在推动经济增长中的关键作用，这一观点也构成了他国民收入决定理论的核心。

---

① 整理自网络。

一、简单的国民收入决定模型

凯恩斯是当代宏观经济学之父,他1936年发表的《就业、利息和货币通论》一书,创立了现代宏观经济学的理论体系,实现了西方经济学演进中的第三次革命,这在西方经济学史上是具有划时代意义的事件。另外,他在书中创造性地提出了国民收入决定理论,该理论的主要中心内容是有效需求原理。国民收入决定理论是宏观经济学的中心理论。

凯恩斯认为:均衡的国民收入水平是由总需求与总供给的相互作用决定的。在分析总需求时,有三点重要的假设。

(1)潜在的国民收入水平,即充分就业的国民收入水平是不变的。

(2)各种资源没有得到充分利用,因此,总供给可以适应总需求的增加而增加,也就是不考虑总供给对国民收入的影响。

(3)价格水平是既定的,而且暂时不考虑利息率变动、投资水平对国民收入水平的影响。

在包括居民户与厂商两个部门的经济中,总需求分为居民户的消费需求与厂商的投资需求。消费需求与投资需求可以分别用消费支出与投资支出作代表,消费支出即为消费,投资支出即为投资,所以

$$总需求 = 消费 + 投资$$

总供给是全部产品与劳务供给的总和,产品与劳务是由各种生产要素生产出来的,所以总供给是各种生产要素供给的总和,即劳动、资本、土地和企业家才能供给的总和。生产要素供给的总和可以用各种生产要素产生的收入的总和,即工资、利息、地租和利润的总和来表示。工资、利息、地租和利润是居民户得到的收入,这些收入分为消费与储蓄两部分,所以

$$总供给 = 消费 + 储蓄$$

可见,国民收入最终可以转化为消费、储蓄和投资三个因素。那么,三者之间的关系如何呢?它们又是如何决定国民收入水平的呢?

由于消费与储蓄之和等于收入总量,在收入既定的情况下,储蓄的增加,便意味着消费的减少,因而,消费与储蓄之间存在着互为消长的关系。按照凯恩斯的说法,从个人来讲,人们储蓄的主观动机主要有八种:

①为了防备不测。

②为了养老和子女教育。

③为了投资收益。

④为了日后改善生活。

⑤为了个人的独立感和有所作为。

⑥为了积累本钱以投资或发展事业。

⑦为了给后代留下遗产。

⑧为了节俭的习惯。

按凯恩斯的分析,一个厂商储蓄的动机有四种:

①为了减少借债而理性地增加投资。

②为了应付经济萧条和企业的意外变故。

③为了使企业逐步改善经营管理,增加收入。

④为了保证及时清偿债务,使企业得以稳健发展。

可见,在储蓄与消费的关系上,虽然个人与企业在储蓄动机上有所不同,但都是对现期消费的抑制。因而,储蓄与消费明显地存在着彼此对立、互为消长的关系。

二、消费函数

国民收入决定模型的研究，是从消费函数开始的。消费受各种因素的影响，其中最主要的是收入水平。我们在分析消费与收入的关系时使用了消费函数。

消费函数是表示消费与收入之间的依存关系的函数，指在其他条件不变的情况下，消费随收入的变动而同方向变动，即收入增加，消费增加；收入减少，消费减少。如果以 C 代表消费，Y 代表收入，则消费函数可以表示为

$$C=a+bY$$

在式中，a 是收入为 0 时的消费量，称为自发性消费，即指一个人基本的生活消费；bY 指随着收入变化而变化的消费量，称为引致消费，b 表示边际消费倾向，指增加的收入中用来消费的比例。

消费函数的经济含义是消费等于自发消费与引致消费之和。通过消费函数，我们再引入两个新的概念：平均消费倾向 APC 和边际消费倾向 MPC。

平均消费倾向是指消费在收入中所占的比例，其公式为

$$APC=C/Y$$

边际消费倾向是指增加的消费在增加的收入中所占的比例，其公式为

$$MPC=\Delta C/\Delta Y$$

收入增量和消费增量无限小时，上式还可以写成

$$MPC=dC/dY=b$$

如果消费函数可以表示为 $C=a+bY$，即消费和收入之间呈线性关系，那么绘图可以是一条向右上方倾斜的直线，如图 7-1 所示。

平均消费倾向和边际消费倾向有三条变化规律：

（1）平均消费倾向和边际消费倾向是递减的，即由于收入增加，消费也增加，但消费增长幅度要小于收入增长幅度。

（2）边际消费倾向是消费曲线的斜率，即 $MPC=b$。

（3）边际消费倾向总是大于 0 而小于 1；平均消费倾向则可能大于 1、等于 1 或者小于 1。

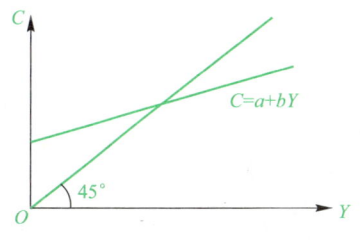

图 7-1　消费函数

平均消费倾向是大于边际消费倾向的，即 $APC>MPC$。因为平均消费倾向 $APC=C/Y=a+bY/Y=a/Y+b$，而 $MPC=b$，同时 a 和 Y 都是正数，$0<b<1$。随着收入增加，APC 逐渐趋近于 MPC。

上述是凯恩斯的消费函数理论，称为绝对收入理论。凯恩斯强调实际消费支出是实际收入的函数，这里说的实际收入是指现期、绝对、实际的收入水平，即指本期收入、收入的绝对水平和按货币购买力计算的收入。凯恩斯的绝对收入理论是现代西方消费理论的基础。

三、储蓄函数

储蓄函数是与消费函数相联系的一个概念。

储蓄是收入中没有被消费的部分。如果用 S 表示储蓄，那么储蓄 S 可以表示为

$$S=Y-C$$

如果消费函数用 $C=a+bY$ 表示，上式还可以进一步表示为

$$S=Y-C=Y-(a+bY)=-a+(1-b)Y$$

如果其他条件不变，储蓄随收入增加而增加，随收入减少而减少。同时，这种储蓄和收入的关系，还可用平均储蓄倾向 APS 和边际储蓄倾向 MPS 来说明。

平均储蓄倾向是指储蓄在收入中所占的比例，其公式为

$$APS=S/Y$$

边际储蓄倾向是指增加的储蓄在增加的收入中所占的比例，其公式为

$$MPS=\Delta S/\Delta Y$$

因为 $\Delta Y=\Delta C+\Delta S$，故 $\Delta C/\Delta Y+\Delta S/\Delta Y=1$。

平均储蓄倾向是指人们的储蓄金额在其收入中所占的比例，记为 S/Y。$Y=C+S$，所以 $C/Y+S/Y=1$。

四、均衡国民收入的决定

由于在国民经济均衡条件下总供给等于总需求，即 $c+s=c+i$，所以国民经济趋于均衡的条件可以表达为人们意愿的储蓄等于厂商意愿的投资，即 $s=i$。设储蓄函数为 $s=-100+0.25y$，它表示收入为 0 时，储蓄是负数。因此，我们对消费函数作这样的假定，收入为 0 时的消费支出为 100，收入为 400 时的消费支出为 400，储蓄为 0，这在图 7-2 中表现为储蓄曲线与横轴相交。往后，收入增加，储蓄量相应增加。平行于横轴的投资曲线 $i_1=s_1=50$ 与储蓄线相交于 E_1 点，相应地，$y=600$，它表示投资吸纳全部储蓄，国民经济趋于均衡时的国民收入的均衡值。如图 7-2 所示，若 $i_2=s_2=70$，即投资从 50 增加为 70，即 $\Delta i=20$，则国民收入的均衡值由 600 增加为 680。

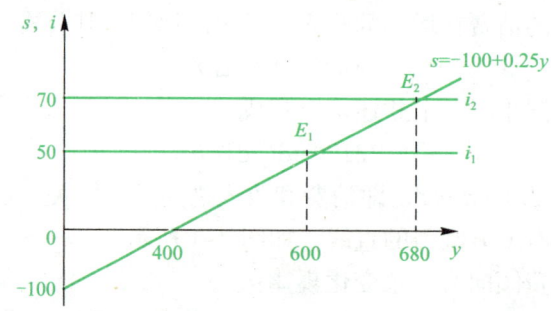

图 7-2　储蓄函数

第三节　IS-LM 模型

案例导入

欧美的"望中兴叹"

美国《华尔街日报》2022 年 6 月 29 日的文章中提到，中国正在更新其应对经济不景气的策略。过去，中国在面对经济挑战时，常常会选择大规模投资建设基础设施，如摩天大楼、大坝、公路和机场等。然而，随着时代的发展，中国正在转向新型基础设施以应对新的经济问题。

与以往召集建筑工人大兴土木不同，这次中国政府制定的是连接数据库、协调交通流和居住空间的蓝图。这显示了中国正在拓宽基础设施的概念。作为一种可靠的应急措施，基础设施在中国 2008 年为应对全球金融系统乱局而出台的巨额刺激方案中占据了重要地位。这不仅帮助中国避免了经济衰退，还推动了中国成为全球第二大经济体，建造了全球最长的铁路和高速公路网络，并在 50 多个城市建成了轨道交通。最终，中国成为了港口、大坝和 5G 移动通信等领域的全球领军者。

这是国家规划的一个壮举。然而，面对当代最深层次的经济挑战，中国的需求已经发生了变

化。由于中国已经成为中等收入国家，像以前那样大规模建设基础设施的意义已经不大。如果说过去"速度"对中国很重要，那么现在"需求"可能是最重要的考虑因素。在中国政府2022年5月公布的33项"稳经济"措施中，只有一项与基础设施建设有关。

中国领导人要求全面加强基础设施建设，但重点在于推进重大"科技"基础设施的布局建设，以提高经济增长质量。例如，推进城市群交通一体化，而非启动新的项目，以及建造新空间站等服务于国家安全利益的项目。中国一些最具雄心的传统基础设施项目已经促使一个大数据项目在今年获得批准。该项目将成为类似于"南水北调"或"西气东输"工程的新型基础设施。来自技术先进的东部地区的数据将在中国各地纵横交错，然后被传送到可享受廉价水电和风电的西部地区的服务器上。

支持者表示，中国政府修建的这种高速数据系统不仅将促进中国对光纤技术、计算机服务器、软件、工程师和一些基础设施建设的需求，还将推动中国数据处理器市场的发展，就像中国的高速公路在短短一代人的时间内将这个曾经的自行车国度转变为全球最大的汽车市场一样。

（资料来源：陈惟杉. 新基建钱从哪来？[J]. 中国新闻周刊，2022（9）：1.）

问题：
中央政府的"新基建"会产生什么作用？

案例解析

实际上，利率和投资都是变动的，而且，对总需求和国民收入影响较大。IS-LM模型是说明产品市场与货币市场同时达到均衡时国民收入与利率决定的模型。在这里，I 指投资，S 指储蓄，L 指货币需求，M 指货币供给。IS-LM模型表明了在利率与投资变动的情况下，总需求对国内生产总值的决定，以及利率与国内生产总值之间的关系。这一模型在理论上是对总需求分析的全面概括，在政策上可以用来解释财政政策与货币政策，因此，被称为凯恩斯主义宏观经济学的核心。中央政府的新型基础设施建设救市，能救的还只是经济增速下滑过快的"急"，是一针"强心剂"。

一、IS 曲线

所谓产品市场的均衡，是指产品市场上总供给与总需求相等。两部门经济中总需求等于总供给是指 $c+i=c+s$，均衡的条件是 $i=s$。

以纵轴代表利率，以横轴代表收入，则可得到一条反映利率和收入间相互关系的曲线。这条曲线上的任何一点都代表一定的利率和收入的组合。在这样的组合下，投资与储蓄都是相等的，即 $i=s$，产品市场是均衡的。因此，这条曲线称为 IS 曲线，如图 7-3 所示。

在两部门经济中，IS 曲线的数学表达式为 $i(r)=s(y)$，它的斜率为负，这表明 IS 曲线是一条向右下方倾斜的曲线。一般来说，在产品市场上，位于 IS 曲线右方的收入和利率的组合，都是投资小于储蓄的非均衡

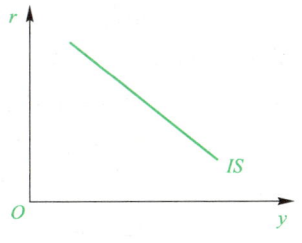

图 7-3 IS 曲线

组合；位于 IS 曲线左方的收入和利率的组合，都是投资大于储蓄的非均衡组合；只有位于 IS 曲线上的收入和利率的组合，才是投资等于储蓄的均衡组合。

IS 曲线的经济含义：

（1）描述产品市场达到宏观均衡，即 $i=s$ 时，总产出与利率之间的关系。

（2）总产出与利率之间存在着反向变化的关系，即利率提高时总产出水平趋于减少，利率降低

时总产出水平趋于增加。

（3）位于 IS 曲线上的任何点都表示 $i=s$，偏离 IS 曲线的任何点都表示没有实现均衡。

（4）如果某一点位于 IS 曲线右边，表示 $i<s$，即现行的利率水平过高，从而导致投资规模小于储蓄规模，意味着需求未能消化当期的产出，产品市场供大于求；如果某一点位于 IS 曲线的左边，表示 $i>s$，即现行的利率水平过低，从而导致投资规模大于储蓄规模，意味着当期的产出未能满足需求，产品市场供小于求。

在产品市场上利率与总产出呈反方向变动是因为利率与投资呈反方向变动。投资的目的是实现利润最大化。投资者一般要用贷款来投资，而贷款必须付出利息，所以利润最大化实际是偿还利息后净利润的最大化。这样，投资就要取决于利润率与利率。如果利润率既定，则投资就要取决于利率。利率越低，净利润就越大，从而投资就越多；反之，利率越高，净利润就越小，从而投资就越少。因此，利率与投资呈反方向变动。投资是需求的一个重要组成部分。投资增加，总需求增加；投资减少，总需求减少。而总需求又与国民收入同方向变动。因此，利率与国民收入呈反方向变动。总支出变动会引起 IS 曲线移动。

二、LM 曲线

LM 曲线表示在货币市场中，货币供给等于货币需求时，收入与利率的各种组合的点的轨迹。国民收入增加使货币交易需求增加时，利率必须相应提高，从而使货币投机需求减少，才能维持货币市场的均衡。反之，收入减少时，利率必须相应下降，否则，货币市场就不能保持均衡。在 LM 曲线上的任一点都代表一定利率和收入的组合，在这样的组合下，货币需求与供给都是相等的，也即货币市场是均衡的，如图 7-4 所示。

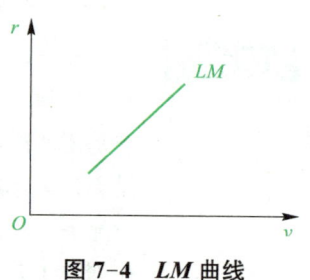

图 7-4　LM 曲线

LM 曲线的斜率为正，这表明 LM 曲线一般是向右上方倾斜的曲线。一般来说，在货币市场上，位于 LM 曲线右方的收入和利率的组合，都是货币需求大于货币供给的非均衡组合；位于 LM 曲线左方的收入和利率的组合，都是货币需求小于货币供给的非均衡组合；只有位于 LM 曲线上的收入和利率的组合，才是货币需求等于货币供给的均衡组合。

当货币供给增加时，要使货币需求等于供给，需求也要增加；货币需求增加的前提是收入增加或者利率下降。如果利率不变，则收入增加；如果收入不变，则利率下降：这都意味着 LM 曲线右移。反之，LM 曲线左移。

在货币市场上，利率与国民收入呈同方向变动可以用凯恩斯主义的货币理论来解释，货币需求 L 由 L_1 与 L_2 组成。L_1 代表出于交易动机和预防动机的货币需求，取决于国民收入，与国民收入呈同方向变动；L_2 代表出于投机动机的货币需求，取决于利率，与利率呈反方向变动。货币的供给 M 是指实际货币供给量，由中央银行的名义货币供给量与价格水平决定。货币市场均衡的条件是 $M=L=L_1+L_2$。当货币供给既定时，如果 L_1 增加，为了保持货币市场均衡，则 L_2 必然减少。L_1 的增加是国民收入增加的结果，而 L_2 的减少又是利率上升的结果。因此，在货币市场上实现均衡时，国民收入与利率之间必然是同方向变动的关系。货币供给量的变动会使 LM 曲线的位置平行移动。

三、两个市场同时均衡的利率和收入

在 IS 曲线上，有一系列利率与收入的组合使产品市场达到均衡，在 LM 曲线上，又有一系列利率和收入的组合使货币市场达到均衡，但能够使产品市场和货币市场同时达到均衡的利率和收入组合只有一个。这一均衡的利率和收入组合可以在 IS 曲线和 LM 曲线的交点上求得。IS-LM 模型是说明产品市场与货币市场同时达到均衡时利率与国民收入决定的模型。把 IS 曲线与 LM 曲线放在同一个图上，就可以得到使两个市场同时达到均衡的国民收入与利率水平，如图 7-5 所示。

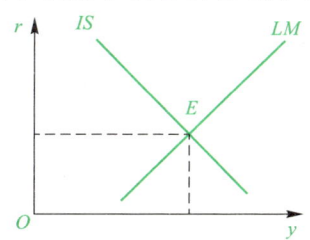

图 7-5　产品市场和货币市场的一般均衡

总支出变动会引起 IS 曲线移动，从而就会使收入与利率变动，即在 LM 曲线不变的条件下，总支出增加，IS 曲线向右上方平行移动，从而增加国民收入，利率上升；反之，总支出减少，IS 曲线向左下方平行移动，从而减少国民收入，利率下降。在三部门经济中，政府支出由政府的政策决定，所以如果把财政支出的变动作为总支出的变动，这里分析的就是财政政策对收入和利率的影响。货币量的变动会引起 LM 曲线移动，从而就会使国民收入与利率变动，即在 IS 曲线不变的条件下，货币量增加，LM 曲线向右下方平行移动，从而增加收入，利率下降；反之，货币量减少，LM 曲线向左上方平行移动，从而减少收入，利率上升。如果货币量的变动是由中央银行的货币政策的变动引起的，这里分析的就是货币政策对收入和利率的影响。当然，我们也可以同时分析总支出的变动与货币量的变动对收入与利率的影响，从而说明财政政策与货币政策的共同作用与配合。这里就不详细说明这一问题了。总之，IS-LM 模型分析了储蓄、投资、货币需求与货币供给如何影响国民收入和利率。这一模型不仅精练地概括了总需求分析，而且可以用来分析财政政策和货币政策。因此，这一模型被称为凯恩斯主义宏观经济学的核心。

应该花钱还是存钱

在我们的传统观念中，有勤俭持家的说法。有人说："大富靠天，小富靠俭。"这种勤俭就是美德的说法在中华儿女的心目中是根深蒂固的。事实上，对每一个家庭而言，储蓄存在许多方面的不确定因素。储蓄是为了"积谷防荒"，为了家人有一个安稳的日子，节俭作为美德是有其道理的。可如果每一个家庭都节俭，这对整个经济体来说并非好事。少数家庭减少消费对经济的影响比较小；可大家如果都不消费，经济体的总需求减少，厂商的产品无法销售出去，经济体系就会受到很大影响。

那么，应该多花钱还是多存钱呢？从凯恩斯主义的观点来看，要看是什么情形。在高失业率和生产能力过剩的时期，即总供给远远大于总需求的情况下，刺激总需求、鼓励人们消费的做法是正确的。可当经济已经处于充分就业时期，即总供给等于甚至是小于总需求时，一味地增加总需求将导致需求拉动型的通货膨胀。另外，在长期中，经济的增长必须依靠资本的积累，而资本的积累来自储蓄，所以在这种情况下，勤俭节约对经济是有利的。

知识点小结

1. 消费函数是描述消费支出和总收入之间的变化关系的，一般表现为 $c=a+by$（$a>0$，$0<b<1$）。储蓄被视为收入的函数：$s=s(y)$。又因为 $y=c+s$，所以 $s=y-c$。

2. 边际储蓄倾向是用来测度收入增加引起储蓄增加的程度的一个概念。同理，平均储蓄倾向是指人们的储蓄金额在其收入中所占的比例。

3. 投资是 GDP 中变动最大的一个部分。决定投资的因素有很多，主要有实际利率水平、预期收益率和投资风险等。投资与利率之间的关系称为投资函数，可以写为 $i=i(r)$。按照凯恩斯的投资理论，若资本边际效率给定，投资量取决于利息率，两者呈反方向变化。

4. 货币市场与利率的关系：①货币需求。个人与企业出于不同的动机而需要持有货币，这就形成了货币需求。凯恩斯主义经济学家认为人们持有货币的动机有交易动机、预防动机和投机动机。②货币供给。货币供应量就是流通中的货币量，由中央银行（通过公开市场活动、变动贴现率和变动准备率改变基础货币，取决于货币乘数）和商业银行（通过创造货币的机制决定流通中的货币量）决定。③利率的决定。利率由货币市场的供求决定，货币供求的变动会影响利率。

5. IS 曲线向右下方倾斜，表明产品市场实现均衡时，利率与收入呈反方向变动，这是因为利率与投资呈反方向变动。总支出的变动会使 IS 曲线的位置平行移动。当总支出增加时，IS 曲线向右上方平移；当总支出减少时，IS 曲线向左下方平行移动。LM 曲线向右上方倾斜，货币市场实现均衡时，利率与收入呈同方向变动。货币供给量的变动会使 LM 曲线的位置平行移动。当货币供给量增加时，LM 曲线向右下方平移；当货币供给量减少时，LM 曲线向左上方平移。投资的变动会引起自发总支出变动，自发总支出的变动则引起 IS 曲线的平移，从而就会使收入与利率变动。货币量的变动会引起 LM 曲线的平移，从而就会使国内生产总值与利率变动。

思考与练习

一、名词解释

1. 国民生产总值　　2. 国内生产总值　　3. IS 曲线　　4. LM 曲线

二、单项选择题

1. 国民收入决定理论认为国民收入的均衡水平决定于（　　）。

   A. 总收入　　B. 总投资　　C. 总需求　　D. 总供给

2. 国民收入决定理论认为（　　）水平不变。

   A. 均衡国民收入　　　　　　B. 潜在国民收入
   C. 名义国民收入　　　　　　D. 实际国民收入

3. 一国的 GNP 小于 GDP，说明该国公民从国外取得的产值（　　）外国公民从该国取得的产值。

   A. 大于　　　　　　　　　　B. 小于
   C. 等于　　　　　　　　　　D. 可能大于，也可能小于

4. 在下列项目中，（　　）不属于政府购买。
A. 地方政府办三所中学
B. 政府给低收入者提供一笔住房补贴
C. 政府订购一批军火
D. 政府给公务人员增加薪水
5. 据凯恩斯的绝对收入假说，随着收入增加，（　　）。
A. 消费增加，储蓄下降　　　　B. 消费下降，储蓄增加
C. 消费增加，储蓄增加　　　　D. 消费下降，储蓄下降

三、计算题

假设某经济社会的消费函数为 $c=100+0.8y$，投资为50，试求：（1）均衡的国民收入；（2）均衡的储蓄水平。

四、问答题

1. 为什么储蓄的变动会引起国民收入反方向变动？
2. 简述名义 GDP 和实际 GDP 的区别。
3. 如何理解 IS 曲线？
4. 如何理解 LM 曲线？

五、案例分析

破窗经济

某商店的玻璃被打碎后，店主花费了1 000元更换新玻璃。这笔支出随后在经济中产生了连锁反应。玻璃店老板获得这1 000元后，将其中的80%，即800元，用于购买衣服，从而成为衣服店的收入。衣服店老板又将其收入的80%，即640元，用于购买食物，这640元进而成为食品店的收入。食品店老板继续将所得收入的80%用于其他支出，以此类推。这一系列交易看似简单，却揭示了一个宏观经济现象：最初商店老板的1 000元支出，通过不同行业间的收入与支出循环，最终带动了总计5 000元的额外收入增长。

这一增长背后的原理被称为乘数原理。在此案例中，最初的投资（玻璃店老板的1 000元购买行为）引发了连锁反应，导致其他行业（如衣服店、食品店等）收入的增加总和达到5 000元，乘数为5（5 000元除以初始的1 000元）。乘数效应描述了初始投资如何在国民经济各部门间循环，使得最终收入的增加远超过初始支出的增加，倍数取决于边际支出倾向（在此例中为0.8，因此乘数为5；若边际支出倾向为0.5，则乘数为2）。边际支出倾向越大，乘数效应越显著。

破窗经济只是个例子，将这个例子换成财政支出增加就可以看出乘数效应是多么重要了。假设政府支出200亿元用于基础设施建设，这笔投资会带动建筑、水泥等各方面收入与支出的增加。近年来，我国政府加大基础设施投资支出带动整个经济走向繁荣，正是乘数效应在发挥作用。

拓展思考：
1. 查阅资料，思考什么是乘数，为什么会有乘数效应。
2. 如果将玻璃破碎换成另一种有用的投资，乘数原理是否仍然适用？

PROJECT 8

第八章 失业与通货膨胀理论

知识目标

○ 理解失业和通货膨胀的含义；
○ 掌握失业的类型、影响及治理方式；
○ 掌握通货膨胀的原因及治理对策；
○ 理解菲利普斯曲线的含义。

能力目标

○ 能运用失业相关理论解释现实经济现象；
○ 能运用通货膨胀相关知识分析现实经济形势；
○ 能运用菲利普斯曲线解释国家经济政策。

通过学习失业与通货膨胀理论，我们将理解失业与通货膨胀的含义、类型及两者之间的关系，掌握失业与通货膨胀的治理对策，能够运用所学理论解释现实中的经济现象。大学生应该提高忧患意识，认清复杂就业形势，扎实练好内功，提高自己的综合素质和能力，树立正确的就业观；还应该正确认识中国经济增长放缓的问题，理解经济增长方式转变为创新驱动增长，增强社会责任感，明确自己肩负的历史使命。

第一节 失业理论

案例导入

疫情导致城镇调查失业率攀升

一季度，就业形势基本稳定，但受3月中下旬部分地区疫情影响，稳就业压力有所加大。从全年来看，就业形势保持稳定仍有较好基础和条件，随着疫情影响得到控制，以及各项就业优先政策落地见效，就业形势有望逐渐改善。

一、一季度就业形势基本稳定

一季度，城镇调查失业率均值为5.5%，同比提高0.1个百分点。其中，主要就业群体25—59岁成年人失业率均值为4.9%，本地户籍人口失业率均值为5.5%，均与上年同期持平。城镇调查失业率保持基本稳定，主要是前两个月国民经济持续恢复，促进了就业总体稳定。1、2月份全国城镇调查失业率分别为5.3%、5.5%，环比上升主要是受春节因素影响，符合季节变化规律，与去年同期相比分别下降0.1个百分点和持平。但要看到，受疫情多发频发影响，3月份城镇调查失业率上升。

二、3月份受疫情影响就业压力加大

3月份部分地区疫情加重，节后生产经营活动恢复受到影响，建筑、交通运输、住宿餐饮、批发零售、居民服务、文化旅游等行业受影响较大，用工需求减弱，城镇调查失业率升至5.8%，比上月提高0.3个百分点。其中，主要就业群体25—59岁成年人失业率为5.2%，比上月提高0.4个百分点。从重点群体看，2月份农民工节后集中进入劳动力市场寻找工作，外来农业户籍人口（主要是进城农民工）失业率比1月份上升0.7个百分点，达到5.6%；3月份，疫情影响下外来农业户籍人口失业率继续升高至5.9%，连续两个月高于城镇失业率总体水平。

三、保持就业稳定仍有较好基础和条件

3月中下旬疫情影响加大，对经济和就业的稳定产生冲击，但从全年来看，稳就业仍有较好的基础和条件。首先，我国经济仍在恢复，适度经济增长必然需要劳动力投入的增加，有利于就业的稳定。其次，今年各项就业优先政策提质加力，《政府工作报告》中特别提出通过稳定市场主体保就业，强调落实落细稳就业举措。近期国务院常务会决定对特困行业实行阶段性缓缴养老保险政策，加大失业保险支持稳岗和培训力度。还要看到，2020年疫情出现以来，统筹疫情防控和经济社会发展已经积累了很多经验，各项政策措施也更加成熟有效。随着疫情防控形势的好转，稳就业政策的落实落细，就业形势有望逐渐得到改善。

（资料来源：国家统计局．王萍萍：受疫情影响城镇调查失业率有所上升[EB/OL].https://www.stats.gov.cn/xxgk/jd/sjjd2020/202204/t20220419_1829869.html,2022-04-19．）

问题：
新冠疫情带来的失业属于哪一种类型的失业？影响有哪些？

案例解析
新冠疫情带来的失业是结构性和周期性失业的交集，其影响深远，涉及经济、社会和政策多个层面。经济方面包括消费下降和企业倒闭的问题，社会影响包括社会不平等加剧、心理健康等问题。政策方面需要进行就业结构调整。面对失业问题，政府及社会各方面需要共同努力，采取有效措施来缓解失业带来的负面影响，促进经济复苏和社会稳定。

一、失业与充分就业

（一）失业及其界定

失业（unemployment）是指达到就业年龄具备工作能力寻找工作却未能按当时通行的实际工资水平获得工作机会的社会现象。失业的实质是劳动不能与生产资料相结合创造社会财富，因而是一种经济资源的浪费。对于就业年龄，不同国家往往有不同的规定，美国为16周岁，中国法定的工作年龄也为16周岁。

失业有很多不同的定义，世界各国对失业的界定标准也各有差异，为了国际比较的方便，目前世界上的大多数国家，如欧盟国家、OECD国家在度量失业时都遵循国际劳工组织（ILO, International Labour Organization）推荐的失业定义。

根据国际劳工组织推荐的失业标准，一个失业者必须具备三个条件，三个条件缺一不可。

（1）没有工作，即在调查期间没有从事有报酬的劳动或自我雇佣；
（2）当前可以工作，就是当前如果有就业机会，就可以工作；
（3）正在寻找工作，就是在最近采取了具体的寻找工作的步骤，如到公共的或私人的就业服务机构登记，到企业求职或刊登求职广告等。

（二）失业的衡量

衡量经济中失业状况的最基本指标是失业率。失业率是指劳动力中没有工作而又在寻找工作的

人所占的比例，失业率的波动反映了就业的波动情况。当就业率下降时，失业率上升。一般而言，失业率在经济衰退期间会上升，在经济复苏期间会下降。失业率的公式为

$$失业率 =（失业人数 \div 社会劳动力人数）\times 100\%$$
$$= 失业人数 \div（就业人数 + 失业人数）\times 100\%$$

失业率一直被视为一个反映整体经济状况的指标，而它又是每个月最先发表的经济数据，所以失业率指标被称为所有经济指标的"皇冠上的明珠"，是市场上最为敏感的月度经济指标。

知识链接

失业率增加是经济疲软的信号，可导致政府放松银根，刺激经济增长；相反，失业率下降，将形成通货膨胀，使央行收紧银根，减少货币投放。

另外，失业率数字的反面是就业数字（the employment data），其中最有代表性的是非农业就业数据。非农业就业数字为失业数字中的一个项目，该项目主要统计从事农业生产以外的职位变化情形，能反映出制造行业和服务行业的发展，数字减少便代表企业减少生产，经济步入萧条。当社会经济发展较快时，消费自然随之而增加，消费性以及服务性行业的职位也就增多。当非农业就业数字大幅增加时，理论上对汇率应当有利；反之，则相反。因此，该数据是观察社会经济和金融发展程度和状况的一项重要指标。

在美国，失业率在每月第一个周五公布。在中国，国家统计局每个月通过国家统计局数据发布库发布劳动力失业率。失业数据的月份变动可适当反映经济发展。

该指标可以用于判断一定时期内全部劳动人口的就业情况。如何解读该指标？一般情况下，失业率下降，代表整体经济健康发展，利于货币升值；失业率上升，便代表经济发展放缓衰退，不利于货币升值。若将失业率配以同期的通胀指标来分析，则可知当时经济发展是否过热，会否构成加息的压力，或是否需要通过减息以刺激经济的发展。

课堂讨论

全职家庭主妇算不算失业人员？一个领取退休金的老人处于失业状态吗？一个长期患病且不能工作的人算失业吗？一个只在每个星期天工作3小时且正在寻找全日制工作的人算失业吗？

（三）充分就业

充分就业是一个有多重含义的经济术语。它的概念是英国经济学家J.M.凯恩斯在《就业、利息和货币通论》一书中提出的，是指在某一工资水平之下，所有愿意接受工作的人，都获得了就业机会。充分就业并不等于全部就业。

在通常情况下，失业可以分为由于需求不足而造成的周期性失业、由于经济中某些难以克服的原因而造成的自然失业两种情况。消灭了周期性失业时的就业状态就是充分就业。在实际的经济生活中，一个社会的充分就业，并不是指人人都有工作，即不是指就业率为100%，充分就业与自然失业的存在并不矛盾。实现了充分就业时的失业率称为自然失业率。

充分就业率的高低，取决于劳动力市场的完善程度、经济状况等各种因素。充分就业率由各国政府根据实际情况确定，各国在各个时期确定的充分就业率都不同。第二次世界大战后，各国自然失业率有不断上升的趋势。2024年5月28日，习近平总书记在中共中央政治局第十四次集体学习时强调，促进高质量充分就业，不断增强广大劳动者的获得感、幸福感、安全感。

二、失业的类型

失业按消费者意愿划分为自愿失业和非自愿失业。

自愿失业是指求职者要求的实际工资超过其边际生产率，或者说不愿意接受现行的工作条件和收入水平而未被雇用而造成的失业。这种失业是由于劳动人口主观不愿意就业而造成的，所以被称为自愿失业，无法通过经济手段和政策消除，因而不是经济学所研究的范围。

非自愿失业，是指有劳动能力、愿意接受现行工资水平但仍然找不到工作的现象。这种失业是由客观原因造成的，因而可以通过经济手段和政策消除。经济学中的失业是指非自愿失业，包括四种类型。

（一）摩擦性失业

在实际劳动市场上，失业率总是围绕自然失业率波动，原因之一是工人寻找最适于自己的工作需要时间。由使工人与工作相匹配的过程所引起的失业即摩擦性失业（frictional unemployment），它是由经济运行中各种因素的变化和劳动力市场的功能缺陷所造成的临时性失业。经济总是变动的，人们寻找最适合自己嗜好和技能的工作需要时间，一定数量的摩擦性失业必然不可避免。

摩擦性失业的特点是行业广且涉及人员多，失业期限较短。摩擦性失业的原因有劳动力市场的动态属性、信息的不完善及现行经济制度的影响等几方面。摩擦性失业与国家经济制度的动态结构有关。在这种经济现象中，由于产业结构等方面的不断变化，原有的工作不断消失，新的工作不断产生，而工人在交换工作时需要时间，因而就产生了相应的临时性失业，即摩擦性失业。它的规模决定于失业工人和他寻找的工作匹配时遇到的结构上的困难。这种结构上的困难，主要是指缺乏就业机会的信息，缺乏就业的知识以及迅速移动必须具备的先决条件。摩擦性失业也和工人自由寻找新工作和随意变换工作有关。在自由经济中，摩擦性失业是一种经常性的失业，并非周期性的。

减少摩擦性失业的办法，主要是增加劳动力的流动性和多提供有关就业机会的信息。为了减少摩擦性失业对劳动力供给的影响，政府应采取的措施如下：

（1）完善失业保险制度，提高失业补助标准，以帮助被解雇者缓解经济压力；
（2）实施个性化就业咨询，为失业者提供定制化、个性化的就业建议；
（3）加大就业培训力度，使失业者能够掌握技能，找到合适的工作；
（4）支持和鼓励失业者创业，为他们提供投资和管理指导等。

课堂讨论

哪些原因会造成摩擦性失业呢？为什么刚毕业走入社会的大学生，尤其是名牌大学毕业的大学生摩擦性失业发生的可能性通常比较大？偏远、闭塞、经济落后地区与信息发达、经济发达地区相比，在摩擦性失业的形成上有何不同？

（二）结构性失业

结构性失业是指劳动力供给和需求不匹配造成的失业，其特点是既有失业，又有空缺职位，失业者或者没有合适的技能，或者居住地不当，因而无法填补现有的职位空缺。结构性失业在性质上是长期的，而且通常缘于劳动力的需求方。这种失业是由经济变化导致的。经济变化引起特定市场和区域中的特定类型劳动力的需求相对低于其供给。如国家今年培养了1 000万的毕业生，但其结构是技能型人才的比例偏少，而市场提供更多的是技能型岗位，便会导致人才的供给结构比例和需求结构比例不匹配，出现失业。

特定市场中劳动力的需求相对低可能由三个原因导致：第一是技术变化，原有劳动者不能适应新技术的要求，或者是技术进步使得劳动力需求下降；第二是消费者偏好的变化，消费者对产品和劳务的偏好的改变，使得某些行业扩大而另一些行业缩小，处于规模缩小行业的劳动力因而失去工作岗位；第三是劳动力的不流动性，流动成本的存在制约着失业者从一个地方或一个行业流动到另一个地方或另一个行业，从而使得结构性失业长期存在。

为了减少这类失业对劳动力供给的影响，政府应采取的措施如下：

（1）加强社会基础教育，让人们学习和掌握新技术，提高就业素质；

（2）促进新兴产业的发展，加大投资，拓展就业岗位；

（3）加大安置政策和就业救济力度，缩小业内利益集团，减少对劳动力技能市场的影响。

课堂讨论

我国农村剩余劳动力属于哪种失业？各国政府在缓解"民工潮"方面如何作为？在知识经济时代，就业竞争日益严峻，大学生如何降低自己失业的概率呢？

（三）周期性失业

周期性失业是指经济周期波动造成的失业，即经济周期中的衰退或萧条阶段时，因需求下降而导致的失业。当经济发展处于一个周期中的衰退期时，社会总需求不足，因而厂商的生产规模缩小，降低了总产出，从而导致较为普遍的失业现象。周期性失业对不同行业的影响是不同的，一般来说，需求的收入弹性越大的行业，周期性失业的影响越严重。

也就是说，人们收入下降，产品需求大幅度下降的行业，周期性失业的情况比较严重。通常用紧缩性缺口来说明这种失业产生的原因。紧缩性缺口是指实际总需求小于充分就业的总需求时，实际总需求与充分就业总需求之间的差额。在图8-1中，横轴 OY 代表国民收入，纵轴 AD 代表总需求，当国民收入为 Y_f 时，经济中实现了充分就业，Y_f 为充分就业的国民收入，实现这一国民收入水平所要求的总需求水平为 AD_f，即充分就业的总需求。但实际的总需求为 AD_0，这一总需求水平决定的国民收入为 Y_0，Y_0 小于 Y_f，这就必然引起失业。Y_0 小于 Y_f 是 AD_0 小于 AD_f 造成的。因此，实际总需求 AD_0 与充分就业总需求 AD_f 之间的差额就是这种失业的根源。这种失业是由总需求不足引起的，故而也称为"需求不足的失业"。

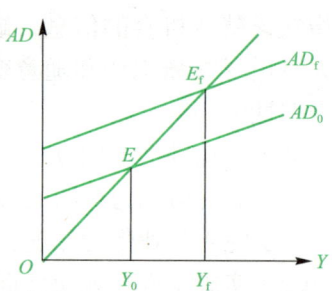

图8-1 紧缩性缺口

为了减少这类失业对劳动力供给的影响，政府可以采取的措施如下：

（1）加大社会就业项目投资，增加就业机会，减缓经济周期对就业的影响；

（2）实施宏观调控政策，保持经济稳定，以促进就业；

（3）对被裁员者开展就业培训，提高他们的就业竞争力；

（4）完善失业保险制度，减轻失业群众的经济负担。

课堂讨论

自然因素的影响使得某些行业的生产具有季节性，因而造成了行业员工的工作时间带有周期性特点。这属于周期性失业吗？为什么？

(四)技术性失业

技术性失业指的是在生产过程中引进先进技术代替人力,以及改善生产方法和管理而造成的失业。从长远角度,劳动力的供求总水平不因技术进步而受到影响;从短期角度看,先进的技术、生产力和完善的经营管理以及生产率的提高,必然会取代一部分劳动力,从而使一部分人失业。属于这种失业的工人都是因为文化技术水平低,不能适应现代化的技术要求。如智能无人驾驶公交车广泛运营后,将会有更多的公交车司机失业。

> **延伸阅读**
>
> #### 我们需要担心技术性失业吗?
>
> 法国经济学家菲利普·阿吉翁认为,从经济史的角度来看,因为技术革新而造成技术性失业的担忧从来没有变成现实。菲利普·阿吉翁和他的研究团队解释了为什么人工智能革命不会摧毁就业。
>
> 对技术革命,我们应该担忧还是期盼?一方面,我们或许感到害怕,因为技术革命会加快工作的自动化,用机器取代人力来完成任务;另一方面,我们则会持欢迎态度,因为它们会催生一系列次级创新,影响经济中的所有部门,促进增长。
>
> 自20世纪30年代以来,经济学家开始关注"技术性失业"——这一术语是由凯恩斯引入的。他在1930年写道:"我们正在感染一种新的疾病,某些读者或许还不知晓这种疾病之名,但今后数年将频繁听到,那就是技术性失业。"列昂惕夫于1952年指出:"劳动将变得越来越无关紧要……更多的工人将被机器取代,我认为这些新产业不可能聘用所有希望得到工作的人。"
>
> 我们如何测算自动化对就业的总体效应?要找到一个自动化衡量指标来考察与就业的相关关系,是艰巨的挑战。我们首先会遇到商业机密问题,但最困难的地方是对自动化本身的测算:是否只需要看机器的数量?假定如此,是哪些类型的机器?如何把各种机器"累加"起来?是否要考虑它们的功效?
>
> 我们的测算结果显示,自动化对就业其实有正面促进作用,而且随时间加强。一家工厂的自动化程度在当前提升1个百分点,会使2年后的就业提高0.25%,使10年后的就业提高0.4%。特别需要指出,这个效应对非技能制造业工人依然为正。或者说,与人们的预想相反,自动化给工厂创造的就业岗位多于摧毁的就业岗位。
>
> 应该看到,自动化带来的积极效应不止于就业方面。我们还发现,自动化会使销售额增加,消费价格下降。因此,它促进的生产率收益被员工、消费者和企业等各方分享。
>
> 那么,如何解释自动化水平与就业在企业层面的这种正向关系?我们很快能想到的一种解释是,自动化水平较高的企业有更高的生产率,它们的产品能比竞争对手给消费者带来更大价值,从而扩大市场占有份额。反过来,市场份额的提升促使积极推进自动化的企业扩大生产规模,从而雇用更多的员工。
>
> 如果从个体企业提升到产业层面,乃至整个经济层面,结果又会怎样?自动化程度较高的产业的就业会增加还是减少?在这里,我们再度发现自动化与就业之间存在正向关联:自动化程度最高的产业,恰恰是就业增加最多的产业。总体而言,更多的自动化伴随着更多的就业。所以,试图减缓国内企业开展自动化的任何措施,例如对机器人征税,最终结果可能都不利于生产。
>
> 自动化本身不是就业的敌人。自动化使生产过程变得现代化,让企业更具竞争力,从而赢得新市场,雇用更多员工。这就是我们所说的生产率效应。由蒸汽机和电力推动的前两次工业革命同样出现过这种生产率效应,也同样可以由此解释为什么当时都没有造成某些人预言的大规模失业。
>
> (资料来源:菲利普·阿吉翁等著,余江等译. 创造性破坏的力量 [M]. 北京:中信出版集团,2021:79-83.)

三、失业的原因

失业主要有四大原因,即工资刚性、总需求不足、寻找工作的信息不完全和劳动者自身的原因。

(一)工资刚性

工资刚性是指工资确定之后不易变动(尤其是不易下降)的特性,即工资的弹性不足。因为工资刚性使工资不能调整到使劳动需求等于劳动供给的水平,所以造成失业。那么,工资刚性的原因又是什么呢?

1. 最低工资标准

如果劳动力市场存在失业,在工资自由调整的情况下,工资会下降,从而劳动需求增加,劳动供给减少,失业消失。可是由于最低工资标准的存在,迫使现行工资下降到最低工资水平时不能继续下降,从而使过剩的劳动供给一直存在,愿意工作的人多于工作岗位,有一些人成为失业者。

2. 工会集体谈判

当工会与企业谈判时,工会提出的工资、津贴和工作条件会比没有工会时单个员工对企业提出的高。如果工会和企业没有达成协议,工会就会组织员工罢工。由于罢工减少了生产、销售和利润,因此,面临罢工威胁的企业可能同意支付更高的工资。当工会把工资提高到均衡水平之上时,就增加了劳动供给,并减少了劳动需求,从而引起了失业。

3. 效率工资

效率工资是指企业为提高员工的生产率而支付的高于均衡水平的工资。如果工资高于均衡水平,就可以吸引高效率员工的加盟,使企业经营效率更高。除此之外,企业也担心降低工资会使高质量的劳动力转移到别的企业。另外,较高的工资会增加员工偷懒的机会成本,一旦被开除,他们将无法在其他企业得到同样高的工资。因此,即使存在超额劳动供给,企业保持高工资也是有利的。

(二)总需求不足

就业水平取决于国民收入水平,国民收入水平取决于总需求。因此,总需求不足也是失业的原因之一。

1. 边际消费倾向递减

由于边际消费倾向递减规律的存在,因而随着收入的增加,消费虽然也在增加,但在增加的收入中,用于消费的部分越来越少,从而使得消费不足,影响总需求,进而影响国民收入水平和就业。

2. 资本边际效率递减

资本边际效率是指将资本的未来收益折算为现值,并使该现值恰好等于该资本购买价格的贴现率。

资本边际效率可以简单地看作投资收益率,因为资本总是先投资在收益率最高的项目上,再投资在收益率稍低的项目上,依此类推。在风险相同的条件下,收益率越高的项目越稀缺,对资本来说,投资越多,收益率越低,所以资本边际效率递减。当资本边际效率低于资金成本(也就是利息率)的时候,投资是不划算的。因此,资本边际效率递减最终会导致投资下降甚至停止,使投资需求不足,进而影响总需求,使国民收入水平下降,失业增加。

3. 流动性偏好

流动性偏好也称为货币需求,是指由于货币具有使用上的灵活性,因而人们宁肯牺牲利息收入而储存不生息的货币来保持财富的心理倾向。凯恩斯认为，人们需要货币，有三种动机：交易动机、预防动机和投机动机。

（1）交易动机。交易动机是指人们为了应付日常交易而对货币产生的需求。货币的交易需求量取决于收入、交易的商品价格以及收入与支出的时间间隔。收入越高，交易量越大，为应付日常支出需要的货币就越多；交易的商品价格越高，需要的货币自然也就越多；收入与支出的时间间隔越长，人们越需要准备更多的货币来满足两次收入间隔期间的支出。

（2）预防动机。预防动机也称为谨慎动机，是指为了预防意外支出和收入延迟而对货币产生的需求。企业和个人为了应付意外事故、失业、疾病和其他预料之外的事情，都需要预先准备一部分货币。预防动机的货币需求取决于未来收入与支出的不确定性和收入的高低。收入与支出的不确定性越高的人，预防动机的货币需求越多；收入越高的人，为应付不时之需准备的货币也越多。

（3）投机动机。投机动机是指人们为了抓住有利的获利机会而持有一部分货币的动机。债券等有价证券的价格一般都随利率反方向变化，即利率上升，有价证券的市场价格下降；利率下降，有价证券的市场价格上升。投机者会利用利率水平和有价证券价格的变化进行投机。

当利率极低时，有价证券价格极高，人们会预期将来有价证券的价格很大概率会下跌，因此，纷纷卖出有价证券而持有货币，以待将来有价证券价格下跌之后再买入来获利。同时，由于利率极低，持有货币的利息损失基本可以忽略不计，但持有证券的风险极高，因此，人们这时候不再购买有价证券来投资，而是有多少货币就持有多少货币。这种情况被称为"凯恩斯陷阱"或"流动性陷阱"。

由于流动性陷阱的存在，当利率极低时，中央银行发行的货币都会被人们持有在手中而不能形成有效的货币供给，利率就不可能再下降，而中央银行想要通过增发货币来降低利率、刺激投资和消费以增加总需求的目的，就难以实现。

总而言之，边际消费倾向递减使消费不足，资本边际效率递减使投资不足，流动性偏好使投资不足。有效需求不足造成生产萎缩，失业率上升。

（三）寻找工作的信息不完全

个人的爱好与技术不同，工作的性质不同，可得到的工作岗位的信息是不完全的；企业关心的哪些人在找工作、在找什么工作的信息也是不完全的。信息的这种不完全导致了劳动需求和劳动供给不能及时有效地匹配，因而不可避免地存在摩擦性失业。

（四）劳动者自身的原因

随着经济的发展和产业结构的升级，产业链低端在收缩，高端则在增长。高新技术、生物医药、金融保险、电子商务等行业的迅速发展提高了对劳动者的素质、技能与专业水平的要求。如果对劳动者的教育培训不能及时适应经济结构和产业升级的变化，就会导致低劳动力供大于求，产生失业。

四、失业的影响

失业无论对个人还是对社会经济整体而言都会有一些负面影响。当实际失业率超过充分就业的失业率时，GDP 水平会下降。如果实际失业率过高，还可能带来社会的不安定。

（一）个人和家庭影响

失业威胁着作为社会单位和经济单位的家庭的稳定。没有收入或收入遭受损失，家庭的要求和需要得不到满足，家庭关系就会受到损害。西方有关的心理学研究表明，解雇造成的创伤不亚于亲友的去世或学业上的失败。2008 年夏天以来，席卷全球的金融风暴使得很多公司的高管和金融机构的高薪白领失去了令人羡慕的体面工作，失业使他们的自信心备受打击，甚至开始怀疑自身存在的价值。此外，家庭之外的人际关系也会受到失业的严重影响。一个失业者在就业的人员当中会失去尊严和影响力，面临着被同事拒绝的可能性，且可能在情感上也会受到严重打击。

失业和其他生活事件引起的紧张感指数的比较见表8-1。

表 8-1 失业和其他生活事件引起的紧张感指数的比较

生活事件	伴随事件的紧张程度	生活事件	伴随事件的紧张程度
配偶死亡	100	解雇	40
入狱	66	由于学业不良而被迫退学	37
失去工作	49	孩子离家	29
亲密朋友死亡	47	工作条件的大变化	20

资料来源：[美] 萨缪尔森，诺德豪斯. 经济学 [M]. 12版. 高鸿业，译. 北京：中国发展出版社，1992：339.

（二）经济影响

失业的经济影响可以用机会成本的概念来理解。当失业率上升时，经济中本可由失业工人生产出的产品和劳务就损失了。衰退期间的损失，就好像是销毁众多的汽车、房屋、衣物和其他物品。从产出核算的角度看，失业者的收入总损失等于生产的损失，因此，丧失的产量是计量周期性失业损失的主要尺度，因为它表明经济处于非充分就业状态。20世纪60年代，美国经济学家阿瑟·奥肯根据美国的数据，提出了经济周期性失业变动与产出变动的经验关系，被称为奥肯定律。

奥肯定律的内容：失业率每高于自然失业率1个百分点，实际GDP将低于潜在GDP 2个百分点。换一种方式说，相对于潜在GDP，实际GDP每下降2个百分点，实际失业率就会比自然失业率上升1个百分点。

西方学者认为，奥肯定律揭示了产品市场与劳动市场之间极为重要的关系，描述了实际GDP的短期变动与失业率变动的联系。根据这个定律，可以通过失业率的变动推测或估计GDP的变动，也可以通过GDP的变动预测失业率的变动。例如，实际失业率为8%，高于6%的自然失业率2个百分点，实际GDP就将比潜在GDP低4%左右。

奥肯定律给我们提供了一个可能的解决方案，即一定要保持GDP的高速增长，这样一方面能迅速提高我国人民的生活水平，同时也能较好地解决未来的就业压力。

失业者可领取一定的失业救济金，但其数额少于就业时的工资水平，因而生活相对恶化，促使其重新就业。从这一点上来说，不少西方经济学家认为，一个合理的失业率及失业现象的存在，是社会发展的必需条件之一。

人物窗

阿瑟·奥肯（Arthur M.Okun，1928—1980），美国经济学家，美国新泽西州泽西城人。1956年获哥伦比亚大学经济学博士学位，后任教于耶鲁大学，讲授经济学。1961年，担任总统经济顾问委员会成员。1964年，他又被聘为约翰逊总统经济顾问委员会成员，1968年被任命为该委员会主席。他倾向于凯恩斯主义派，长期以来致力于研究宏观经济理论及经济预测，且从事政策的制定及分析。奥肯的著作甚多，但大多是研究报告，在美国经济学界有相当的影响。他论述国内生产总值增长率与失业率之间关系的"奥肯定律"已成为经典之论。他的名著《平等与效率》是有关这一问题最权威的论著，至今仍广受重视。

（三）社会和政治影响

国家和社会对失业人员的保险和救济只能维持他们最基本的生活水平。如果为数较多的社会成员生活窘迫以至正常生活无以为继时，他们中的一些人就有可能铤而走险，违反正常的社会秩序而使自己得以生存。这样将威胁社会经济秩序的稳定，也必将引起社会大众对执政者和当局的普遍谴责，形成政府信任危机。

五、失业的治理

失业给个人、家庭、社会经济带来的损失都是惨重的，治理失业已成为当今世界一个全球性的热点和难点问题。失业的治理可以采取扩张性财政政策，如增加政府购买性支出、增加转移支付、减少税收；采取扩张性货币政策，如降低法定准备金率、降低再贴现率、在公开市场上购买证券；还可以通过供给政策，如使工人对工作职位做出更积极的反应而影响劳动供给，促使雇主愿意接受或雇用现有技能工人，以突破他们对劳动就业的限制。治理失业的对策通常包括两项。

1. 调节总需求

这类对策主要用来解决周期性失业问题，周期性失业也是社会经济中最重要、最常见的失业。由于周期性失业问题是因劳动力的需求不足而产生的，因此，治理这类失业问题的关键就是刺激需求，促进投资，扩大生产，繁荣经济，促进就业。治理失业可以使用的货币政策、财政政策等将在之后的章节中详细讲解，这里不再赘述。

2. 调整人力资源管理政策

这类措施对摩擦性失业和结构性失业比较有效，主要有两项措施。

（1）加大人力资本投资。在失业高峰时期，政府或有关机构可以通过投资劳动者，提高劳动者的文化技术水平与身体素质以适应劳动力市场的需求，来提高他们的就业能力，解决有人无岗和有岗无人的结构性失业问题。例如，针对我国的国情，可以采取延长义务教育年限，或者扩大职业技术学校办学规模，实行劳动准入制度，将沉重的人口负担转化为高素质的人力财富等方式。

（2）完善劳动力市场。失业产生的一个重要原因是劳动力市场不完善，如劳动供求信息不畅通、缺乏就业介绍机构等。因此，政府应该不断完善和增加各类就业中介机构。如发展职业介绍所，提供劳动市场的信息，帮助企业和失业者及时了解准确情况，使企业与工人迅速了解对方，提高双方匹配的速度，从而减少摩擦性失业。

第二节　通货膨胀理论

案例导入

1946年匈牙利，历史上最严重的通胀

历史上最严重的恶性通货膨胀出现在1946年上半年的匈牙利。到1946年年中，匈牙利的钞票最大面额达到100 000 000 000 000 000 000（10的20次幂）便戈，而相比之下，1944年的最大面值仅为1 000便戈。卡托研究所估计，在匈牙利通货膨胀率的最高峰，其日通货膨胀率达到了195%，大约每15.6小时物价就翻一番，月通货膨胀率约为13.6×10^{15}%。

形势如此严峻，以至于政府采用一种特殊货币用于税收和邮政付款，且每天通过电台调整。便

戈最终在当年晚些时候的一次货币单位调整中被取代。据估计，当该货币于1946年8月被取代时，匈牙利流通中的所有纸币总价值相当于1美元的千分之一。

问题：

什么是恶性通货膨胀？你了解历史上哪些恶性通货膨胀？

案例解析

通常，通货膨胀率超过50%可以称为恶性通货膨胀。目前公认的恶性通货膨胀在世界范围内只出现过三次。除开上述案例，还有另外两次。第一次发生在1923年的德国，当时第一次世界大战刚结束，德国的物价1个月内上涨了2 500%，一个马克的价值下降到仅及战前价值的一万亿分之一。第三次是发生在中国，从1937年6月到1949年5月，伪法币的发行量增加了1 445亿倍，同期物价指数上涨了36 807亿倍。恶性通货膨胀会导致严重的经济崩溃及政治动荡，应及时避免。

一、通货膨胀的定义

通货膨胀（inflation）一般指在纸币流通条件下，因货币供给大于货币实际需求，也即现实购买力大于产出供给，导致货币贬值而引起的一段时间内物价持续而普遍的上涨现象。衡量通货膨胀的指标有很多，一个很常见的叫"消费者物价指数"（CPI）。

经济学家根据不同的标准来对通货膨胀进行分类。通货膨胀按照其严重程度，可以分为三类：

（1）爬行的通货膨胀，又称温和的通货膨胀，其特点是通货膨胀率低而且比较稳定，一般在10%以内。目前，许多国家存在着这种温和的通货膨胀。很多经济学家认为，这种缓慢而逐步上升的价格对经济和收入的增长有积极的刺激作用。

（2）加速的通货膨胀，又称奔腾的通货膨胀，其特点是通货膨胀率高，一般在10%以上和100%以内。这时，货币流通速度提高而货币购买力下降。

（3）超级通货膨胀，又称恶性通货膨胀，其特点是通货膨胀率非常高，在100%以上。这种通货膨胀会引起货币完全失去信任，货币购买力猛降，最终致使经济崩溃，甚至政权更迭。

不同经济学流派关于通货膨胀的观点

马克思主义经济学家认为：当纸币发行量超过了流通中所需要的金属货币量时，纸币就会贬值，物价就会上涨。发行纸币要以贵金属为后盾，因为纸币本身没有价值，纸币增加并不能代表国家财富的增加。

资本主义古典经济学家认为：通货膨胀是指用太多的货币追逐较少的商品。

货币主义者认为：货币供应量增加，名义总需求量的增长，并不能自发带动就业量的增长，即国民收入、就业量及总供给量不会因此而变化。现代货币理论还表明，货币供应量的扩大，并不仅仅通过纸币发行的途径，更大程度上是通过信用的扩张与派生存款的创造这一途径来实现的。在信用程度很高的现代经济社会中，通过计算机网络来实现"电子货币"的划拨转账，以及各种可开列支票的存款工具所占比重的增大，使得作为现金的纸币在货币流通中所占比重更趋缩小。这样，即便纸币发行过多，也只构成货币供应量增加的一个部分。

（资料来源：王建花，宋立温. 经济学基础［M］. 南京：南京大学出版社，2018：190.）

课堂讨论

2024年1月，山东寿光白菜地头价暴涨了3倍，能否因此判断通货膨胀的发生？

二、通货膨胀的衡量

1. 通货膨胀的测算指标

通货膨胀程度是用通货膨胀率来衡量的。通货膨胀率是用百分比形式测算价格水平的变化程度，该指标可表示为

$$本期通货膨胀率 = \frac{本期价格水平 - 上期价格水平}{上期价格水平} \times 100\%$$

2. 物价指数

在实际工作中，一般不直接也不可能测算通货膨胀，而是通过物价指数间接表示。物价指数也称商品价格指数，是反映各个时期商品价格变动情况的指数，一般采用加权平均的方式，即根据某种商品在总支出中所占的比重来确定其价格的加权数的大小，通常以报告期和基期相对比的相对数来表示。物价指数是反映不同时期商品价格水平的变化方向、趋势和程度的经济指标，是经济指数的一种，它为制定、调整和检查各项经济政策，特别是价格政策提供依据。

根据计算时包括的产品和劳务范围的不同，物价指数有三种。

（1）消费价格指数。消费价格指数（CPI）也称零售物价指数或生活费用指数，是衡量各个时期居民个人日常生活用品和劳务的价格水平变化的指标。CPI只计算消费者购买商品的价格，包括购买旧货和购买进口商品，但不包括政府购买、企业购买和外国购买（出口），这是CPI和GDP计算范围上的差异。我国目前的CPI指数包括食品、衣着、医疗保健和个人用品、交通及通信、娱乐教育文化用品及服务、居住、杂项商品与服务八类。CPI是最能充分、全面反映通货膨胀率的价格指数。目前，世界各国基本上均用CPI来反映通货膨胀的程度，计算公式为

$$CPI = \frac{一组固定商品按当期价格计算的价值}{一组固定商品按基期价格计算的价值} \times 100\%$$

CPI指数已不只是央行行长和经济学家们关注的焦点，它也是普通百姓日常生活中必须密切留意的热点，正如每天上班时关注交通消息或天气预报一样。日常生活中人们经常认为物价指数就是通货膨胀率，这是认识上的误区，通货膨胀率是价格水平的变化比率通过物价指数来反映。当然，如果通货膨胀率上升，价格水平必须在每个时期都以极大的幅度上升，物价上涨和通货膨胀率下降也可以同时存在。

（2）生产价格指数。生产价格指数（PPI）又称批发价格指数，是衡量各个时期生产者在生产过程中用到的产品的价格水平的变动而得到的指数。PPI反映了包括原材料、中间产品及最终产品在内的各种商品批发价格的变化，由于反映了企业经营成本的变动，所以被企业广泛关注。同时，由于企业经营成本的上升最终往往要在消费品的零售价格中反映，因此，PPI在一定程度上预示着CPI的变化。

（3）国内生产总值折算指数。国内生产总值折算指数是名义GDP和实际GDP的比率。

$$国内生产总值折算指数 = \frac{名义GDP}{实际GDP} \times 100\%$$

$$物价指数 = 国民生产总值折算数 - 1$$

由于GDP的统计范围较广，包括所有的产品和劳务，所以用这种方法衡量通货膨胀率往往会出现高估，而衡量通货紧缩指数时又会出现低估的现象。

以上三种价格指数从不同的角度反映出通货膨胀率，其计算出的变动趋势也是基本相同的。但由于各种指数包括的范围不同，所以计算出的数值并不相同。在三种指数中，消费价格指数与人们的生活水平关系最为密切，因此，一般都用消费价格指数来衡量通货膨胀率。

知识链接

价格统计十三问

1问：怎么查询价格数据？

答：居民消费价格指数（CPI）、工业生产者价格指数（PPI）和住宅销售价格指数按月发布，月度价格指数可以通过国家统计局官方网站新闻稿（具体日期参考当年的《国家统计局主要统计信息发布日程表》）、国家统计数据发布库等渠道查询；年度价格指数可以通过国民经济和社会发展统计公报、《中国统计年鉴》、《中国价格统计年鉴》和国家统计数据发布库等渠道查询，其中70个大中城市住宅销售价格指数没有年度数据。

2问：全国居民消费价格指数与城市、农村居民消费价格指数的计算关系？

答：居民消费价格指数（CPI）是反映城乡居民购买并用于日常生活消费的一篮子商品和服务项目价格水平随时间而变动的相对数。按照城市和农村不同的消费习惯，我国分别编制了城市CPI和农村CPI。全国CPI可由城市CPI和农村CPI按照城乡居民消费支出金额加权得出。

3问：如何计算以2022年6月为对比基期的2023年8月的全国居民消费价格指数（CPI）？

答：国家统计局公布的CPI数据有同比价格指数和环比价格指数。同比价格指数一般是指当年某月与上年同月相比较计算的价格指数，环比价格指数一般是指当年某月与上月相比较计算的价格指数。

如果要计算2023年8月以2022年6月为对比基期的CPI价格指数，可以根据环比价格指数计算，计算公式为：

把2022年7月至2023年8月各月的CPI环比价格指数连乘。

4问：价格指数描述中，CPI中"上年同月=100"和"上年同期=100"有什么区别？

答："上年同月=100"和"上年同期=100"分别被称为同比价格指数和累计平均价格指数。以2023年5月的CPI为例，"上年同月=100"是指以2022年5月价格水平为对比基数的价格指数，即2023年5月价格水平与2022年5月价格水平相比的百分数；"上年同期=100"是指以2022年1—5月平均价格水平为对比基数的价格指数，即2023年1—5月平均价格水平与2022年1—5月平均价格水平相比的百分数。

5问：CPI为什么要进行基期轮换？

答：对CPI开展基期轮换遵循了价格统计调查的技术性要求，也是服务高质量发展、应对新形势新变化、确保价格统计数据质量的重要举措。

（1）对CPI开展基期轮换，使调查所涉及的商品和服务更具有代表性，更及时准确反映居民消费结构的新变化和物价的实际变动。CPI是综合反映一定时期内居民消费的商品和服务价格水平总体变动情况的相对数。由于居民消费的类别和品种成千上万，不计其数，为观察其总体价格变动情况，通常选取一组消费量较大、最能代表多数人日常消费行为的商品和服务，用它们的价格变化情况来代表全部商品和服务的价格变化情况，选出的这一组商品和服务，被形象地称为"一篮子"商品和服务。为保证价格指数的连续性和可比性，通常把"一篮子"商品和服务固定，俗称"固定篮子"。随着经济社会发展，居民消费结构也在相应发生变化，CPI调查的"固定篮子"也需要及时调整，否则就会失去代表性，无法反映居民最新的消费情况。因此，CPI基期轮换关系到价格统计调查工作的科学性和统计数据的准确性，是价格统计调查重要的基础性工作，也是国际通行惯例。

（2）我国CPI每五年进行一次基期轮换。2003年国际劳工组织建议，每五年调整一次基期，以兼顾指数的连续可比与消费结构变动的及时反映。我国也是每五年进行一次CPI基期轮换，将逢"5""0"的年份作为基期，在基期年选择"一篮子"商品和服务，五年保持不变。基期轮换时，须根据最新的居民消费结构调整调查目录、更新权数等。目前，国家统计局编制的是以2020年为基期的CPI。

6问：流通领域重要生产资料市场价格变动情况监测是怎么开展的？

答：自2014年1月开始，一般是每月4日、14日、24日发布上一旬数据，节假日顺延。反映了流通领域九大类50种生产资料市场价格监测情况，监测范围涵盖全国31个省（区、市）300多个交易市场的近2000家批发商、代理商、经销商等经营企业。

流通领域重要生产资料市场价格，是指重要生产资料经营企业的批发和销售价格。与出厂价格不同，生产资料市场价格既包含出厂价格，也包含有经营企业的流通费用、利润和税费等。出厂价格与市场价格互相影响，存在时滞，两者的变动趋势在某一时间段内有可能会出现不完全一致的情况。

7问：房价统计中70个大中城市划分的依据是什么？

答：国家统计局每月发布70个大中城市房价统计数据。70个大中城市包括直辖市、省会城市、自治区首府城市（不含拉萨市）和计划单列市等35个城市，以及唐山等35个城市。70个大中城市选择的依据主要参考了这些城市的经济实力、住宅成交量、城市规模以及区域辐射力，同时也兼顾了样本的区域代表性和房价统计工作基础。

8问：住宅销售价格指数与住宅平均销售价格有何不同？

答：住宅销售价格指数与住宅平均销售价格这两个指标都有自己特定的含义和用途。住宅销售价格指数是相对数，告诉我们价格变动了多少；住宅平均销售价格是绝对量，告诉我们一个城市各区域、各类住宅的平均成交价格是多少。

住宅销售价格指数是以基期住宅销售价格为100，计算得到的报告期住宅销售价格指数，是某一时期某个地区住宅价格总水平变动趋势和程度的相对数，主要反映由货币购买力和市场供需变化导致的价格变动。

住宅平均销售价格可以用于各地区之间的横向比较。市场研究人士可以结合某地区居民的收入水平，研究某地区房价和居民购买力之间的关系。如将住宅按区域、品质、结构等分类，还可以反映不同类型住宅价格的绝对水平。

值得注意的是，两个时期的住宅销售价格相比不一定就是价格指数。住宅销售价格包含了住宅的区域、品质、环境等众多因素。住宅的楼层和结构不同，价格也会有所差异。因此，在计算价格指数时，要充分考虑这些差异，并剔除这些差异的影响，也就是说要尽可能地寻求"同质可比"，综合考虑统计口径的一致性。

可见，价格指数的计算过程不仅很复杂，而且由于它能够最大程度地剔除掉区域、楼层套型的因素，可以更客观准确地反映一个地区住宅的"纯价格"变动情况；而平均销售价格无法避免这些因素，很容易受到这些因素变化的影响。

9问：请问在住宅价格统计中对"一、二、三线城市"的定义及划分依据？

答：为了更好地研究房地产市场形势，国家统计局将70个大中城市划分为三类：一线城市为北京、上海、广州和深圳四个城市；二线城市为省会城市、自治区首府城市（不含拉萨市）和其他副省级城市共计31个城市；三线城市为除一、二线城市之外的其他35个城市。

10问：现实生活中通常用哪些指标反映通货膨胀率？

答：对于通货膨胀各界比较认可的定义是，流通中的货币数量超过经济实际需要而引起的货币贬值和物价水平全面、持续的上涨。一般认为，居民消费价格指数（CPI）、工业生产者价格指数（PPI）、GDP平减指数等指标都可以从不同角度反映通货膨胀的程度。严格地说，CPI并不等于通货膨胀率，因为CPI只反映了居民消费领域的价格变化，而不能代表全社会总的价格变化，但从CPI的变化中，可以看出价格变动的趋势。

11问：PPI统计中是否包含增值税？

答：在我国，PPI一般指工业生产者出厂价格指数，反映工业品第一次出售时的出厂价格变化，不包含税费及运费。

12问：CPI的调查范围是什么？

答：CPI调查在全国31个省（区、市）中抽取约500个市县开展，在这些市县采用抽样调查方法抽选确定价格调查网点。目前，全国有近10万家价格调查网点，包括商场（店）、超市、农贸市场、服务网点和互联网电商等。

13问：为什么CPI与部分公众感受不一致？

答：感知差异在许多统计指标中都存在，中外皆如此，大多数国家的居民也都会抱怨统计结果与自身感受不一致。产生差异的原因很多，就CPI而言，可能有以下几个方面。

一是个体与总体、部分与全部的差异。CPI是一个综合统计指标，从影响人群看，既包括城镇居民，也包括农村居民；既包括高收入者，也包括低收入者；既包括东部地区居民，也包括西部地区居民。每个人的消费结构不同，所处地区不同，对反映总体的CPI的感受也会有差异。例如，低收入家庭的支出大部分集中在食品和水电气等生活必需品上，当食品价格涨幅相对较大时，低收入家庭的消费支出必然增加较快，对价格上涨的感受也会相对更为明显，这种感受与反映总体的CPI的变动就会存在差异。从统计内容看，CPI包括食品烟酒、衣着、居住、生活用品及服务、交通通信、教育文化娱乐、医疗保健、其他用品及服务八个大类268个基本分类，其中既有价格上涨的商品，也有价格下降的商品。每个消费者感受到的商品和服务的价格变动通常为这268个基本分类的一部分。如果仅拿这种个体对部分商品价格的感受，与反映综合水平的CPI比较，必然会感觉到差异。例如，2020年4月，全国蛋类和鲜果价格同比分别下降2.7%和10.5%，但CPI同比上涨3.3%。此时，蛋类和鲜果价格走势就与CPI走势存在差异，购买蛋类和鲜果的人群可能也会认为CPI与自身感受不一致。

二是感知度的差异。消费频率会影响人们的感知度。一般来说，人们对于自己经常消费的商品或一些生活必需品的价格变动感受较为明显，如更易感觉到猪肉、鸡蛋、鲜菜、鲜果等商品的价格变动；而对于不经常消费的商品和服务，如汽车、手机、家用电器、飞机票等，即使价格下降幅度较大，个人感受也并不明显。

三是对比时间的差异。日常生活中，人们感受到的价格变化，往往用时点价格进行比较，如今天与昨天相比，这次与上次相比。CPI是用时期均价进行比较，如同比指数是本月均价与上年同月均价对比，环比指数是本月均价与上月均价对比。实际中，常常会出现时点价格与时期均价走势相反的情况。例如，今天猪肉价格比昨天或上周下降，但由于上月价格上涨较多，本月均价仍可能高于上月。如果此时把今天与昨天或上周的价格对比感受同月度环比指数进行比较，自然会出现差异。

（资料来源：国家统计局．十四、价格统计（13）[EB/OL].https://www.stats.gov.cn/hd/cjwtjd/202302/t20230207_1902269.html,2023-10-09.）

三、通货膨胀的类型

（一）按价格上升的速度分类

1. 温和的通货膨胀

这是指年物价水平上升速率在10%以内，也称爬行式的通货膨胀，它的特点是价格上涨缓慢且可以预测，是始终比较稳定的一种通货膨胀。实际上许多国家都存在着这种通货膨胀，此时物价相对来讲比较稳定，人们比较信任货币，乐于持有货币。许多经济学家认为，这种温和而缓慢上升的价格对经济的增长有积极的刺激作用。

2. 奔腾的通货膨胀

奔腾的通货膨胀也称为疾驰的或飞奔的通货膨胀、急剧的通货膨胀。它是一种不稳定的、迅速恶化的、加速的通货膨胀。在这种通货膨胀发生时，年物价水平上升速率为10%~100%，人们对货币的信心产生动摇，公众预期价格还会进一步上涨，会采取各种手段减少损失。这种通货膨胀更为加剧，经济社会将产生动荡，所以是一种较危险的通货膨胀。

3. 恶性通货膨胀

在经济学上，恶性通货膨胀是一种不能控制的通货膨胀，在物价很快上涨的情况下，货币失去价值。恶性通货膨胀没有一个普遍公认的界定标准，一般认为年物价水平上升速率超过了100%即是。发生这种通货膨胀时，价格持续猛涨，货币购买力急剧下降，人们对货币完全失去信任，以致货币体系和价格体系最后完全崩溃，甚至出现社会动乱。产生这种通货膨胀的原因是货币供给的过度增长。

4. 受抑制的通货膨胀

受抑制的通货膨胀也称为隐蔽的通货膨胀。这种通货膨胀是指社会经济中存在通货膨胀的压力或潜在的价格上升危机，但由于政府实施了严格的价格管制政策，使通货膨胀并没有真正发生。但是，一旦政府解除或放松价格管制措施，就会发生较严重的通货膨胀。原先的一些计划经济体制国家在经济改革过程中出现的通货膨胀就属于这种情况。

苏联解体后的俄罗斯人民，过去几十年都习惯了稳定的价格，当1992年物价突然放开时，5年内价格上升1 000倍。那种以传统方式保存财富的人是最不幸的，他们眼睁睁地看着自己的财富无论是现金还是银行储蓄，一夜间化为乌有，苦不堪言。

知识链接

通货膨胀也可以解释为因纸币发行量超过商品流通中实际需要的货币量而引起的纸币贬值、物价上涨的现象。同时，它也可以定义为总供给小于总需求，物价持续上涨6个月以上，或者货币持续贬值6个月以上，物价上涨幅度大于等于3%。一般来说，物价增长率为10%以内的是温和通货膨胀，10%~100%的是奔腾通货膨胀，100%以上的是恶性通货膨胀。

课堂讨论

能否这样认为，只要物价指数上涨就意味着通货膨胀的发生，为什么？

（二）按商品的不同价格影响分类

1. 平衡的通货膨胀

平衡的通货膨胀，即每种商品的价格都按相同的比例上升。

2. 非平衡的通货膨胀

非平衡的通货膨胀，即各种商品价格上升的比例并不完全相同。如近年来，我国房地产价格迅速上升，而一般日用消费品（如家电、计算机、汽车等商品）的价格反而有下降趋势。

（三）按人们的预期程度分类

1. 未预期的通货膨胀

未预期的通货膨胀，即人们没有预料到价格会上涨，或者是价格上涨的速度超过了人们的预计。

2. 预期的通货膨胀

预期的通货膨胀，即人们预料到价格会上涨。

四、通货膨胀的原因

（一）需求拉动的通货膨胀

需求拉动的通货膨胀是指因总需求增加所引起的一般价格水平的持续和显著上涨的过程。由于总需求表现为货币数量，因而需求拉动的通货膨胀又被解释为"过多的货币追逐过少的商品"，是一种最常见的通货膨胀。

总需求是由消费需求、投资需求、政府需求和净出口构成的。按照凯恩斯主义理论，在经济处于萧条时期，总需求增加在对总收入产生影响的同时也会对价格总水平产生影响，但影响通常较小。当经济处于潜在或充分就业状态时，总需求增加就不一定能带来总收入的增加，因为总供给增加会遇到生产能力的限制。结果，总需求增加导致价格总水平上涨，就是需求拉动的通货膨胀。总需求的过度增长可能缘于私人部门的消费和投资需求增加，也可能与政府扩张性的财政和货币政策有关。

（二）结构性通货膨胀

结构性通货膨胀是指在供求基本平衡的条件下，由于个别关键性商品供求比例失调，或者由于经济部门发展不平衡而引起的通货膨胀。社会各部门劳动生产率水平和提高速度不同、发展趋势不同、与世界经济联系程度不同，但由于一方面现代社会经济结构不容易使生产要素从落后部门向先进部门转移，另一方面落后部门却又要求在工资、价格等方面向先进部门看齐，结果就会导致一般价格水平上涨。

（三）成本推动型通货膨胀

其一，国内工业化加速和生产要素价格上升。中国的工业化速度与人均收入水平提升速度加快，各类大宗产品的消费规模扩张，形成中国的初级产品消费总量与世界资源可供量之间的缺口，国际初级产品价格就会明显上涨。其二，国内生产要素价格的上升，原材料、燃料等购进价格的上涨，同时成本上涨向上下游企业传导，成为推动物品价格上涨的主要动力，最终由成本因素导致物价上涨推动通货膨胀。其三，商品的中间流通环节原因。一些食品类商品也成为中间商囤积的对象，甚至形成一定的垄断，加之游资的肆意炒作，导致农产品价格上涨，农民并没得到多少实惠。还有蔬菜、水果等产品的运输渠道不畅，运输成本高等原因。

（四）供求混合的通货膨胀

许多经济学家认为，通货膨胀的根源不是单一的总需求或总供给，而是这两者的共同作用，即"推中有拉，拉中有推"。如果通货膨胀是由需求拉动开始的，即过度需求的存在引起物价上升，这种物价上升又会使工资增加，这样供给成本增加就引起了成本推动的通货膨胀。如果通货膨胀是由成本推动开始的，即成本增加引起物价上升，这时如果没有总需求的相应增加，最终会减少生产，增加失业，从而使成本推动引起的通货膨胀停止。只有在成本推动的同时，又有总需求的增加，这种通货膨胀才能持续。

五、通货膨胀对经济的影响

通货膨胀是一种货币现象，是和各国政府、经济学家和每一个普通百姓都有关系的问题。高的通货膨胀率的确会给整个社会及其社会成员带来一系列问题，向整个社会及其每个成员征收成本。经济学家们总结出几种通货膨胀的成本。

（一）通货膨胀的再分配成本

再分配成本是指通货膨胀在全社会范围内重新分配真实收入的成本。

（1）通货膨胀降低了固定支付方的支付成本，损害了固定收入方的购买力。对固定收入方来说，其收入为固定的名义货币数额，物价上涨后，他们的名义收入不变，即收入不能随通货膨胀率变动，但是他们真实的购买力下降，其生活水平必然下降。而对支付方来说，支付的实际成本自然比通货膨胀前低，这样通货膨胀就把真实的购买力从取得收入方转移到支付方。例如，员工和企业签订三年的劳动合同，每月3 000元的固定工资收入，假设期间物价上涨一倍，员工3 000元工资的实际购买力仅是原来的一半，而企业因支付了较低的真实工资而得到好处。

（2）通货膨胀造成财富在债务人和债权人之间的财富再分配。例如，固定利率的借款合同，借款人会因通货膨胀受益，贷款人则是利益的受损方。假设借贷双方签订一年期的固定借贷利率3%的借款合同，到期时通货膨胀率为5%，借款人还是按3%利率还贷，从中受益，而贷款人收到的真实利率是-2%。

（二）通货膨胀的资源成本

通货膨胀的资源成本是指人们为了应付通货膨胀，被迫在日常生活中耗费的额外时间和资源的成本，因为人们原本可以用这些时间和资源开展其他活动。

（1）皮鞋成本。它是指人们为减少货币持有量而付出的成本。由于通货膨胀降低了货币的实际价值，为避免损失，人们一般会减少持有货币，可能会更多地跑去银行，把持有的现金放入高利息的银行账户，或者把现金变换为实物。在这些过程中，磨损了鞋底，这就是皮鞋成本的最初来源。可是，更重要的成本是人们在这个过程中牺牲了的时间和精力，这原本可使人们做更多有意义的事情。皮鞋成本初看起来是微不足道的，但是在高通货膨胀时，将是一个严重的社会问题。据统计，通货膨胀每高出正常值1个百分点，带来的不方便造成的成本约为GDP的0.05%。

（2）菜单成本。它包括印刷新清单和目录的成本，把这些新的价格表送给中间商和顾客的成本，为新价格做广告的成本，以及由于改变价格对市场影响的不确定造成的风险成本，甚至包括处理顾客对新价格抱怨的成本。这期间不仅消耗时间，而且消耗纸张、油墨，损耗打印机等。

（3）资源配置不当。市场经济依靠价格机制来配置资源，企业依据价格制定其经营策略，消费者依据各种商品和服务的质量和相对价格来购物。如果发生通货膨胀，人们往往没有足够的时间和能力来判断是绝对价格的上升还是相对价格的上涨，其结果是生产者和消费者都可能出现决策失误，造成资源浪费。

（4）税收负担扭曲。许多国家实行累进税率，税收又具有稳定性、固定性，如果发生通货膨胀，为维持不变的实际工资，会根据预期调整劳动者的名义工资水平，而名义工资的增加使纳税人进入了更高的纳税等级，使得税后的实际工资反而减少了。又如，银行付给储户的利息是名义利息，发生通货膨胀，名义利息会低于实际利息，而利息税是按照名义利息来征收，结果储户多纳税。因此，通货膨胀扭曲了征收的税。

总之，通货膨胀会引起一系列的问题，社会为此要付出一定的代价，恶性通货膨胀可能会造成政治的动荡。

延伸阅读

津巴布韦通胀率再破三位数！

津巴布韦，这个位于非洲南部的国家，近期的通胀率让全世界都为之震惊。据报道，2023年6月，津巴布韦的混合消费价格指数同比增速从上个月的86.5%飙升至175.8%，环比则从15.7%攀升至74.5%。这是五个月内同比增速首次飙升至三位数，让人不禁对津巴布韦的经济前景感到担忧。

津巴布韦的通胀率飙升，主要原因在于食品和能源成本的上涨。这个国家的经济体系中，美元占据了75%的交易份额，因此，全球的经济环境对津巴布韦的影响尤为显著。然而，津巴布韦的通胀问题并非一日之寒。这个国家的经济问题，源自多年的政策失误和管理混乱。尽管政府已经设定了1%至3%的月度通胀目标，但津巴布韦最大的行业协会津巴布韦工业联合会表示，今年实现这个目标的可能性不大。

津巴布韦的通胀问题，不仅是一个经济问题，更是一个社会问题。高通胀导致物价飞涨、生活成本急剧上升，普通民众的生活压力越来越大。同时，高通胀也会导致投资者信心下降，影响经济的长期发展。

面对这样的问题，津巴布韦政府需要采取有效的政策，稳定经济、控制通胀。同时，国际社会也应该关注津巴布韦的经济问题，提供必要的援助和支持。津巴布韦的问题，不仅是津巴布韦的问题，也是全球的问题。在全球化的今天，任何一个国家的经济问题，都可能影响全球的经济稳定。

（资料来源：边际财经实验室. 津巴布韦通胀率再破三位数！政府今年目标为3%[EB/OL].https://www.163.com/dy/article/I8B739820539BX8Z.html,2023-06-28.）

课堂讨论

凯恩斯曾写道:"据说列宁曾声称,摧毁资本主义的最好方法是摧毁其通货。通过一个持续的通货膨胀过程,政府可以隐蔽地把其公民的大部分财富收归国有。"你能用所学的经济学理论解释吗?

六、通货膨胀的治理对策

严重的通货膨胀对社会稳定和经济发展是有害的。综观市场经济国家治理通货膨胀的实践,可以总结出四种政策。

(一) 紧缩性需求管理政策

这是一种用衰退来降低通货膨胀率,通过抑制总需求来抑制需求拉动型通货膨胀的政策,即当通货膨胀严重时,采用紧缩的财政政策和货币政策,抑制总需求的增长,人为地制造一次衰退来降低通货膨胀率。可以采取的措施包括减少政府支出、增税、减少货币供给量和提高利率等。

从实施步骤来看,紧缩性需求管理政策可以分为冷火鸡政策和渐进紧缩政策两类。冷火鸡政策指政府实施剧烈的紧缩性需求管理政策,以衰退为代价来抑制通货膨胀。这种做法的代价很大,当人们的高通货膨胀预期未被政府扭转时,失业的增加和通货膨胀率的下降将是不对称的。渐进紧缩政策则是小步骤降低通货膨胀率,让人们在一段时间内承担通货膨胀持续的后果。这种做法有助于人们改变通货膨胀预期,为此付出的失业代价也较小。

(二) 收入政策

收入政策是政府通过影响人们收入的政策措施来消除成本推进型通货膨胀的办法,即通过控制价格、工资和租金,消除物价和成本的相互推动,达到制止通货膨胀的目的。收入政策的重点是控制货币工资的增长,一般具有三种形式:

(1) 工资、物价冻结,也就是政府用法律手段禁止工资与物价上涨。它通常在战争、自然灾害和通货膨胀严重的时期被采用。例如:1971年尼克松上台后,针对当时美国两位数的通货膨胀率,曾宣布工资与物价冻结三个月。这种措施能够有效而迅速地制止通货膨胀,但不能够长期使用。因为采用这种措施,价格就起不到调节经济的作用,易造成资源配置失当,降低经济活动的效率;而且,工资和物价冻结一旦结束,物价会报复性上升,引起严重的通货膨胀,所以它只能是一项应急措施。

(2) 规定工资、物价指导线,并使用税收或劝说等手段促使工会与企业主遵守。国家根据劳动生产率的增长,规定货币工资的增长幅度,并相应地制定价格上涨幅度。例如:1962年,美国劳动生产率年平均增长率为3.4%,肯尼迪政府规定货币工资增长率不得超过3.4%;英国政府在1964年规定的工资、物价指导线把工资增长率确定为3%~3.5%等。这种做法对缓解成本推动型通货膨胀能够起到一定作用,被西方国家广泛运用。

(3) 税收刺激计划,也就是把税收作为刺激手段来促使工会和企业保持低工资与低物价上涨率,以便制止通货膨胀。具体做法是政府规定货币工资增长率的基本指导线,并对那些遵守政府指导线的企业减免税收以作为奖励;同时,对得到高工资的工人增收个人所得税,对得到低工资的工人减免个人所得税。这种做法鼓励企业和工会保持低的工资上涨率,但也会造成经济活动效率的损失。因为劳动生产率提高和具有优良素质的工人应该得到高工资,而且高工资才能吸引优质的工人,所以不加区别地执行税收刺激计划将阻碍劳动生产率的提高和企业产量的增加。

（三）指数化政策

指数化政策其实不是一种治理通货膨胀的对策，它对降低物价水平不起作用，而仅仅是想逃脱通货膨胀带来的价格扭曲和金融混乱。具体而言，利率指数化是指债务契约中的利率按通货膨胀率调整以保证实际利率不变；工资指数化是指货币工资按通货膨胀率调整以保证工人实际收入不变；税收指数化是指纳税起征点和纳税等级按通货膨胀率调整。一些国家实施指数化政策，试图将经济与通货膨胀隔离开，但效果不太理想。

（四）增强中央银行的独立性

通货膨胀实质上是一种货币现象，是货币发行过多的结果，因此，治理通货膨胀就要控制货币发行。西方各国纷纷将中央银行从政府部门中独立出来，使中央银行接受国会领导，以保证中央银行制定货币政策的独立性。西方学者认为，政府的目标是短期的经济增长，一届政府可能以通货膨胀为代价换取经济增长，以显示其政绩；但具有独立性的中央银行可以对政府行为实行货币和利率控制，促使政府兼顾稳定和社会的长远利益。例如，美国、法国、意大利等国家均先后将中央银行从政府的财政部或国库部中独立出来。

第三节　失业与通货膨胀的关系

案例导入

假设在中等规模的经济体中，政府宣布进行一项大规模的基础设施建设计划，目的是促进经济增长和创造就业机会。然而，在计划启动一年后，失业率并没有出现显著的下降，反而出现了一定程度的上升。与此同时，物价持续上涨，尤其是食品和能源价格，给居民生活带来了更大的压力。

问题：

失业与通货膨胀之间有怎样的联系？

案例解析

失业与通货膨胀之间存在一定的逆向关系。然而，在实际经济中，这种关系并非固定不变。在该案例中，虽然政府推动基础设施建设以促进经济增长和就业，但由于劳动力市场结构性问题、供给链压力及货币政策的作用，通货膨胀并没有像预期那样下降，反而呈现上升趋势，可能导致滞涨的风险。

一、菲利普斯曲线的含义

在经济学上，通货膨胀和失业这两个问题之间有着密切的关系。而最先对此作出研究的，是英国经济学家威廉·菲利普斯，他于1958年在《1861—1957年英国失业和货币工资变动率之间的关系》中最先提出了著名的"菲利普斯曲线"（图8-2）。

通货膨胀与失业之间存在一种交替关系。一般来说，通货膨胀率高时，失业率低；相反，通货膨胀率低时，失业率高。最初，菲利普斯曲线表示失业率与货币工资率之间的交替关系，后来，经济学家对此作了大量的理

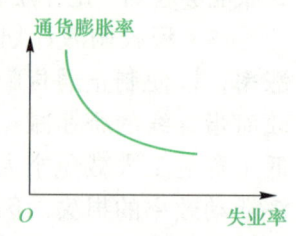

图8-2　菲利普斯曲线

论解释,尤其是萨缪尔森和索洛将原来的菲利普斯曲线发展成为用来表示失业率与通货膨胀率之间交替关系的曲线,使菲利普斯曲线获得了广泛的应用。

由于通货膨胀率和失业率对经济和政治都有很强的影响力,经济学家历来都很重视对其的研究。随着研究的深入,菲利普斯曲线也产生了三种表达方式,但其原理基本上是一致的。

第一种是在1958年由菲利普斯本人提出的,称为"失业工资"菲利普斯曲线。该曲线表明:当失业率上升时,货币工资变化率会下降;当失业率下降时,货币工资变化率会上升。

第二种菲利普斯曲线表明的是失业率与物价上涨率之间的关系,可称为"失业-物价"菲利普斯曲线,这也是如今最为常用的一种曲线,由美国经济学家萨缪尔森和索洛于1960年提出。该曲线表明:在一轮短期的经济周期里,当经济呈现上升趋势时,失业率下降,物价上涨率上升;当经济呈现下降趋势时,失业率上升,物价上涨率下降。

除此之外,还有第三种菲利普斯曲线,表明的是经济增长率与物价上涨率之间的关系,可称为"产出-物价"菲利普斯曲线。

三种菲利普斯曲线对社会经济有着重要的指导作用,特别是对政府而言。由于失业率和通货膨胀率之间存在着交替关系,因而可以运用扩张性的宏观经济政策,用较高的通货膨胀率来获得较低的失业率,也可以运用紧缩性的宏观经济政策,以较高的失业率来获得较低的通货膨胀率,为宏观经济政策的选择提供了理论依据和重要参考。

二、菲利普斯曲线的应用

菲利普斯曲线意味着可以用较高的通货膨胀率为代价,来降低失业率或实现充分就业;而要降低通货膨胀率和稳定物价,就要以较高的失业率为代价。也就是说,失业率与通货膨胀率之间存在着一种交替关系,想要降低或提高其中的一个,就要以提高或降低另一个为代价。

具体而言,一个经济社会首先要确定一个临界点,由此确定一个失业与通货膨胀的组合区域。如果实际的失业率和通货膨胀率组合在组合区域内,则政策的制定者可以不采取调节措施;如果在区域之外,则可以根据菲利普斯曲线所表示的关系开展调节。图8-3说明了这种调节过程。

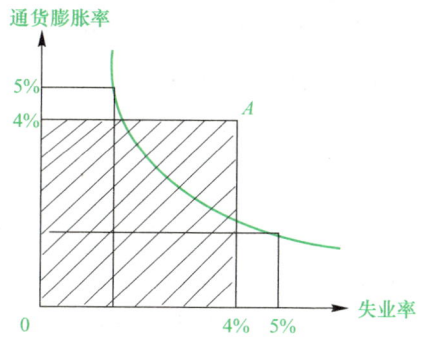

图 8-3 菲利普斯曲线的应用

在图8-3中,假定当时失业率和通货膨胀率在4%以内时,经济社会被认为是安全的或可以容忍的。这时在图中就得到了一个临界点,即A点,由此形成的一个四边形的区域,称为安全区域(图中的阴影部分)。如果该经济社会的实际失业率与通货膨胀率组合落在安全区域内,则政策制定者无须采取任何措施(政策)调节。

如果实际的通货膨胀率高于4%,如达到了5%,该经济社会的失业率仍在可接受的范围内,经济政策制定者可以采取紧缩性政策,以提高失业率为代价降低通货膨胀率。从图8-3中可以看到,当通货膨胀率降到4%以下时,经济社会的失业率是在可以接受的范围内。

如果实际的失业率高于4%时,如为5%,这时根据菲利普斯曲线,政策制定者可以采取扩张性政策，以提高通货膨胀率为代价降低失业率。从图 8-3 中可以看出，当失业率降到 4% 以下时，经济社会的通货膨胀率是在可接受的范围内。

> **延伸阅读**
>
> 沃尔克反通货膨胀的代价
>
> 　　20 世纪 70 年代末 80 年代初美联储主席沃尔克为反通货膨胀付出的代价说明了菲利普斯曲线的存在。
>
> 　　20 世纪 70 年代，滞胀一直困扰着美国。1979 年夏，通货膨胀率高达 14%，失业率高达 6%，经济增长率不到 1.5%。在这种形势下，沃尔克被卡特任命为美联储主席。沃尔克上台后把自己的中心任务定为反通货膨胀。他把贴现率提高到 12%，减少货币量，但到 1980 年 2 月通货膨胀率仍高达 14.9%。与此同时，失业率高达 10%。沃尔克顶住各方面压力，继续实施这种紧缩政策，终于在 1984 年使通货膨胀率降至 4%，开始了 20 世纪 80 年代的繁荣。
>
> 　　沃尔克反通货膨胀的最终胜利是以高失业率为代价的。经济学家把通货膨胀率减少 1% 的过程中每年国内生产总值减少的百分比称为牺牲率。国内生产总值减少必然引起失业加剧，这充分说明通货膨胀与失业之间在短期内存在交替关系，实现低通货膨胀在一定时期内以高失业为代价。
>
> 　　经济学家把牺牲率确定为 5%，即通货膨胀每年降 1%，每年的国内生产总值减少 5%。沃尔克把 1980 年 10% 的通货膨胀率降低至 1984 年的 4%，按此推理，每年减少的国内生产总值应为 30%。实际上，国内生产总值的降低并没有这么严重。其原因在于沃尔克坚定不移的反通货膨胀决心使人们对通货膨胀的预期降低，从而使菲利普斯曲线向下移动。这样，反通货膨胀的代价就小了。但代价仍然是有的，美国这一时期经历了自 20 世纪 30 年代以来最严重的衰退，失业率达到 10%。
>
> 　　反通货膨胀付出的代价证明了短期菲利普斯曲线的存在，也说明了维持物价稳定的重要性。
>
> （资料来源：王瑞杰，李军. 经济学基础 [M]. 北京：清华大学出版社，2020：211-212.）

> 痛苦指数（misery index）
>
> 　　通货膨胀率和失业率是宏观经济中的两个主要问题。痛苦指数于 20 世纪 70 年代出现，代表令人不快的经济状况。其公式为痛苦指数＝通货膨胀百分比＋失业率百分比，表示一般大众对相同升幅的通货膨胀率与失业率感受到相同程度的不愉快。现代经济学家不同意以完全负面的"痛苦"一词来形容上述通货膨胀的负面冲击。实际上，经济学家中有许多认为公众对温和通货膨胀的成见来自其相互影响，公众只记得在高通货膨胀时期相关的经济困难状况。以现代经济学家的观点来说，温和的通货膨胀是较不重要的经济问题，可由对抗滞胀来做部分中止。
>
> 　　有实证研究表明，公众对通货膨胀的忍受力是失业的 1.6 倍，因而有人提出痛苦指数的公式应该为痛苦指数＝（通货膨胀百分比/1.6）＋失业率百分比。
>
> （资料来源：王瑞杰，李军. 经济学基础 [M]. 北京：清华大学出版社，2020：212.）

> **价值引导**
>
> 新冠疫情对中国失业与通货膨胀关系的影响
>
> 　　2018 年，面对复杂的内外部经济环境，中央经济工作会议首次提出"六稳"方针。2020 年 4 月，在突如其来的疫情冲击、外部不确定性持续上升的情况下，中央又提出"六保"任务。

1. 失业率

根据国家统计局官方数据，2020年1—5月，全国城镇调查失业率分别为5.3%、6.2%、5.9%、6.0%、5.9%。同期，31个大城市城镇调查失业率分别为5.2%、5.7%、5.7%、5.8%、5.9%。2020年1—5月，我国失业率呈现出整体上升的趋势，其中以1月、2月期间的上升最为显著，3月份有所下滑，4月份又略微攀升。而31个大城市城镇调查失业率在统计期内始终低于全国城镇调查失业率水平。

由此可见，在我国新冠疫情的高峰期，因居家隔离等抗疫政策，市场经济受到了一定程度的影响，失业率不同程度地上升，对居民收入及生活水平也造成了一定的负面影响。

2. 通货膨胀率

国家统计局官方数据显示，2020年1—5月，我国居民消费价格指数（上年同月=100）分别为105.4、105.2、104.3、103.3、102.4。其中，食品烟酒类居民消费价格指数（上年同月=100）分别为115.2、116.0、113.6、111.3、108.5。2020年1—5月，我国居民消费价格指数均比2019年同月有了一定程度的上升，1月及2月的增长最为显著，整体物价月均涨幅为4.12%。其中，食品烟酒类居民消费价格指数的同期涨幅始终位于整体居民消费价格指数涨幅之上，月均涨幅高达12.92%。

由此可见，在新冠疫情高峰期，我国居民提高了各方面的生活开支水平，其中，以食品烟酒等生活必需品的开支涨幅最为突出。

通过上述两方面的分析可以看出，2020年1—5月，我国失业率和通货膨胀率实现了同步增长，其中以1月和2月疫情暴发最为严重时期的增长最为显著。

【思政感悟】在我国经济波动的上升期，受到劳动力供给因素、劳动力需求因素、国有企业改革及结构调整因素等的影响，我国城镇失业率并没有随之下降。在新冠疫情的特殊时期，我国失业率与通货膨胀率呈现出同向变动的正相关关系的原因是什么呢？根据经济学基本供求关系原理，当劳动力的供给下降时，会导致劳动力工资水平上升，从而导致生产成本上升，进而导致物价水平的上升。新冠疫情给经济增长带来了危机，也对劳动力市场需求造成了负面影响，加剧了失业率的攀升。

在新冠疫情的特殊时期，居家隔离办公政策也促生了新的经济发展模式。虽然远程办公在更早以前已被国民熟知，但相对来说仍较为小众。而此次疫情促使大批公司采用了居家办公的模式，保持业务运营，帮助员工遵守社交距离要求。众多学校与教辅机构也纷纷采取网络直播授课的方式开展教学活动。

【感悟反思】新冠疫情将推动中国制造生产方式、中国人整体工作和生活方式、中国公共服务的自助化和自动化水平提升，传统上中心外围支配的发展模式向均衡化方向发展。如能把握机遇，调整我国的生产发展、公共服务、教育体系等，减少不必要的人工成本，推动智能化的生产生活方式转型与变革，此次新冠疫情对中国的冲击，将会成为推动中国经济高质量发展革命的一次宝贵契机。面对疫情，我们应该做到：①在推进防疫常态化的同时，尽快有序全面地恢复经济社会秩序，防止一刀切、不计代价控制疫情的倾向。②启动以新基建为领衔的扩大消费投资内需的一揽子政策，加快都市圈城市群建设，保增长、保就业、保民生。③进一步加大减税、降费、增信等力度，帮助市场主体特别是民营中小微企业、生活服务行业和出口企业纾难解困，并确保落实到位。④通过以工代赈、加强创业支持、扩招研究生、开发临时岗位等进一步做好高校毕业生、农民工、就业困难人员等重点群体的稳就业工作。⑤推进房地产政策回归稳健中性，要充分发挥房地产的实体经济功能。⑥以落实要素市场化改革为契机，进一步深化改革开放，释放中国经济的增长潜力。

（资料来源：李贺. 经济学基础［M］. 上海：上海财经大学出版社，2021：244-245.）

本章主要介绍了失业的定义、类型和影响以及治理政策，失业率的计算方法。失业是经济发展好坏的晴雨表。一个国家的失业率过高时，应区分失业的类型，针对失业类型提出相应的解决对策。本章第二大部分关于通货膨胀的内容，介绍了通货膨胀的定义、通货膨胀率的计算、通货膨胀产生的原因及解决对策。失业率和通货膨胀率的关系可以用菲利普斯曲线来表示，两者存在着反向变动的关系，是因为通货膨胀使实际工资下降，从而能刺激生产，增加对劳动的需求，减少失业。

一、单项选择题

1. 某计算机助理工程师不满意现在某工厂的工作环境，辞职准备去一家信息技术公司工作，这种情况的失业属于（　　）。
   A. 周期性失业　　B. 结构性失业　　C. 古典失业　　D. 自愿失业

2. 通货膨胀是（　　）。
   A. 一般物价水平普遍而持续地上涨
   B. 货币发行量超过流通中的黄金量
   C. 货币发行量超过流通中商品的价值量
   D. 以上都是

3. 假如经济发生了严重的通货膨胀，受害者将是（　　）。
   A. 债权人　　B. 退休金领取者　　C. 债务人　　D. A和B所指的人

4. 失业率是指（　　）。
   A. 失业人口与全部人口之比
   B. 失业人口与全部就业人口之比
   C. 失业人口与全部劳动人口之比
   D. 失业人口占就业人口与失业人口之和的百分比

5. 周期性失业是指（　　）。
   A. 经济中正常的劳动力流动引起的失业　　B. 总需求不足而引起的短期失业
   C. 经济中一些难以克服的原因引起的失业　　D. 经济中一些制度上的原因引起的失业

6. 由于经济衰退而形成的失业属于（　　）。
   A. 摩擦性失业　　B. 结构性失业　　C. 周期性失业　　D. 自然失业

7. 奥肯定理说明了（　　）。
   A. 失业率和实际国民生产总值之间高度负相关的关系
   B. 失业率和实际国民生产总值之间高度正相关的关系
   C. 失业率和物价水平之间高度负相关的关系
   D. 失业率和物价水平之间高度正相关的关系

8. 经济中存在着通货膨胀的压力，由于政府实施了严格的价格管制，物价并没有上升，此时（　　）。
   A. 不存在通货膨胀　　　　　　B. 存在着温和的通货膨胀
   C. 存在着恶性通货膨胀　　　　D. 存在着隐蔽的通货膨胀

9. 下列表述中，正确的是（　　）。
A. 在任何情况下，通货膨胀对经济的影响都很小
B. 在通货膨胀可以预期的情况下，通货膨胀对经济的影响也很大
C. 在通货膨胀不能预期的情况下，通货膨胀有利于雇主而不利于工人
D. 在任何情况下，通货膨胀对经济的影响都很大
10. 工资提高而引起的通货膨胀是（　　）。
A. 需求拉动通货膨胀　　　　　　B. 成本推动通货膨胀
C. 需求拉动和成本推动型通货膨胀　　D. 结构性通货膨胀
11. 在下列通货膨胀的原因中，（　　）最可能是成本推动通货膨胀的原因。
A. 银行贷款的扩张　　　　　　　B. 预算赤字
C. 进口商品价格的上涨　　　　　D. 投资率下降
12. 菲利普斯曲线是一条描述（　　）。
A. 失业与就业之间关系的曲线　　B. 工资与就业之间关系的曲线
C. 工资与利润之间关系的曲线　　D. 失业与通货膨胀之间交替关系的曲线

二、问答题

1. 摩擦性失业与结构性失业相比，哪一种失业问题更严重些？
2. 在一国发生严重的通货紧缩的情况下，该国居民的边际消费倾向的变动特征如何？为什么？
3. 判断通货膨胀的性质对宏观经济政策的选择有何重要意义？
4. 在发生通货紧缩时，经济是否就会出现停滞或负增长？
5. 通货膨胀对名义利率和实际利率有何影响？
6. 在什么意义上，通货膨胀像一种税？把通货膨胀作为一种税如何有助于解释超速通货膨胀？

三、计算题

如果某国16周岁以上的人数是2.5亿，工作人数是2亿，失业人数是2 000万，失业率是多少？

PROJECT 9

第九章 经济周期与经济增长理论

知识目标
○ 掌握经济周期的含义及类型；
○ 理解经济增长的概念与特征。

能力目标
○ 能够利用所学理论判断经济形式，分析宏观经济问题。

人类经济发展史表明，经济增长从来都不是按部就班、风平浪静的。一个国家可以经历许多年的繁荣发展，接下来可能就会经历一些年的经济衰退，甚至遭遇一场经济危机。1997年的亚洲金融危机让人胆战心惊，2008年席卷全球的金融危机更是让人记忆犹新。当经济处于增长阶段的时候，人们会享受高速增长带来的就业上升、收入增长等福利；但当经济处于衰退阶段的时候，人们就会承受失业上升、收入下降等困难。

第一节 经济周期理论

案例导入

1825年，英国爆发了资本主义历史上的第一次生产过剩性经济危机，之后每隔十年左右就有一次这样的危机，1929年以美国为代表的世界性的经济危机震惊全球。从那时起，经济周期就成为宏观经济学的主题之一。经济增长是一个古老的话题，也是经济学家关心的问题。现代经济学家把经济周期和经济增长都作为以国内生产总值为中心的经济活动。经济周期是国内生产总值的波动，经济增长是国内生产总值的增长。

问题：

（1）从1825年英国首次爆发生产过剩性经济危机到1929年的世界性经济危机，这些历史事件如何揭示了经济周期的存在？

（2）经济周期具有哪些典型特征？

案例解析

（1）从1825年英国首次爆发生产过剩性经济危机开始，每隔一定时期，资本主义国家就会经历一次经济危机。这些危机表现为生产过剩、商品滞销、企业倒闭、银行信用危机等现象。例如，19世纪后期，欧洲和美国都经历了多次经济危机，每次危机都伴随着经济活动的剧烈波动。到了1929年，美国爆发了世界性的经济危机。这次危机不

> 仅影响了美国本土，还迅速蔓延到全球，成为资本主义历史上最严重的经济危机之一。这些历史事件表明，经济体系存在着一种周期性的波动现象，即经济周期。
>
> （2）经济周期是经济活动沿着经济发展的总体趋势所经历的有规律的扩张和收缩过程。它通常包括四个阶段：繁荣、衰退、萧条和复苏。

一、经济周期的含义

经济周期（business cycle，也叫经济循环、商业周期、商业循环）：经济活动经历的扩张与衰退相互交替，使经济总量呈螺旋式增长的现象。

理解经济周期的定义要注意三点：

（1）经济周期的中心是国民收入的波动，这种波动引起了失业率、物价水平、利率和对外贸易等活动的波动，因此，研究经济周期的关键是研究国民收入波动的规律和根源；

（2）经济周期是经济中不可避免的波动；

（3）虽然每次经济周期并不完全相同，但它们有共同之点，即每个周期都是繁荣与萧条的交替。

如图9-1所示，经济周期一般可分为两个主要阶段：扩张阶段和收缩（衰退）阶段。如果更细一些，经济周期可分为四个阶段：繁荣、衰退、萧条、复苏。其中繁荣与萧条是两个主要阶段，衰退与复苏是过渡阶段。

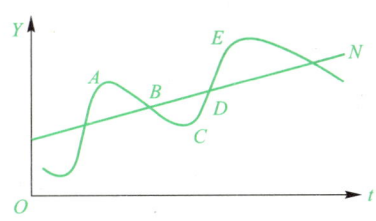

图9-1 经济周期

A为顶峰，A-B为衰退，B-C为萧条，C为谷底，C-D为复苏，D-E为繁荣，E为顶峰

经济周期四个阶段的特点：

（1）繁荣。其特征为生产迅速增加，投资增加，信用扩张，价格水平上升，就业增加，公众对未来乐观。繁荣的最高点称为顶峰，这时就业与产量水平达到最高，但股票与商品的价格开始下跌，存货增加，公众的情绪正由乐观转为悲观。这是繁荣的极盛时期，也是由繁荣转向衰退的开始。顶峰一般为1~2个月。

（2）衰退。是从繁荣到萧条的过渡时期，这时经济开始从顶峰下降，但仍未低于正常水平。

（3）萧条。其特征为生产急剧减少，投资减少，信用紧缩，价格水平下跌，失业严重，公众对未来悲观。萧条的最低点称为谷底，这时就业与产量跌至最低，但股票与商品的价格开始回升，存货减少，公众的情绪正由悲观转为乐观。这是萧条的最严重时期，也是由萧条转向复苏的开始。谷底一般为1~2个月。

（4）复苏。是从萧条到繁荣的过渡时期，这时经济开始从谷底回升，但仍未达到正常水平。

二、经济周期的类型

根据一个经济周期的长短不同，将经济周期分为短周期、中周期和长周期。

1. 短周期（短波）：基钦周期

1923年英国的约瑟夫·基钦在《经济因素中的周期与倾向》中，根据美国和英国1890—1922年的利率、物价、生产和就业等统计资料，从企业生产过多时就会形成存货，从而减少生产的现象出发，发现在约40个月时存货出现了有规律的上下波动。该理论认为，经济波动有大周期和小周期之分，小周期平均长度为40个月，一个大周期通常由两三个小周期构成。这种40个月的周期被称为基钦周期或短周期。

2. 中周期（中波）：朱格拉周期

1862年，法国经济学家克里门特·朱格拉在《论法国、英国和美国的商业危机以及发生周期》中研究了比较长的工业经济周期，并根据生产、就业人数和物价水平等指标，确定了经济波动中平均每一个中周期为9～10年。

朱格拉在研究人口、婚姻、出生、死亡等统计数据时，注意到经济事物存在着有规律的波动现象。他认为，存在着危机或恐慌并不是一种独立的现象，而是社会经济运动三个连续阶段（繁荣、衰退、萧条）中的一个。三个阶段的反复出现就形成了周期现象。

3. 长周期（长波）：康德拉季耶夫周期

1925年，苏联经济学家康德拉季耶夫通过研究美国、英国、法国和其他一些国家长期的时间序列资料，认为经济中存在着一个长达50～60年的经济周期，这种周期即为经济中的长周期。

三、经济周期的成因

关于经济周期成因的研究，西方经济学家提出了众多的理论，综合概括为两类，即外因论和内因论。

（一）外因论

外因论认为，周期源于经济体系之外的因素——太阳黑子、战争、革命、选举、金矿，或新资源的发现、科学突破、技术创新等。

1. 太阳黑子理论

该理论由英国经济学家杰文斯（W.S.Jevons）于1875年提出。太阳黑子理论把经济的周期性波动归因于太阳黑子的周期性变化。据说太阳黑子的周期性变化会影响气候的周期变化，而气候变化又会影响农业收成，而农业收成的丰歉又会影响整个经济。太阳黑子的出现是有规律的，大约每10年出现一次，因而经济周期大约也是每10年一次。

2. 创新理论

创新理论是奥地利经济学家熊彼特（Joseph Alois Schumpeter）提出用以解释经济波动与发展的一个概念。

所谓创新，是指一种新的生产函数，或者说是生产要素的一种"新组合"，如采用新生产技术等。创新提高了生产效率，为创新者带来了盈利，引起其他企业仿效，形成创新浪潮。创新浪潮使银行信用扩大，对资本品的需求增加，引起经济繁荣。随着创新的普及，赢利机会消失，银行信用紧缩，对资本品的需求减少，就会引起经济衰退。直至另一次创新出现，经济才再次繁荣。总之，该理论把周期性的原因归为科学技术的创新，而科学技术的创新不可能持续不断地出现，而有其高潮和低潮，因而导致经济上升和下降，形成经济周期。

3. 政治性周期理论

外因经济周期还有就是政治性周期。政治性周期理论把经济周期性循环的原因归为政府的周期性决策（主要是为了解决通货膨胀和失业问题），其代表人物是诺德豪斯。政治性周期的产生有三个基本条件：

（1）凯恩斯国民收入决定理论为政策制定者提供了刺激经济的工具。

（2）选民喜欢高经济增长、低失业以及低通货膨胀的时期。

（3）政治家喜欢连选连任。

政治性周期的具体运行：大选前，总统为了连任，采取宽松的经济政策来刺激经济增长；大选结束后，宽松的政策使通货膨胀成为人们关注的问题，因而不得不采取紧缩的经济政策，使经济走向衰退。

（二）内因论

内因论从市场经济体制本身某些因素之间的相互制约、相互促进等来解释导致社会经济周期性循环往复地上下波动的原因。这些因素包括投资、消费、储蓄、货币供给量和利率等。

1. 纯货币理论

该理论主要由英国经济学家霍特里在1913—1933年的一系列著作中提出。纯货币理论认为经济周期是一种纯货币现象，经济周期性的波动完全是由于银行体系交替地扩大和紧缩贷款而造成的，只有货币因素才能引起普遍的萧条。

当银行体系降低利率，扩大信用时，商人就会向银行增加借款，从而增加向生产者的订货。这样就引起生产的扩张和收入的增加，而收入的增加又引起对商品需求的增加和物价上升，经济活动继续扩大，经济进入繁荣阶段。然而，银行扩大信用的能力并不是无限的。当银行体系被迫停止信用扩张，转而紧缩信用时，商人得不到贷款，就减少订货，由此出现生产过剩的危机，经济进入萧条阶段。在萧条时期，资金逐渐回到银行，银行可以通过某些途径来扩大信用，促进经济复苏。例如，1981—1982年美联储为对付通货膨胀而将名义利率提高到18%时，就引发过经济衰退。

现代货币主义者在分析经济的周期性波动时，一脉相承地接受了霍特里的观点。但应该明确的是，把经济周期性单纯归结为货币信用扩张与收缩是欠妥的。

2. 投资过度理论

投资过度理论的主要代表为奥地利经济学家哈耶克等人。该理论认为投资的增加可使经济繁荣。这种繁荣首先表现在对投资品（即生产资料）需求的增加以及投资品价格的上升上，这就更加刺激了对资本品的投资。资本品的生产过度发展引起了消费品生产的减少，从而形成经济结构的失衡。资本品生产过多必将引起资本品过剩，于是出现生产过剩危机，经济进入萧条。

3. 消费不足理论

消费不足理论的出现较为久远。早期有西斯蒙第和马尔萨斯，近代则以霍布森为代表。该理论认为经济萧条的出现是因为经济社会消费不足，储蓄过多。消费不足的根源是由于国民收入分配不平等造成的穷人购买力不足和富人储蓄过度。该理论一个很大的缺陷是，它只解释了经济周期危机产生的原因，而未说明其他三个阶段的成因。因而在周期理论中，它并不占重要位置。

> **延伸阅读**
>
> **经济周期下半场：为何有的企业能够逆袭**
>
> 突如其来的新冠疫情打乱了全世界人民的工作和生活。正处于转型当中的中国经济面临着巨大的挑战，但有一些企业在各项经济数据暴跌的经济周期"下半场"实现了逆势上涨。相关研究者接受中国经济时报记者采访时认为，抓住"时代动力"、运用"明天思维"、掌握"增长双轮"，企业就能获取新的增长红利，走出增长放缓甚至业绩下滑的困境，实现裂变式增长，从而一举逆袭。
>
> 例如，下沉市场的电商巨头拼多多，股价从30美元左右一度拉升到87美元，市值也超过了1 000亿美元，创造了历史新高。无独有偶，另一创业明星字节跳动在2020年也传出在一级市场估值超过1 000亿美元的消息。第三方数据显示，2020年3月，字节跳动的旗舰产品抖音的月活

跃用户数量达到 5.18 亿，同比增长 14.7%，月人均使用时长 1 709 分钟，同比增长 72.5%，也创了历史新高。

实际上，在经济周期下半场，今日头条、抖音、拼多多、快手、映客、火箭网、盒马鲜生、超级物种等企业不但没有出现业绩下滑，反而业绩暴增，不断突破自己，实现"从 1 到 N"的指数级增长，这给我们很多有益的启示。

为何在日趋激烈的竞争中有的企业能实现快速逆袭？新时代企业运营的底层逻辑到底是什么？企业增长的新型模式又是什么？这些问题，对企业的经营者来说并不是简单的课题。以君武资本创始人王晓明、中欧国际工商学院创业管理实践教授龚焱和中国中小企业协会副会长梁涛为代表的研究者创新性地提出了"增长双轮"这一方法论。在《增长双轮：经济周期下半场的增长方法论》一书中，作者将企业未来的发展划定在两个维度之内：一个是"重新定义"，另一个是"破界增长"。并通过今日头条、抖音、拼多多、盒马鲜生等创新型企业的案例，系统介绍了企业如何通过技术赋能实现红海突围，利用规则创新打造新的商业模式，以生态重构的方式优化产业链与价值链，以及如何通过数据驱动、组织觉醒与创业原力实现业绩增长。

王晓明在接受本报记者采访时表示，当下逆势增长企业具有六个特点：一是通过技术驱动使产品和服务的用户体验有质的提升；二是创新了行业的游戏规则，使用户的获取成本远低于竞品；三是通过生态上下游各个相关方责权的重新分配，让提供更大价值的参与者获得更大利益，让用户获得超额收益；四是利用数据决策远多于人工决策；五是组织架构尽量扁平，重用创新创业型人才，重视人才的价值观的考核；六是注重企业员工的个人成长，帮助员工在认知能力、转型能力和专业能力上破界增长。

互联网企业的下一片蓝海在哪里？王晓明告诉记者，互联网从 PC 互联网进步到移动互联网，君武资本的研究团队对下一个时代的定义是 AI 互联网。AI 互联网会彻底颠覆互联网行业的 9 大领域、26 个子领域和 100 多个细分方向中 90% 的产品和服务。字节跳动、拼多多都非常好地验证了这个研究的成果。

此外，就企业发展而言，是技术更重要，还是商业模式更重要？王晓明认为，技术实现的垄断优势更持久，技术驱动业务产生和沉淀高价值的数据，这些数据注入到技术架构里再进一步提升用户体验，或者增加用户收益。商业模式的创新容易被竞品借鉴，短期内不具备持久的竞争优势，除非通过极速破界式的增长形成规模效应，把用户获取成本降到极低，才有可能形成"成本结构"的强大竞争门槛，让对手不容易超越。

（资料来源：周雪松.《经济周期下半场：为何有的企业能够逆袭》[N]. 中国经济时报，2020-09-02.）

课堂讨论

你认为中国现在处于经济周期的哪个阶段？

第二节　经济增长理论

案例导入

1994 年，美国经济学家克鲁格曼在《外交》杂志上发文，指出东南亚国家的高速经济增长是没有牢固基础的"纸老虎"，迟早要崩溃。其原因在于这些国家的经济增长是由于投入（劳动与资本)增加带动的,缺乏技术进步。此论一出,引起许多人士尤其是东南亚人士的激烈反驳。不幸的是,他说对了。1997年,东南亚金融危机的爆发引起这个地区经济严重衰退。至今经济学家对这个事件仍然众说纷纭。但有一点已为所有人接受:没有技术进步就没有持久而稳定的经济增长。

问题:

(1)从东南亚金融危机的教训中,我们可以得出哪些关于经济增长与技术进步关系的深刻认识?

(2)这些认识如何指导我们理解当前和未来的经济增长?

案例解析

(1)首先,技术进步是经济增长的重要驱动力。缺乏技术进步的经济增长模式,如过度依赖资本和劳动力投入,往往是不可持续的,容易受到外部冲击的影响。其次,技术进步不仅可以提高生产效率,还可以增强经济的韧性和适应性。在面临外部冲击时,拥有较高技术水平的经济体通常能够更快地调整生产结构,减少损失,并迅速恢复增长。最后,技术进步需要长期的投资和积累。政府和企业应该加大对研发、教育、创新等方面的投入,培养高素质的人才和创新文化,为经济增长提供持久的技术支撑。

(2)在全球化、数字化、智能化等趋势加速发展的背景下,技术进步已经成为经济增长的核心动力。因此,各国应该积极推动技术创新和产业升级,提高经济的竞争力和可持续发展能力。同时,也要关注技术进步带来的社会影响和分配问题,确保经济增长的成果能够惠及广大民众。

一、经济增长的含义

经济增长是指一个国家或地区在一定时期内生产的产品和劳务总量的增加。美国经济学家西蒙·库兹涅茨曾给经济增长下过这样一个定义:"一个国家的经济增长,可以定义为给居民提供种类日益繁多的经济产品能力的长期上升,这种不断增长的能力是建立在先进技术以及所需的制度和思想意识之相应的调整的基础上的。"

从库兹涅茨对经济增长的定义可以看出,经济增长的定义应该包含三层含义。

(1)经济实力的增长是核心。经济实力的增长,是经济增长的标志。而经济实力的增长表现为产品和劳务总量的增加,即国内生产总值的增加。如果考虑到人口的增加和价格的变动,经济增长也可以说是人均实际国内生产总值的增加。因此,经济增长最简单的定义就是国内生产总值的增加。需要注意的是,经济增长仅仅是国内生产总值或人均实际国内生产总值的增加,而不是其他。

(2)技术进步是实现经济增长的必要条件。这就是说,只有依靠技术的进步,经济增长才是可能的。在影响经济增长的各种因素中,技术进步是第一位的。

(3)制度与意识是充分条件。这就是说,只有社会制度、意识形态与经济增长的需要相适应,技术进步才能发挥作用,经济增长也才会成为可能。例如,私有产权的确立是经济增长的起点和基础。只有在制度与意识形态的调整基础上,技术才能有极大的进步。另外,新经济制度的出现,交易费用降低时,分工将进一步细化,促进经济增长。

经济增长率的高低体现了一个国家或一个地区在一定时期内经济总量的增长速度,也是衡量一个国家总体经济实力增长速度的标准。在经济分析中,通常用一国实际国内生产总值的增长率或国民收入的增长率作为衡量指标。但是,应当注意,由于GDP只是一个衡量总产出的概念,并不包含经济增长带来的生态与环境变化的影响,因此,经济增长率并不能全面反映一个国家或地区的经济发展的实际状况。

二、经济增长的源泉

无论是发展中国家还是发达国家,其经济增长的源泉都包括四个方面的因素:资本、劳动力、自然资源和技术。总生产函数将上述因素综合考虑在一起,即

$$Q = AF(K, L, R)$$

其中,Q为产出,K为资本对产出的贡献,L为投入的劳动力,R为投入的自然资源,A为经济中的技术水平,F为生产函数。

因此,经济增长的源泉可以归结为四个方面。

1. 资本

如果工人用工具工作,生产率就会更高。用于生产物品与服务的设备和建筑物存量称为物质资本,或简称为资本。例如,当木工制造家具时,他们用的锯子、车床和电钻都是资本。工具越多,木工就越能迅速而精确地生产更多的产品;只用基本手工工具的木工每周生产的家具少于使用更精密、更专业化设备的木工每周生产的家具。

资本的重要特征是,它是一种生产出的生产要素。也就是说,资本是生产过程的投入,也是过去生产过程的产出。木工用一部车床制造桌子腿,而车床本身是制造车床的企业的产出,车床制造者又用其他设备来制造它的产品。因此,资本是用于生产各种物品与服务(包括更多资本)的生产要素。

2. 自然资源

产出的第二大传统要素是自然资源。这里的自然资源包括耕地、石油和天然气、森林、水力及矿产资源等。

自然资源有两种形式:可再生资源与不可再生资源。森林是可再生资源的一个例子。在伐倒一棵树后,人们可以在这个地方播下种子,以便它未来再长成树。石油是不可再生资源的一个例子。由于石油是自然界在几百万年中形成的,其供给极其有限,因而一旦石油供给枯竭,要再创造是不可能的。

自然资源的差别引起了世界各国生活水平的一些差别。一些高收入国家,如加拿大和挪威,就是凭借其丰富的资源,在农业、渔业和林业等方面获得高产而发展起来的。与它们类似,美国是由于有大量适于农耕的土地供给,才成为当今世界最大的谷物生产和出口国。现在中东的某些国家(如科威特和沙特阿拉伯)之所以富有,只是因为它们正好位于世界上最大的储油区。

但在当今世界上,自然资源的拥有量并不是经济发展取得成功的必要条件,美国纽约的繁荣主要缘于其高度发展的服务业。有的自然资源很少的国家,如日本,仍是世界上最富裕的国家之一,国际贸易使日本的成功成为可能。日本进口大量它需要的自然资源,如石油,再向自然资源丰富的国家出口其制成品,也通过大力发展劳动密集型和资本密集型产业而获得经济繁荣。有的地区如中国香港,其面积和资源与俄罗斯无法相比,但在国际贸易中所占的份额远远大于俄罗斯。

3. 劳动力

劳动力的增加可分为劳动力数量的增加和劳动力质量的提高,这两个方面都有促进经济增长的作用。

人口是对劳动力数量最直接的影响因素:人口多意味着生产物品与服务的工人多。中国人口众多是中国在世界经济中起重要作用的原因之一。

而劳动力质量的提高依靠劳动者科学文化水平、技术水平和健康水平的提高,是指工人通过教育、培训和经验而获得的知识与技能,也叫作人力资本,包括在早期幼儿教育、小学、中学、大学和成人劳动力在职培训中积累的技能。

虽然教育、培训和经验没有车床、推土机和建筑物那样具体,但是人力资本在许多方面与物质资

本类似。和物质资本一样，人力资本提高了一国生产物品与服务的能力，人力资本也是一种生产出的生产要素。实际上，可以把学生看作"工人"，他们的重要工作就是生产将用于未来生产的人力资本。

经济越发展，技术装备越复杂，就越需要高素质的劳动力队伍；经济发展的规模越庞大，就越需要与之相适应的具有一定规模的劳动力数量。

课堂讨论

教育——人力资本投资

教育——人力资本投资——对一个国家的长期经济繁荣至少与物质资本同样重要。一些经济学家认为，人力资本对经济增长特别重要。因为人力资本带来正的外部性，即一个人的行为对旁观者福利的影响。例如，受过教育的人会产生一些提高生产率的新想法，而这些新想法会被社会上更多人采用，从而提高社会劳动生产率，这就是教育的外部收益。国家实行义务教育，投入大量的补贴到教育中正是基于此原因。另外，穷国面临着人才外流的风险。受过高等教育的人移民到富国，或者穷国学生到富国学习先进知识，但是毕业后不回国，均使得穷国的人力资本越发缺乏。

一些中国农村的农民子弟，家庭供其读完高中或者大学，"家读穷了，眼读瞎（近视）了"，毕业后却仍是应聘打工，仍难成为白领。农民是最讲实际的，眼前的实惠和利益使他们认为如今上不上高中或者大学都一样，与其花大钱、费大劲去读书，不如趁早去打工挣钱。还有一些人总结出诸如"上学就是为了能考上大学""如果考不上大学，书读再多也没有用"等结论。这种教育功利化的价值取向，对农村学生的辍学现象起到了推波助澜的作用。

思考： 你认为教育和人力资本的投资在促进经济增长中扮演着什么角色？特别是在资源匮乏的国家，如何通过人力资本的积累实现突破？

4. 技术

除上述三个传统因素之外，一个国家人民生活水平的快速提高还依赖于第四个重要因素，即技术的进步。历史上，一个国家的经济发展从来都不是一种简单复制的过程，不像增加钢铁厂或电厂的数目那么容易。事实上，使欧洲、北美地区和日本的生产力获得巨大提高的正是永无止境的发明和技术创新。

技术变革是指生产过程中的技术发明或是新产品、新服务的引进。蒸汽机、发电机、内燃机、巨型喷气发动机、复印机和传真机等作业流程方面的发明极大地提高了劳动生产率。这类基础性的生产发明还包括电话、收音机、飞机、照相机、电视机和盒式录像机等。对当今社会最有影响的技术进步发生在电子计算机领域。如今，一台小巧的笔记本电脑的性能已远胜于20世纪60年代速度最快的计算机，这些发明都是技术变革中最伟大的事件。实际上，技术变革由一系列或小或大的技术进步组成。以美国为例，政府每年颁发10万多个专利许可证，在经济日常运行中还有成千上万细微之处的革新。

技术进步更主要的是以一种无声的、不为人察觉的方式，不断以微小的改进来提高产品质量和产出数量。偶尔也会有些技术变革产生了划时代的影响，给人们留下了难以磨灭的印象。在1991年的海湾战争中，整个世界都为一种强烈的科技水平对比而震惊。美国及其盟国使用了高科技武器——隐形飞机、智能炸弹、反弹道导弹等，从而赢得了巨大优势，而它们的对手使用的是技术上落后许多年的武器装备。民用技术进步，如计算机、远程通信技术，还有其他高科技产品等，相对来说影响虽没有那么大，但对市场经济中人民生活水平的提高作出了极大的贡献。

由于技术进步对提高生活水平十分重要，经济学家一直都在考虑如何促进技术进步。人们日益明确地认识到，技术进步并不只是简单机械地找到更好的产品和工艺流程；相反，快速创新需要培育一种企业家精神。以当今的计算机产业为例，在该领域，即使是业内人士，也难以做到时刻紧跟硬件和软件飞速更新的步伐。

技术在经济增长中的作用体现在生产率的提高上，即同样多生产要素的投入能够提供更多的产出。一百年前，大多数美国人在农村干活，这是因为当时的农业技术要求大量的生产投入才能养活整个国家。现在，由于农业技术的进步，少数人就可以生产养活整个国家的食物。在工业中，由于先进技术的使用，工厂的劳动生产率大幅度提高。从当今世界各国经济发展进程看，知识进步与发展是技术进步中最重要的内容，是经济增长的根本动力。

区分技术知识和人力资本也是有必要的。虽然它们密切相关，但也有重大差别。技术知识是指社会关于世界如何运行的知识，人力资本是指把这种技术知识传递给劳动力的资源消耗。用一个相关的比喻来说，技术知识是社会教科书的质量，而人力资本是人们用于阅读这本教科书的时间量。工人的生产率既取决于人们可以得到的教科书的质量，又取决于他们用来阅读教科书的时间量。

上述四个方面的影响因素称为经济因素。在现代社会中，非经济因素对经济增长也具有重要的影响。非经济因素主要是指政治因素和制度因素，这些都是资本、劳动力和技术充分发挥作用的社会基础条件。

第三节　解析经济发展

案例导入

中华民族复兴征程：从站起来到强起来的经济飞跃

1949年，中华民族开启了实现伟大复兴的历史征程，从温饱不足迈向全面小康，从积贫积弱迈向全面繁荣富强。在共产党的带领下，全国各族人民团结一心、开拓进取。一个个人类发展奇迹凝聚成令人震惊的数字增长。中华民族实现了从站起来、富起来到强起来的伟大飞跃，中国经济增长实现了跨越发展。

新时代以来，我国经济总量已翻了一番，发展站在新的更高历史起点上：

2020年，中国是全球唯一实现经济正增长的主要经济体。2021—2023年，中国经济年均增长达到4.5%，高于世界平均增速2.5个百分点左右。

纵向看，目前我国每年GDP增量已远超20世纪90年代初期全年GDP。我国经济1个百分点增速带来的增量，相当于十年前的约2.1个百分点。

经济总量持续提高的同时，人均GDP实现新突破。十年来，我国人均GDP从43 497元增长到85 698元。按年平均汇率折算，2022年我国人均GDP达到12 741美元，连续两年保持在1.2万美元以上。

中国经济占全球份额稳步提升，国际影响力与日俱增。

十年来，中国经济总量占世界经济的比重从12.3%上升到18%左右，货物贸易总额连续六年位居世界第一，对世界经济增长的年平均贡献率超过30%，一直是推动世界经济增长的最大引擎。

习近平总书记深刻指出："高质量发展是全面建设社会主义现代化国家的首要任务。"推动高质量发展是遵循经济发展规律、保持经济持续健康发展的必然要求，是适应我国社会主要矛盾变化、解决发展不平衡不充分问题的必然要求。在强国建设、民族复兴的新征程上，我们要坚持以推动高质量发展为主题，坚定不移推动高质量发展。

（资料来源：新华社. GDP十年翻番 我国经济实力实现历史性跃升[EB/OL].https://www.gov.cn/yaowen/liebiao/202312/content_6920375.htm,2023-12-15.）

问题：

从 1949 年至今，中国经济实现了从站起来、富起来到强起来的伟大飞跃，这一过程中有哪些关键的经济政策和战略起到了重要作用？

案例解析

中国的工业化战略为经济增长提供了强大动力。通过大力发展制造业，特别是劳动密集型产业，中国迅速成为全球制造业的中心之一，带动了就业和经济增长。近年来，中国政府提出了高质量发展的战略，强调创新驱动、绿色发展、协调发展等理念，旨在推动经济结构的优化和升级，实现经济的可持续发展。

一、影响经济发展的因素

经济发展不仅意味着国民经济规模的扩大，更意味着经济和社会生活质量的提高。所以，经济发展涉及的内容超过了单纯的经济增长，比经济增长更为广泛。

就当代经济而言，发展的含义相当丰富复杂。发展总是与发达、与工业化、与现代化、与增长之间交替使用。一般来说，经济发展包括三层含义：

（1）经济数量的增长，即一个国家或地区产品和劳务通过增加投入或提高效率获得更多的产出，这构成了经济发展的物质基础。

（2）经济结构的优化，即一个国家或地区投入结构、产出结构、区域结构、就业结构、社会阶层结构、收入分配结构和消费结构等各种结构的协调和优化，这是经济发展的必然环节。

（3）经济质量的提高，即一个国家或地区经济效益水平、社会和个人福利水平、居民实际生活质量、经济稳定程度、自然生态环境改善程度以及政治、文化和人的现代化进程，这是经济发展的最终标志。

美国经济学家库兹涅茨曾对经济发展作了一个经典的说明。他认为，经济发展首先表现为一个国家满足本国人民日益增长的各种需要的能力持续提高；而这种提高是建立在应用各种先进的现代化技术基础之上的；而要保证先进技术的不断开发和充分发挥作用，必须有相应的制度和意识形态的调整。

影响经济发展的因素很多，既有经济因素，也有非经济因素。由于经济发展包含经济增长，影响经济增长的因素必然同样影响经济发展。但经济发展又不同于经济增长，因此，影响经济发展的还有另外一些主要因素。

1. 资源配置

资源配置是影响经济发展的重要因素。在社会经济各部门中，有的部门生产率高，有的部门生产率低，如果资源（包括劳动、资本、土地等生产要素）从生产率低的部门转移到生产率高的部门，那就会引起整个经济总生产率的提高，从而促进经济发展。例如，劳动力从生产率低的传统农业部门转移到生产率高的现代工业部门，全社会的生产率就会大大提高，社会经济结构也因此得到优化。在当代发达国家的经济中，生产率高的行业（商业、金融、医疗等服务性行业）占了主要部分（如美国这一比例就高达 70% 左右），而发展中国家经济主要以生产率低的行业（主要是传统农业）为主（不少发展中国家这一比例高达 90% 以上）。

2. 社会政治环境

社会政治环境优良与否，对社会经济发展至关重要。一个国家只有政局稳定才能保证社会经济更快发展。发达国家政局一般比较稳定；相反，许多发展中国家自独立以来，政局经常动荡不安，

政变、动乱不断，在此背景下，经济活动根本无法正常开展，更谈不上经济增长和发展。非洲大陆是世界上最贫穷的大陆，经济长期发展缓慢，其中一个重要原因就是政局不稳定。第二次世界大战后，许多非洲国家频繁发生军事政变。从20世纪60年代到80年代，非洲国家发生过240多次军事政变，社会政治环境的不稳定，严重影响了非洲经济的发展。

3. 自然生态环境状况

自然生态环境包括人类赖以生存的土地、水、大气、生物等，是经济发展的重要影响因素。工业革命以后，随着大工业的形成，人口增加，人类改造利用自然环境和自然资源的规模扩大，环境问题也就凸显了。如今环境问题已成为全人类共同面临的全球性问题。特别是许多发展中国家，由于在发展经济的过程中忽视了对环境的保护，加上一些发达国家转嫁环境污染危机，生态环境变得非常脆弱，严重制约了这些国家的经济发展。

此外，人口、教育、文化、对外开放水平等，也都是影响经济发展的因素。

二、经济发展与经济增长的关系

在现实生活中，人们往往把经济增长和经济发展混为一谈，认为经济增长了就是经济发展了，国内生产总值高速增长了就是经济快速发展了。其实这种认识是不正确的。经济增长与经济发展并不是一回事，两者是既相互区别又相互联系的概念。

从两者的区别上看：经济增长是指一个国家或地区国民经济总量（如国内生产总值和国民收入）的增长，它主要用国内生产总值增长率和人均国内生产总值增长率作为衡量指标。虽然在这种增长过程中也可能伴随经济结构的变化，但这种变化不是经济增长追求的主要目标，它的主要目标是数量的增加而非质的变化。而经济发展不仅包括国民经济总量的增加，而且包括经济结构的基本变化，以及分配情况、社会福利、文教卫生、意识形态等一般条件的变化。其中，经济结构的变化是经济发展的标志，即一个国家或地区的经济从以传统农业为中心的缓慢增长，转变为以现代工业为中心的持续稳定发展。衡量经济发展的主要指标是经济结构、社会福利、文教卫生、环境质量以及经济效益的状态，它表明人类社会经济生活的质的变化。如果说经济增长是一个单纯的"量"的概念，那么经济发展就是比较复杂的"质"的概念。

从两者的联系上看：经济增长包含在经济发展之中，它是促成经济发展的基本动力和物质保障。一般而言，经济增长是手段，经济发展是目的；经济增长是经济发展的基础，经济发展是经济增长的结果。虽然在个别条件下有时也会出现无增长而有发展的情况，但从长期看，没有经济增长就不会有持续的经济发展。

总之，一方面，经济增长包含在经济发展之中，持续稳定的经济增长是促进经济发展的基本动力和必要的物质条件，经济发展是经济持续稳定增长的结果，国民生活水平的提高、经济结构和社会形态等的进步都很大程度上依赖于经济增长。因此，没有经济增长便谈不上经济发展。另一方面，经济增长并不等同于经济发展。如果经济增长了，经济结构和其他经济条件未发生根本变化，将有可能造成社会贫富悬殊扩大，也有可能造成经济效益低下，更谈不上经济发展，表现出"有增长而无发展"的现象。经济发展应该是指一个国家经济、政治、文化及自然环境、结构变化等方面均衡、持续和协调地发展，是反映经济社会总体发展水平的一个综合性概念。

三、经济发展模式

所谓经济发展模式，在经济学上是指在一定时期内国民经济发展战略及其生产力要素增长机制、运行原则的特殊类型，包括经济发展的目标、方式、发展重心、步骤等一系列要素。现代经济理论认为，经济发展模式是与一定的生产力水平、一定的经济体制和经济发展战略相适应的，能反映特定的经济增长动力结构和经济增长目标的一个经济范畴。其实质是指推动经济增长的各种生产要素投入及其组合的方式，也就是依赖什么要素，借助什么手段，通过什么途径，怎样实现经济增长。要素不同、手段不同、途径不同，带来的增长质量和结果也不同，经济发展模式可以根据不同的角度分类。

1. 以高速增长为主要目标的赶超型、粗放型发展模式

例如，我国社会主义制度建立以后，为了迅速摆脱贫穷落后的面貌，提出在尽可能短的时间内赶超西方发达国家的口号，追求经济的高速增长成为各级政府的首要目标，追求外延扩大再生产，通过资源的大量投入来增加产品数量，动员所有能利用的资源来推动经济的迅速增长。在宏观层次上，以提高积累率来筹措资金；在微观层次上，对产量、投入和存货实行严格的计划。

2. 借助政府的行政力量实施的发展模式

在传统计划经济体制下，企业只是被动接受计划指令的行政附属物，没有经营自主权。为了筹措必要的建设资金，政府一方面通过人为地压低消费，提高积累率，实行有利于加快工业化步伐的国民收入分配方式；另一方面，通过扩大工农业产品价格"剪刀差"，使农业部门为工业的发展提供积累资金。政府的行政力量在很大程度上左右了经济发展。

3. 重心倾斜的不平衡发展模式

传统的发展战略试图通过集中使用资源，迅速实现经济发展所要求的较快的结构变动，在较短时间内奠定工业化基础，建立完整的工业体系。但因资金严重短缺，在实践中只能采取以重工业为中心的发展战略，资源则根据经济部门的优先发展顺序按计划分配，优先发展项目可以优先得到资源供应。这种结构倾斜型发展模式导致农业、轻工业等产业部门未能得到应有的发展。

4. 封闭式、内向型的经济发展模式

这种模式发展的重点目标是建立自己独立完整的工业体系，建立满足国内需求的产业部门。由于片面强调自力更生，导致本国经济与世界市场分开，在这种封闭式、内向型的发展模式下，经济的自给自足程度就成为衡量经济发展水平的重要标志。为了实现这一发展战略，相应地就必须实现进出口和汇率的严格控制，高估本币，隔开国际金融市场对本币汇率的影响，产品的国内价格与国际市场价格也严重脱节。

"豫"见哈密 郑州哈密号地铁专列消费帮扶新引擎

郑州市委、市政府在近年来通过大力实施消费帮扶政策，有效推动了欠发达地区特别是新疆哈密地区的振兴发展。文章从消费帮扶的四大领域（帮销、促产、疏浚、解困）出发，详细介绍了郑州市在消费帮扶方面的创新做法和取得的显著成效。

一、创新做法

搭建多元化平台：郑州市通过打造文旅宣传、助农消费、招商引资、交往交流等多个平台，实现了对新疆哈密地区的全方位支持。其中，哈密号地铁专列成为连接河南与新疆的重要桥梁。通过地铁内的宣传推介、线下配送、招商引资手册等方式，有效提升了新疆哈密特色产品、文化及旅游资源在河南的知名度和影响力。

创新消费帮扶模式：郑州市采取"图片＋二维码"、"线上下单＋线下配送"等便捷方式，方便消费者购买新疆哈密特色产品。同时，通过奖补政策、手机短信促销等方式，激发消费者的购买热情，推动哈密农副产品销售额的大幅增长。

促进两地交流互动：郑州市不仅注重经济上的帮扶，还注重文化、教育、旅游等多方面的交流合作。通过组织文化文艺团队参加各类节庆活动、开展实地考察学习等方式，加深了河南与新疆哈密之间的了解和友谊。

二、取得的成效

经济效益显著：郑州市的消费帮扶政策有效促进了新疆哈密地区农副产品的销售增长，带动了当地产业发展。仅春节期间，哈密农产品销售企业在河南的销售额同比增长3倍以上。

社会效益突出：通过消费帮扶政策，河南与新疆哈密之间的交流合作日益密切，两地群众的心灵距离进一步拉近。同时，也促进了河南群众对新疆哈密地区的了解和认识，增强了民族团结意识。

政治效益明显：郑州市的消费帮扶政策是贯彻落实党中央关于对口支援工作决策部署的具体体现，也是铸牢中华民族共同体意识的重要举措。通过这一政策，有效提升了河南与新疆哈密之间的政治互信和合作水平。

四、新的经济发展模式

新的经济发展模式是效益型、集约型、外向型的平衡发展模式，其主要特征有四个。

（1）以满足人民日益增长的物质文化生活需要，增进人民福利为根本目标，以增加人民的实惠为出发点。

（2）转变经济增长方式，以不断提高经济效益为中心。经济发展的主要途径是科技进步和劳动生产率的提高。实行内涵扩大再生产，不仅要讲求积累量的增加，更要讲求积累效果的提高。

（3）重点发展与平衡协调发展相结合，即要求经济的发展是平衡的、协调的。要以实现平衡协调发展为发展重点，并同非重点部门的发展结合，不以牺牲非重点部门的发展为代价。

（4）自力更生与对外开放相统一，即要在强调自力更生的基础上实行对外开放，积极利用外资以弥补国内资金的不足，进口国外资源以补充国内资源的短缺，积极引进国外技术以加快国内技术进步的步伐，不断扩大出口以增加外汇。

中国经济发展正处于从传统的计划经济向现代市场经济转变时期。中国经济的发展模式要从过去以高速增长为主要目标，外延发展为主导方式和以重工业为中心，忽视自然生态环境保护的非均衡发展模式，逐步转向在不断提高经济效益的前提下，以满足人民物质文化、生态需要为目的和以内涵发展为主导方式，保护自然生态环境的相对平衡的新的经济发展模式。

实现中国经济发展模式的转变，实现中国经济发展的主要目标，着重应从四个方面努力。

（1）要在转变经济增长方式、提高经济效益的基础上，争取实现较高的经济增长速度。在经济增长过程中把速度与效益有机地统一起来。

（2）要在大力发展农业的基础上，实现工业化。工业化绝不应该仅局限于工业部门，而应该涵盖整个国民经济。具体来说，工业化至少应该包括工业和农业的机械化、现代化。中国是一个人口大国，也是一个农业大国，那种忽视农业或靠牺牲农业来发展工业的经济发展模式，实践证明在中国是完全行不通的。

（3）要在提高科学技术水平、实现产业结构优化的基础上实现现代化。中国经济发展的目标是三重的：一方面是要完成工业化的历史任务；另一方面是要完成以产业结构高度化为主要内容的整个国民经济的现代化；再一方面是要实现自然生态环境的优化。中国产业结构的优化，包括产业结构的合理化和产业结构的高度化。要实现产业结构的合理化就要对原有的产业开展技术改造，实行技术革新；要实现产业结构的高度化就要大力发展新兴产业和高技术产业。因此，只有提高科学技术水平，实现产业结构的优化，才能实现经济的现代化。

（4）要在保护自然生态环境系统的基础上，实现经济与环境的协调发展。世界经济发展的历史证明，人类在追求巨大物质财富的同时会造成自然资源浪费和环境污染。20世纪50年代以来的经济增长已经对整个地球的生态系统和不可再生资源的合理运用造成了危害，经济、社会、环境的可持续发展已成为当代世界的主题。中国的生态平衡和资源保持状况已不容乐观，如不引起高度重视，必然造成进一步的恶化，影响经济的持续稳定发展。显然，中国经济的发展绝不能以对自然资源的掠夺性开发以及对土地的掠夺性经营和牺牲自然生态环境为代价，破坏人类赖以生存和发展的自然生态系统，而是要在人与自然关系协调的基础上，促进经济发展，保持生态环境优化，实现经济和环境的协调发展。

总之，树立科学发展观，促进中国经济社会的全面、协调、可持续发展，就是要实现经济增长、社会发展和科技进步的共同发展，实现生产增长、生活提高、生态改善的全面发展。这就是中国经济发展应选择的模式。

知识点小结

1. 经济周期是指国民收入及经济活动的周期性波动。现代经济分析中，把经济周期分为四个阶段：繁荣、衰退、萧条、复苏。

2. 经济增长是指一个国家或地区生产商品和劳务能力的增长。如果考虑到人口增加和价格的变动情况，经济增长还应包括人均福利的增长。

思考与练习

一、单项选择题

1. 经济周期的四个阶段依次是（　　）。
A. 繁荣、萧条、衰退、复苏　　　　　　B. 繁荣、衰退、萧条、复苏
C. 繁荣、复苏、衰退、萧条　　　　　　D. 衰退、复苏、萧条、繁荣

2. 中周期的每一个周期为（　　）。
A. 5～6年　　B. 8～10年　　C. 25年左右　　D. 50年左右

3. 经济波动的周期的四个阶段依次为（　　）。
A. 扩张、峰顶、衰退、谷底　　　　　　B. 峰顶、衰退、谷底、扩张
C. 谷底、扩张、峰顶、衰退　　　　　　D. 以上各项均不对

4. 朱格拉周期是一种（　　）。
A. 短周期　　B. 中周期　　C. 长周期　　D. 不能确定

5. 基钦周期是一种（　　）。
A. 短周期　　B. 中周期　　C. 长周期　　D. 不能确定

6. 康德拉季耶夫周期是一种（　　）。
A. 短周期　　B. 中周期　　C. 长周期　　D. 不能确定

7. 解释经济周期的消费不足理论把繁荣的衰退归因于（　　）。
   A. 消费者的支出跟不上生产的发展，所以导致普遍的供过于求
   B. 投资比消费增长快，所以没有足够的物品供消费者购买
   C. 储蓄和投资减少
   D. 政府税收太高，以至于消费者没有足够的资金购买商品和劳务
8. 斯坦利·杰文斯提出的"太阳黑子理论"是（　　）。
   A. 关于经济周期形成的内部原因的一种解释
   B. 关于经济周期形成的外部原因的一种解释
   C. 关于经济增长的内部原因的一种解释
   D. 关于经济增长的外部原因的一种解释
9. 经济增长的源泉不包括（　　）。
   A. 资本　　　　B. 劳动力　　　　C. 战争　　　　D. 技术
10. 下列不属于生产要素供给的增长的是（　　）。
    A. 投资的增加　　　　　　　　B. 就业人口的增加
    C. 人才的合理流动　　　　　　D. 发展教育事业

二、多项选择题

1. 经济衰退的主要特征有（　　）。
   A. 消费者购买力急剧下降　　　B. 对劳动需求下降
   C. 利率上升　　　　　　　　　D. 企业利率下滑
   E. 产出下降
2. 从经济体系内部寻找经济周期产生原因的经济周期理论有（　　）。
   A. 消费不足理论　　　　　　　B. 太阳黑子理论
   C. 投资过度理论　　　　　　　D. 实际经济周期理论
3. 促进经济增长的政策包括（　　）。
   A. 鼓励技术进步　　　　　　　B. 降低利率
   C. 鼓励资本形成　　　　　　　D. 增加劳动供给
   E. 鼓励消费
4. 影响一国经济增长的因素有（　　）。
   A. 生产要素的丰裕程度　　　　B. 资本积累水平
   C. 教育水平　　　　　　　　　D. 技术进步
   E. 人力资本
5. 新的经济发展模式的主要特征包括（　　）。
   A. 以满足人民日益增长的物质文化生活需要，增进人民福利为根本目标，以增加人民的实惠为出发点
   B. 转变经济增长方式，以不断提高经济效益为中心
   C. 重点发展与平衡协调发展相结合，即要求经济的发展是平衡的、协调的
   D. 自力更生与对外开放相统一
   E. 追求经济的高速增长

三、判断题

1. 经济周期与经济增长是两个完全相同的概念。　　　　　　　　　　　　　　　（　　）
2. 资本在经济增长过程中发挥着非常重要的作用。　　　　　　　　　　　　　　（　　）

3. 技术进步对经济增长起非常重要的作用。（ ）
4. 经济周期的四个阶段分别为繁荣、衰退、萧条与复苏。（ ）
5. 经济增长主要与经济中潜力的增长及生产能力得到利用的程度有关。（ ）
6. 现在经常提出的问题并非是经济增长是否可取，而是能否获得经济的持续增长。（ ）
7. 经济增长包含在经济发展之中，持续稳定的经济增长是促进经济发展的基本动力和必要的物质条件，经济发展是经济持续稳定增长的结果。（ ）
8. 在经济周期的收缩阶段，失业率上升。（ ）
9. 导致经济周期波动的投资主要是存货投资。（ ）
10. 经济周期理论的重点是从总需求角度分析经济的短期波动，而经济增长理论的重点是从总供给的角度分析经济的长期趋势。（ ）

四、问答题

1. 经济增长与经济发展的关系是怎样的？
2. 库兹涅茨给经济增长下的定义是什么？
3. 影响经济增长的因素是什么？

五、案例分析

经济增长≠发展

经济增长并不一定代表发展。经济学家们往往会质疑经济增长的实际意义，其原因是经济增长的衡量尺度是GDP，而GDP的增长不一定代表了生产力的发展。

例如，A国每生产1 t钢材需要2 t的煤，而同样生产1 t钢材B国只要1 t的煤，那么从GDP的角度讲，假设这是两国全部的经济事件，那么A国的GDP=1 t钢材+2 t煤，而B国的GDP=1 t钢材+1 t煤，所以A国的GDP是大过B国的，很显然，A国的生产效率是落后于B国的。

再比如，美国高速公路上相向而来的两辆汽车错身而过，对本年度GDP统计上不会有任何的影响；如果两辆车发生了车祸，则需要出动警车、消防车、救护车，并且增加了清理路面的工作、保险金的赔偿以及未来新车的需求，这在GDP上可能会有上百万美元的增加。然而，这一事件的本质是一个意外，而不是生产力的发展。

问题：

对于一个国家来说，应该把经济增长摆在首位还是把经济发展摆在首位？根据本章学习内容，请说说你的看法。

PROJECT 10

第十章 宏观经济政策

知识目标
○ 理解宏观经济政策目标；
○ 熟悉财政收入和财政支出；
○ 解释扩张性财政政策和紧缩性财政政策；
○ 掌握货币政策的具体内容及运用。

能力目标
○ 能正确解读现实中的各种宏观政策，并分析其对经济的影响；
○ 能结合社会经济的实际情况，初步分析一国的财政政策和货币政策。

经济的发展从来都不是一帆风顺的，有时候会增长得快一点，有时候会增长得慢一点，甚至有时候会衰退，总需求的过度增长会引起需求拉动型通货膨胀，总需求的大幅下降则会引发衰退和周期性失业。因此，需要政府出面调控经济，由此形成了宏观经济政策。宏观经济政策是指政府为了增进整体经济福利、改善经济运行情况以达到一定的政策目标，而对宏观经济的运行开展的有计划的调节和控制。

第一节 宏观经济政策的目标

案例导入

中央经济工作会议在北京举行

中央经济工作会议于2023年12月11日、12日在北京举行。中共中央总书记、国家主席、中央军委主席习近平出席会议并发表重要讲话。中共中央政治局常委李强、赵乐际、王沪宁、蔡奇、丁薛祥、李希出席会议。

会议强调，做好2024年经济工作，要以习近平新时代中国特色社会主义思想为指导，全面贯彻落实党的二十大和党的二十届二中全会精神，坚持稳中求进工作总基调，完整、准确、全面贯彻新发展理念，加快构建新发展格局，着力推动高质量发展，全面深化改革开放，推动高水平科技自立自强，加大宏观调控力度，统筹扩大内需和深化供给侧结构性改革，统筹新型城镇化和乡村全面振兴，统筹高质量发展和高水平安全，切实增强经济活力、防范化解风险、改善社会预期，巩固和增强经济回升向好态势，持续推动经济实现质的有效提升和量的合理增长，增进民生福祉，保持社会稳定，以中国式现代化全面推进强国建设、民族复兴伟业。

会议要求，2024年要坚持稳中求进、以进促稳、先立后破，多出有利于稳预期、稳增长、稳就业的政策，在转方式、调结构、提质量、增效益上积极进取，不断巩固稳中向好的基础。要强化

第十章 宏观经济政策

宏观政策逆周期和跨周期调节，继续实施积极的财政政策和稳健的货币政策，加强政策工具创新和协调配合。

积极的财政政策要适度加力、提质增效。要用好财政政策空间，提高资金效益和政策效果。优化财政支出结构，强化国家重大战略任务财力保障。合理扩大地方政府专项债券用作资本金范围。落实好结构性减税降费政策，重点支持科技创新和制造业发展。严格转移支付资金监管，严肃财经纪律。增强财政可持续性，兜牢基层"三保"底线。严控一般性支出。党政机关要习惯过紧日子。

稳健的货币政策要灵活适度、精准有效。保持流动性合理充裕，社会融资规模、货币供应量同经济增长和价格水平预期目标相匹配。发挥好货币政策工具总量和结构双重功能，盘活存量、提升效能，引导金融机构加大对科技创新、绿色转型、普惠小微、数字经济等方面的支持力度。促进社会综合融资成本稳中有降。保持人民币汇率在合理均衡水平上的基本稳定。

要增强宏观政策取向一致性。加强财政、货币、就业、产业、区域、科技、环保等政策协调配合，把非经济性政策纳入宏观政策取向一致性评估，强化政策统筹，确保同向发力、形成合力。加强经济宣传和舆论引导，唱响中国经济光明论。

会议强调，明年要围绕推动高质量发展，突出重点，把握关键，扎实做好经济工作。

（资料来源：新华社.中央经济工作会议在北京举行[N].中国财经报，2023-12-13.）

问题：

（1）如何理解"有利于稳预期、稳增长、稳就业的政策"？

（2）继续实施积极财政政策和稳健货币政策的目的是什么？

> **案例解析**
>
> 1. 宏观经济政策的目标包括充分就业、物价稳定、经济增长，案例中的"稳预期、稳增长、稳就业"正是围绕这些目标展开。稳定市场和社会对未来经济发展的信心，是宏观政策实施的重要前提。稳定经济增长是实现其他宏观目标的基础。就业是民生之本，也是稳定经济的关键因素。
>
> 2. 积极财政政策的目的：
>
> 1）刺激经济增长：通过扩大地方政府专项债券、支持科技创新和制造业发展，直接拉动投资和生产，增强经济内生动力。
>
> 2）保障民生和战略任务：优化财政支出结构，兜牢"三保"（保基本民生、保工资、保运转）底线，强化国家重大战略任务财力保障，为社会稳定和长期发展奠定基础。
>
> 3）提高效率：强调"提质增效"，通过精准的财政支持，避免资源浪费，确保财政可持续性。
>
> 3. 稳健货币政策的目的：
>
> 1）支持经济复苏：通过保持流动性合理充裕，引导金融机构支持科技创新、小微企业、绿色转型等关键领域，帮助经济高质量发展。
>
> 2）控制通胀和风险：通过"精准有效"的政策调控，防止过度宽松带来的通货膨胀或资产泡沫，保持人民币汇率稳定，维护国际收支平衡。
>
> 3）降低融资成本：促进"社会综合融资成本稳中有降"，减轻企业融资压力，为经济发展提供长期动力。

一、宏观经济政策目标

无论是计划经济体制国家，还是市场经济体制国家，宏观经济的健康发展都离不开政府的宏观调控。宏观经济政策（macroeconomics policy）是指国家或政府为了增进社会经济福利而制定的解决经济问题的指导原则和措施，是政府为了达到一定的经济目的而对经济活动有意识的干预，因而任何一项经济政策的制定都是根据一定的经济目标而开展的。

任何一种宏观经济政策的制定都要实现一定的经济目标。按照西方经济学的解释，宏观经济政策的目标有四种，即充分就业、物价稳定、经济持续增长和国际收支平衡。宏观经济政策就是为了达到这些目标而制定的手段和措施。

1. 充分就业

充分就业是宏观经济政策的第一目标。充分就业是指包含劳动在内的一切生产要素都以愿意接受的价格参与生产活动的状态。充分就业包含两种含义：一是指除了摩擦性失业和自愿失业之外，所有愿意接受各种现行工资的人都能找到工作的一种经济状态，并非是人人就业，即消除了非自愿失业就是充分就业。二是指包括劳动在内的各种生产要素，都按其愿意接受的价格，全部用于生产的一种经济状态，即所有资源都得到充分利用。失业意味着稀缺资源的浪费或闲置，从而使经济总产出下降，社会总福利受损。因此，失业的成本是巨大的，降低失业率、实现充分就业就常常成为宏观经济政策的首要目标。

2. 物价稳定

物价稳定是指物价总水平的稳定，一般用价格指数来衡量一般价格水平的变化。价格稳定不是指每种商品价格的固定不变，也不是指价格总水平的固定不变，而是指价格指数的相对稳定。价格指数又分为消费价格指数（CPI）、批发物价指数（PPI）和国民生产总值折算指数（GNP deflator）三种。物价稳定并不是通货膨胀率为0，而是允许保持一个低而稳定的通货膨胀率。所谓低，就是指通货膨胀率为1%～3%；所谓稳定，就是指在相当时期内能使通货膨胀率维持在大致相等的水平上。这种通货膨胀率能为社会接受，对经济也不会产生不利的影响。

3. 经济增长

经济增长是指在一个特定时期内经济社会生产的人均产量和人均收入的持续增长。它包括一是维持一个高经济增长率；二是培育一个经济持续增长的能力。一般认为，经济增长与就业目标是一致的。经济增长通常用一定时期内实际国民生产总值年均增长率来衡量。经济增长会增加社会福利，但并不是增长率越高越好。这是因为经济增长一方面要受到各种资源条件的限制，不可能无限地增长，尤其是对经济已经相当发达的国家来说更是如此；另一方面经济增长也要付出代价，如造成环境污染、引起各种社会问题等。因此，经济增长就是实现与本国具体情况相符的适度增长率。

4. 国际收支平衡

国际收支平衡具体分为静态平衡与动态平衡、自主平衡与被动平衡。静态平衡，是指一国在一年的年末国际收支不存在顺差也不存在逆差；动态平衡，不强调一年的国际收支平衡，而是以经济实际运行可能实现的计划期为平衡周期，保持计划期内的国际收支均衡。自主平衡，是指由自主性交易即基于商业动机。为追求利润或其他利益而独立发生的交易实现的收支平衡；被动平衡，是指通过补偿性交易即一国货币当局为弥补自主性交易的不平衡采取调节性交易而达到的收支平衡。国际收支平衡的目标要求做到汇率稳定，外汇储备有所增加，进出口平衡。国际收支平衡不是消极地使一国在国际收支账户上经常收支和资本收支相抵，也不是消极地防止汇率变动、外汇储备变动，而是使一国外汇储备有所增加。适度增加外汇储备可以看作改善国际收支的基本标志，同时一国国际收支状况不仅反映了这个国家对外的经济交往情况，还反映出该国经济的稳定程度。

为什么要强调高质量充分就业

就业是民生之本。党的二十大报告指出,"强化就业优先政策,健全就业促进机制,促进高质量充分就业"。那么,什么是高质量充分就业?为什么要强调高质量充分就业?如何实现高质量充分就业?

高质量充分就业是能够较好满足企业方的人力资源需求的就业。企业招人用人,是让其与资本等其他生产要素结合,并优化配置,在既定成本下产生最大效益。从劳动力作为一种生产要素的视角看,近年来我国劳动力市场供不应求,劳动力价格上涨较快,结构性矛盾导致企业招工压力和劳动者就业压力持续。促进高质量充分就业,能够适应企业用人需求,缓解结构性矛盾,提高劳动力市场匹配效率。

高质量充分就业是指就业人员实现体面劳动的就业。体面劳动,是指在社会提供足够就业机会和合理社会保障前提下,劳动者有足够的劳动报酬、良好的工作条件、和谐的劳动关系,各方面权益得到保障。促进高质量充分就业,能够提升劳动者的获得感、满足感,进而提高体面劳动的感知度。

高质量充分就业是有利于形成全国统一、竞争有序、灵活高效的劳动力市场的就业。高质量充分就业,内在地要求按照劳动者技能水平付酬、按人岗契合度付酬,劳动者报酬与其边际产出相匹配,同等人力资本禀赋和劳动强度的劳动者获得大致相当的实际报酬。促进高质量充分就业,使劳动力市场具有较好的竞争性、灵活性,可以促进劳动者较顺利地在行业之间、地区之间、不同经济性质的企业之间自由流动。

高质量充分就业是能够促进生产技术变革和产业结构调整的就业。高质量充分就业条件下,已就业劳动者能够适应技术进步和新的生产组织形式,新成长劳动力能够抓住技术革新、产业结构优化升级所创造的新就业机会,使创造就业机会与技术进步、产业升级、生态环境保护相结合、相协调,在助推经济高质量发展的同时,持续强化就业扩容提质。

实现高质量充分就业,既需要推动经济实现质的有效提升和量的合理增长,创造更多就业机会,也需要继续为企业减负担、增活力,增强市场主体岗位供给能力。

一是要努力保持经济运行在合理区间。经济增长稳,就业才能稳。须多措并举确保经济运行总体平稳,扩大有效需求,加大宏观经济对岗位数量的支撑力度。持续深化供给侧结构性改革和重点领域改革,提升要素配置的整体效能,提高就业岗位的供给质量。以稳岗为直接目标的政策,应更加注重对各类重点群体就业的支持。

二是要提振企业等市场主体的就业吸纳能力。在充分尊重市场规律的前提下,进一步为企业减负担、增活力,提供更有效的财政金融支持,简化服务流程,一些惠企政策免申即享。为民营企业营造更好发展环境,为暂时性经营困难的市场主体提供精准帮扶,协助困难企业转型发展,激发市场主体发展活力。深化"放管服"改革,继续加大创业支持力度,增强就业带动能力。

三是要促进劳动者技能结构与市场需求更好契合。有人无岗、有岗无人是劳动力市场上突出的结构性矛盾。要更有针对性地支持职业技能培训,健全终身职业技能培训制度,解决劳动者技岗不配问题;从长远视角推进职业院校改革,解决高级技能人才培育问题;优化人才成长软环境,解决创新型高级人才不足问题。同时,还要正视年轻群体的就业新诉求,增强岗位适应性,并积极引导其形成正确的择业观、创业观。

> 四是要完善劳动力市场配套制度。健全就业公共服务体系，构建和谐劳动关系。深入推进户籍制度、社会保障制度、教育培训制度等领域改革，破除妨碍劳动力流动的体制机制障碍，消除影响平等就业的不合理限制和就业歧视。完善灵活就业、平台就业等新就业形态劳动者权益保障机制，切实保障广大劳动者的合法权益。
>
> 总之，高质量充分就业是一项系统工程。要坚持将劳动力市场制度建设以及相关领域改革推向深入，发挥好社会政策的民生兜底功能，保障社会性流动顺畅，在充分就业的基础上不断提高就业质量。
>
> （资料来源：张彬斌．为什么要强调高质量充分就业［N］．经济日报，2023-02-09．）

二、宏观经济目标之间的关系

上述的大目标互相之间既存在互补关系，也存在交替关系。互补关系是指一个目标的实现对另一个目标的实现有促进作用，如为了实现充分就业水平，就要维护必要的经济增长。交替关系是指一个目标的实现对另一个目标有排斥作用，其主要表现：物价稳定与充分就业之间就存在两难选择。为了实现充分就业，必须刺激总需求，扩大就业量，这一般要实施扩张性的财政和货币政策，由此会引起物价水平的上升。而为了抑制通货膨胀，就必须紧缩财政和货币政策，由此又会引起失业率的上升。又如，经济增长与物价稳定之间也存在着相互排斥的关系，因为在经济增长过程中，通货膨胀难以避免。再如，国内均衡与国际均衡之间存在着交替关系，这里的国内均衡是指充分就业和物价稳定，而国际均衡是指国际收支平衡。为了实现国内均衡，就可能降低本国产品在国际市场上的竞争力，从而不利于国际收支平衡。为了实现国际收支平衡，又可能不利于实现充分就业和稳定物价的目标，在制定经济政策时，必须对经济政策目标作出价值判断，权衡轻重缓急和利弊得失，确定目标的实现顺序和目标指数高低，同时使各个目标能有最佳的匹配组合，使所选择和确定的目标体系成为一个和谐的有机整体。

由于在现实的经济中，一国政府常常不是将一个而是将几个目标同时作为经济政策实施的目标，而这些政策目标之间常常存在着矛盾，因而就要求政策的制定者先确定重点政策目标，依主次顺序决定先采用什么政策，再采用什么政策。政府就必须根据具体情况和具体要求不断调整政策。

三、宏观经济政策工具

宏观经济政策工具是指用来达到政策目标的手段。宏观经济的问题归根到底是总需求和总供给的关系问题，当总需求和总供给关系失衡时，既可以调节总需求，也可以调节总供给。因此，宏观经济政策常用的工具主要有需求管理、供给管理和国际经济管理。

（一）需求管理

需求管理是通过调节总需求以实现一定政策目标的宏观经济政策工具。政策工具包括财政政策与货币政策。需求管理是以凯恩斯的总需求分析理论为基础制定的，是凯恩斯主义者重视的政策工具。

凯恩斯主义者认为，总需求不足是导致经济萧条和失业的根本原因，因此，经济政策应当着重于调节和刺激总需求。因此，宏观经济政策应该是调节与控制总需求。需求管理是要通过对总需求的调节，实现总需求等于总供给，达到既无失业又无通货膨胀的目标。它的基本政策有实现充分就业政策和保证物价稳定政策两个方面。在有效需求不足的情况下，也就是总需求小于总供给时，政府应采取扩张性的政策措施，刺激总需求增长，克服经济萧条，实现充分就业；在有效需求过度增长的情况下，也就是总需求大于总供给时，政府应采取紧缩性的政策措施，抑制总需求，以克服因需求过度扩张而造成的通货膨胀。

（二）供给管理

供给管理是通过对总供给的调节，以实现一定的政策目标的宏观经济政策工具。供给即生产，在短期内影响供给的主要因素是生产成本，特别是生产成本中的工资成本。在长期内影响供给的主要因素是生产力，即经济潜力的增长。因此，供给管理包括控制工资与物价的收入政策、指数化政策，改善劳动力市场状况的人力政策，以及促进经济增长的政策。

1. 收入政策

收入政策是指通过限制工资收入增长率从而限制物价上涨率的政策，因此，也称为工资和物价管理政策。收入政策旨在通过控制工资增长和物价水平，抑制因工资上涨导致的成本推动型通货膨胀。

2. 指数化政策

指数化政策是指定期地根据通货膨胀率来调整各种收入的名义价值，以使其实际价值保持不变的政策，主要有工资指数化、税收指数化（即根据物价指数自动调整个人收入调节税）等。

3. 人力政策

人力政策旨在改善劳动市场结构、促进劳动力市场的流动性，并通过人力资本投资、职业培训等手段减少失业。

（1）人力资本投资。由政府或有关机构向劳动者投资，以提高劳动者的文化技术水平与身体素质，适应劳动力市场的需要。

（2）完善劳动市场。政府应该不断完善和增加各类就业中介机构，为劳动的供求双方提供迅速、准确而完全的信息，使劳动者找到满意的工作，企业也能得到需要的员工。

（3）协助工人流动。劳动者在地区、行业和部门之间流动，有利于劳动的合理配置与劳动者人尽其才，也能减少由于劳动力的地区结构和劳动力的流动困难等造成的失业。对工人流动的协助包括提供充分的信息、必要的物质帮助和鼓励。

4. 经济增长政策

（1）增加劳动力的数量和质量。增加劳动力数量的方法包括提高人口出生率、鼓励移民入境等；提高劳动力质量的方法主要是增加人力资本投资。

（2）资本积累。资本的积累主要源于储蓄，可以通过减少税收、提高利率等途径鼓励人们储蓄。

（3）技术进步。技术进步在现代经济增长中起着越来越重要的作用，因此，促进技术进步成为各国经济政策的重点。

（4）计划化和平衡增长。现代经济中各部门之间协调增长是经济本身的要求，国家的计划与协调要通过间接的方式来实现。

一般认为，只有把需求管理与供给管理结合起来才能达到稳定经济的目的。

（三）国际经济管理

国际经济管理是要通过对国际贸易、国际资本流动、劳务的国际输出和输入等的管理和调节，实现国际收支平衡的目标。国际经济管理包括通过调节国际贸易、资本流动、汇率政策等手段，保障国家经济对外的平衡与稳定，防范国际收支失衡。

> **阅读讨论**
>
> **需求学派政策和供应学派政策**
>
> 需求学派政策是一些影响国内需求和吸收量的总增长水平或总增长率的措施。这些政策包括与传统的宏观经济政策相联系的整套财政、货币和国内信贷措施。虽然这些政策也影响生产和供应，但是这些影响比较抽象，所以对这些主要影响总吸收量的政策最好称为"注重需求"的政策。

供应学派政策的目的，是要在保持国内需求的一定水平基础上增加国内经济所供应的货物和劳务的数量。这种注重供应的政策从广义上可分成两类：第一类目的是提高如资本和劳动力这样的生产要素在相互竞争的用途之间的使用和分配效益，以增加当前的产值。这类政策包括那些减少由于价格僵硬不变、垄断、税收、补贴和贸易限制造成的经济失调现象的措施。第二类包括那些目的在于提高生产能力的长期增长率的政策，包括一些刺激国内储蓄和投资的措施。同样重要的还有一些目的在于增加外国储蓄流入量的政策，不管这种外国储蓄是以私人货款、外国直接投资，还是以增加开发援助的形式流入的。这两类供应学派政策显然是相互关联的，因为那些增加当前产值的政策本身可能导致储蓄和投资的流量增加，并且提高生产能力的增长率。

问题：

需求学派政策是以什么理论为基础制定的？

第二节　财政政策

案例导入

2024年继续实施积极的财政政策

全国财政工作会议于2023年12月21日、22日召开，会议指出，2024年要强化宏观政策逆周期和跨周期调节，继续实施积极的财政政策，适度加力、提质增效。适度加力，主要是保持适当支出强度，释放积极信号；合理安排政府投资规模，发挥好带动放大效应；加大均衡性转移支付力度，兜牢基层"三保"底线；优化调整税费政策，提高精准性和针对性。提质增效，主要是在落实过紧日子要求、优化财政支出结构、强化绩效管理、严肃财经纪律、增强财政可持续性、强化政策协同六个方面下功夫，推进财政管理法治化、科学化、标准化、规范化，把同样的钱花出更大的成效。

2024年积极的财政政策要聚焦高质量发展，着力推进中国式现代化。重点做好八方面工作：

（1）支持加快现代化产业体系建设。推进产业结构优化升级，加大产业科技创新支持力度，支持提升企业竞争力。

（2）支持扩大国内需求。推进全国统一大市场建设，促进消费稳定增长，强化专项债券资金使用管理，继续用好增发国债资金，巩固外贸外资基本盘，支持增强内需主动力。

（3）支持深入实施科教兴国战略。提高义务教育经费保障水平，多渠道增加普惠性学前教育资源，支持改善县域普通高中基本办学条件，推动高质量教育体系建设。全力支持打赢关键核心技术攻坚战，保障好国家重大科技项目等资金需求，深化财政科技经费分配使用机制改革，推动高水平科技自立自强。

（4）支持保障和改善民生。实施好就业优先政策，多渠道支持企业稳岗扩岗、个人创业就业。完善医疗卫生保障制度，着力减轻人民群众看病就医负担。健全社会保障体系，深入实施养老保险全国统筹制度。

（5）支持抓好"三农"工作。提高高标准农田建设投入标准，保障农民种粮收益，完善产粮大县奖励政策，提升粮食安全保障能力。

（6）支持推进城乡融合、区域协调发展。

（7）支持加强生态文明建设。

（8）支持扩大高水平对外开放。

（资料来源：财政部新闻办公室. 全国财政工作会议在北京召开[EB/OL].https://www.mof.gov.cn/zhengwuxinxi/

第十章 | 宏观经济政策

caizhengxinwen/202312/t20231222_3923684.htm,2023-12-22.）

问题：

文中提到"专项债券"和"合理安排政府投资规模"，为什么政府需要花钱来帮助经济发展？

案例解析

案例中的"专项债券"和"合理安排政府投资规模"，就是指政府通过投资，帮助企业和个人获得更多机会，让更多人有工作、有收入，从而拉动经济发展。如果政府支持科技创新，企业可能会生产出更先进的产品，吸引更多人购买；如果支持教育和医疗，能让人们更加健康、安心地工作和生活，最终促进社会整体的发展。政府花钱不只是直接投入，而是要通过投资和支持，帮助社会经济活动变得更活跃、更有质量。

财政政策（fiscal policy）是国家干预经济的主要政策之一。财政政策的一般定义：为促进就业水平提高，减轻经济波动，防止通货膨胀，实现稳定增长而对政府支出、税收和借债水平所作的选择，或者对政府收入和支出水平所作的决策。西方国家财政由政府收入和支出两个方面构成，其中财政支出包括政府购买和转移支付，而财政收入包含税收和公债两个部分。

一、财政支出

财政支出即政府支出，是指整个国家中各级政府的支出总和，主要包括社会福利支出，退伍军人的福利支出，国家防务和安全支出，债务利息支出，教育和职业训练支出，公共卫生和保健支出，科学技术研究费用，交通、公路、机场、港口和住宅的支出，自然资源和环境保护的支出，国际交往与国际事务的支出等。财政支出方式主要包括政府购买和政府转移支付。

1. 政府购买

政府购买是指政府对产品和服务的购买，包括军需品和警察装备、机关办公用品、政府雇员劳动、公共工程支出等。其特点是以取得商品和劳务作为有偿支出。政府购买涉及产品和服务的实际交易，是一种实质性的支出，它可以使经济资源的利用从私人部门转移到公共部门。政府购买直接形成社会购买力和社会需求，是国民收入的一个组成部分，作为四大需求项目（消费、投资、政府购买和净出口）之一计入 GDP。

2. 政府转移支付

转移支付是指政府单方面的、无偿的资金支付，包括社会保障、失业救济和困难补助等社会福利支出，政府对农业的补贴，债务利息支出以及捐赠支出等。政府转移支付不涉及产品和服务的交易，是一种货币性支出，是通过政府把一部分人的收入转移给另一部分人。整个社会的收入总量并没有变化，变化的仅是收入总量在社会成员之间的分配比例。正是由于政府转移支付只是资金使用权的转移，并没有相应的产品和服务的交换发生，因而不能算作 GDP 的组成部分。

二、财政收入

政府的财政收入主要来源于税收和公债两个部分，税收是财政收入的主要形式。

（一）税收

税收是国家为了实现其职能，凭借政治权力，按照法律规定的标准，无偿地取得财政收入的一种形式。税收是国家的主要财政收入。

税收具有征收上的强制性，交纳上的无偿性，征收比例或数额上的固定性等特点。

1. 流转税

流转税又称流通税，是以商品生产、流通环节的流转额或者数量以及非商品交易的营业额为征税对象的一类税收。因为这些税收的一部分由纳税人（销售商）通过加价的方式将税负转嫁给了最终消费者，所以又称为间接税。流转税通常按固定税率征收，又称为比例税。

流转税包括四个税种：（1）增值税；（2）消费税；（3）营业税；（4）关税。

阅读讨论

何为"营改增"？

营业税，是对在中国境内提供应税劳务、转让无形资产或销售不动产的单位和个人，就其取得的营业额征收的一种税。营业税属于流转税中的一个主要税种。2011年11月17日，财政部、国家税务总局正式公布营业税改征增值税试点方案。2017年10月30日，国务院常务会议通过《国务院关于废止〈中华人民共和国营业税暂行条例〉和修改〈中华人民共和国增值税暂行条例〉的决定（草案）》，标志着实施60多年的营业税正式退出历史舞台。

"营改增"是指以前缴纳营业税的应税项目改成缴纳增值税。由于增值税只对产品或者服务的增值部分纳税，减少了重复纳税的环节，因此，营改增后减少了重复征税，可以促使社会形成更好的良性循环，有利于企业降低税负。营改增是党中央、国务院根据经济社会发展新形势，从深化改革的总体部署出发作出的重要决策，目的是加快财税体制改革，进一步减轻企业赋税，调动各方积极性，推动服务业尤其是科技等高端服务业的发展，促进产业和消费升级，培育新动能，深化供给侧结构性改革。

问题：

营改增为什么能够降低企业税负？对一个餐饮企业来说，缴纳营业税和增值税有什么区别？

2. 财产税

财产税是以财产为课税对象，向财产的所有者征收的一类税收。财产包括一切积累的劳动产品、生产资料（如厂房、设备）、生活资料（如豪宅）、现金货币和国内外银行存款、自然资源（如土地、矿藏、森林等）和各种无形资产（如专利、商标权等）。大部分国家不对变现不稳定的无形资产征税。财产税属于对社会财富的存量征税，包括十个税种：（1）房产税；（2）城市房地产税；（3）城镇土地使用税；（4）车船使用税；（5）车船使用牌照税；（6）车辆购置税；（7）契税；（8）耕地占用税；（9）船舶吨税；（10）遗产税。

阅读讨论

为何欧美富豪热衷遗产捐献？究竟是为了慈善还是避税？

遗产捐献在国外并不是新鲜话题，众多欧美富豪都曾表示要将绝大部分遗产捐献出去。

2005年，50岁的比尔·盖茨宣布，自己将会拿出98%的资产捐献给自己创办的"比尔和梅琳达·盖茨基金会"，用于研究艾滋病和疟疾的疫苗，并为世界贫穷国家提供援助。2008年，比尔·盖茨正式退休，同时一次性将580亿美元的个人资产捐给基金会。

股神巴菲特也是"遗产捐献"的忠实践行者。截至2020年8月，巴菲特慈善捐款总额已超过370亿美元。此前他曾承诺，将捐出自己99%的财产。对此巴菲特表示："我们自己使用1%的财产就够了，超过这一比例并不能让我们更快乐，更幸福。相反，其余99%的财产能给其他人的健康和福利带来巨大影响。"

2015年，"脸书"创始人扎克伯格喜得千金。他送给女儿的第一份礼物，是捐出所持"脸书"公司99%的股份，当时市值约450亿美元。

同年，时任苹果CEO的蒂姆·库克也表示，他计划在供养10岁的侄子上大学后，将约为7.85亿美元的个人资产全部捐给慈善组织。

据媒体统计，至少有13位富豪宣布将捐出自己的大部分财产，而不是留给子女。

国外的遗产税到底有多高，才使得这些富豪纷纷放弃遗产也要规避这一税额呢？

根据现行税法，美国遗产税率最高达55%。联邦遗产税使用超额累进制，税率分成18个等级，起征点是100万美元，从18%到50%，遗产越多，税率越高。除了遗产税，继承人还要缴纳个人所得税，当遗产在300万美元以上时，税率高达55%。在此基础上，个别州还有其他"加码"政策。这还不是最狠的，美国税法规定，遗产受益人在继承遗产前，要先缴纳遗产税。这意味着美国富豪要想把遗产留给子女，还要给子女留够缴纳遗产税的钱。

据英国税务海关总署网站的数据，英国遗产税的个人起征点在1987年为7.1万英镑，随后起征点水平逐年调高，从2017年4月1日起，英国的遗产税起征点设定为32.5万英镑，并且这一标准一直保持到2028年4月底。

日本遗产税率最高达70%。日本采取继承税制，即根据各个继承人继承遗产数额的多少课税，是典型的分遗产税制。日本继承税税率共分13个档次，从10%到70%。德国遗产税率最高达50%。德国遗产税制实行7级超额累进税率，税率从7%到50%不等。

可以看出，在这些国家，遗产税是非常高额的税种，并且由于房地产市场的膨胀与起征点调整的滞后性，遗产税征收已经影响到了部分中产阶级的生活。以日本为例，2009年，日本缴纳遗产税的比率为4.1%，而在2013年税改后，这个比率达到6%。而选择将资产捐献给基金会，则可以规避遗产税、资产增值税等额度较高的税种。但在美国，法律规定慈善基金会每年必须捐出5%的资产。如果经营良好，基金会可以持续赢利，几十年以后，不仅能向社会捐出一大笔钱，自己的财富也会在后代那里得到一定比例的遗存，是比直接继承更加"合算"的形式。

问题：

穷则独善其身，达则兼济天下。做慈善是富人们的天性吗？为什么西方国家的富人们那么喜欢做慈善？

3. 所得税

所得税是指以纳税人所得为课税对象而征收的一种税。我国的所得税包括三个税种：（1）企业所得税；（2）外商投资企业和外国企业所得税；（3）个人所得税。财产税与所得税由纳税人自己负担，不能转嫁给他人，因而又称为直接税。所得税是按照纳税人取得的利润或纯收入来征收的。

我国的个人所得税

个人所得税是以自然人取得的各项应税所得为对象所征收的一种税，但并不是每位居民都需要缴纳个人所得税，个人所得税有一个起征点，没有达到起征点的居民是不用缴纳个人所得税的。

2018年8月31日,《关于修改个人所得税法的决定》经十三届全国人大常委会第五次会议表决通过。2018年10月1日起,最新起征点和税率施行,2019年1月1日起,新个税法施行。

目前,我国个人所得税起征点为每月5 000元,税率见表10-1。

表10-1 个人所得税税率

级数	全年应纳税所得额	税率（%）	速算扣除数
1	不超过36 000元的	3	0
2	超过36 000元至144 000元的部分	10	2 520
3	超过144 000元至300 000元的部分	20	16 920
4	超过300 000元至420 000元的部分	25	31 920
5	超过430 000元至660 000元的部分	30	52 920
6	超过660 000元至960 000元的部分	35	85 920
7	超过960 000的部分	45	181 920

新个税法规定,居民个人的综合所得,以每一纳税年度的收入额减除费用6万元以及专项扣除、专项附加扣除和依法确定的其他扣除后的余额,为应纳税所得额。其中,综合所得包括：工资、薪金所得;个体工商户的生产、经营所得;对企事业单位的承包经营、承租经营所得;劳务报酬所得;稿酬所得;特许权使用费所得;利息、股息、红利所得;财产租赁所得;财产转让所得;偶然所得;其他所得。

另外,计算个税时,在扣除基本减除费用标准和"三险一金"等专项扣除外,还增加了专项附加扣除项目包括子女教育、继续教育、大病医疗、住房贷款利息或者住房租金、赡养老人等支出。

4. 行为税

行为税是指以纳税人的某种行为作为课税对象而征收的一种税,最大特点是征纳行为的发生具有偶然性或一次性。行为税包括八个税种：(1) 城市维护建设税;(2) 印花税;(3) 固定资产投资方向调节税;(4) 土地增值税;(5) 屠宰税;(6) 筵席税;(7) 证券交易税;(8) 燃油税。这些税种是对特定行为或为达到特定目的而征收的。

(二) 公债

公债 (public debt) 是政府对公众的债务,或者说是公众对政府的债权。它是政府财政收入的另一组成部分。与税收不同,公债是政府运用信用形式筹集财政资金的特殊形式,主要用来弥补财政赤字。因此,公债虽也属财政收入,但与税收在本质上是不同的。公债包括中央政府的债务和地方政府的债务,一般把中央政府的债务称为国债。根据偿还期限,公债可分为短期（1年内）、中期（1-5年）、长期（5年以上）三类。短期公债是指期限在一年以内的公债,主要种类为国库券;中期公债是指期限在一年以上五年以下的债券;五年以上的债券为长期公债。短期公债主要进入货币市场,中长期债券则进入资本市场,前者称为短期资金市场,后者称为长期资金市场。由此看来,发行公债不仅可以增加财政收入,而且公债进入金融市场还会对利率和货币的供求产生重要影响。由于财政收入的主要来源是税收,但税收收入不是想增加就能增加的,当收入小于支出时,就产生了财政赤字,这时候公债就派上用场了。政府可以通过发行公债向公众借钱来弥补财政赤字。

三、财政政策的运用

根据对总需求的调节方向不同，财政政策可分为扩张性的财政政策、紧缩性的财政政策和中性的财政政策。财政政策的运用一般原则是"逆经济风向行事"，即在经济萧条时期，采用扩张性的财政政策；在经济繁荣时期，采用紧缩性的财政政策。

1. 扩张性财政政策

在经济萧条时期，总需求小于总供给，经济中存在失业，政府就要运用扩张性财政政策来刺激总需求，以实现充分就业。具体有两种措施：

（1）减税。通过减税，使居民户留下较多的可支配收入，从而促使消费增加；减税和居民户增加消费的结果使企业增加投资。因此，减税能刺激私人消费与投资需求上升，有助于克服萧条。

（2）扩大政府财政支出。如增加公共工程开支、增加政府购买和政府转移支付等，以增加居民户的消费和促使企业投资，提高总需求水平。因此，扩大政府财政支出能刺激私人消费与投资需求上升，也有助于克服萧条。

2. 紧缩性财政政策

在经济繁荣时期，总需求大于总供给，经济中存在通货膨胀，政府则要运用紧缩性财政政策来抑制总需求，以达到控制通货膨胀的目的。具体有两种措施：

（1）增税。如增加个人税收，使居民户留下的可支配收入减少，从而减少消费；增加公司税收，可以减少私人投资。这两项都使得总需求水平下降，有助于抑制通货膨胀。

（2）减少政府财政支出。如减少公共工程投资、减少政府购买，都可以使政府直接投资和私人间接投资减少；而减少转移支付，可以使个人消费减少。这两项都使总需求水平下降，也有助于抑制通货膨胀。

赤字财政政策

按照凯恩斯学派经济学家的主张，为了克服萧条、消灭失业，政府必须或者减少税收，或者增加支出，或者双管齐下，其结果就是出现财政赤字。他们认为，是否赤字并不重要，关键是看就业。财政政策应该为实现充分就业服务，因此，必须放弃财政收支平衡的旧信条，必要时实行赤字财政政策。

根据凯恩斯学派的观点，通过发行公债实行赤字财政政策不仅是必要的，而且是可能的。第一，债务人是国家，债权人是公众。国家与公众的根本利益是一致的。政府的财政赤字是国家欠公众的债务，也就是自己欠自己的债务。第二，政府的政权是稳定的，这就保证了债务的偿还是有保证的，不会引起信用危机。第三，政府负债用于发展经济，经济发展了，税收就会增长，从而使政府有能力偿还债务，弥补赤字。这就是"公债哲学"。

四、内在稳定器

内在稳定器又称为自动稳定器，是指经济体系本身存在的会自动减少各种干扰对国民经济的冲击的制度或政策。这些制度或政策不需要政府采取什么措施，就能够在经济繁荣时自动抑制膨胀，在经济衰退时自动减轻萧条。经济体系内部自动稳定经济的功能主要通过三个方面得以发挥。

1. 税收的自动变化

当经济繁荣时，随着生产扩大、就业增加、工资提高，人们的收入随之增加，所有的税收也都在增加，从而使家庭和企业的支出减少，也就限制了经济的过快扩张。特别是个人所得税税率是累进的，所征收的税额也自动地以更快的速度增加，税收以更快的速度增加意味着人们的可支配收入的增幅相对较小，从而使消费和总需求增幅也相对较小，起到抑制总需求扩张和经济过热的作用。

当经济衰退时，GDP水平下降，个人收入和公司利润普遍下降，税收会自动减少，从而增加了家庭和企业的消费支出，缓解了经济收缩的压力。

因此，税收收入随经济周期自动地同方向变化，税收的这种自动变化与政府在经济繁荣时期应当增税、在经济衰退时期应当减税的意图正相吻合，因而它是经济体系内有助于稳定经济的自动稳定因素。

2. 政府转移支付的自动变化

同税收的作用一样，政府转移支付有助于稳定可支配收入，从而有助于稳定消费支出。

政府转移支付包括政府的失业救济和其他社会福利支出。按照失业救济制度，人们被解雇后，在找到工作以前可以领取一定期限的救济金，同时，政府会救济贫困人口。当经济出现衰退与萧条时，由于失业人数增加，贫困人口增多，符合救济条件的人数增多，失业救济和其他社会福利支出就会相应增加，从而间接地抑制人们的可支配收入的下降，促进消费支出，进而增加总需求，减轻经济衰退；当经济繁荣时，由于失业人数减少和贫困人口的减少，福利支出额也自行减少，从而抑制可支配收入和消费的增长，抑制通货膨胀。

3. 农产品价格维持制度

当经济萧条时，GDP水平下降，农产品价格下降，政府按支持价格收购农产品，可以使农民的收入和消费维持在一定水平上；当经济繁荣时，GDP水平上升，农产品价格上涨，政府减少对农产品的收购并抛售农产品，限制农产品价格的过度上涨，也就抑制了农民收入的增长，从而也就减少了总需求的增加。这一制度实际上是政府以财政补贴这一转移支付形式，保证农民的可支配收入不低于一定水平，从而维持农民的消费水平。农产品价格维持制度有助于减轻经济波动，故被认为是内在稳定器之一。

总之，政府税收和转移支付的自动变化、农产品价格维持制度都是财政制度的内在稳定器，是政府稳定经济的第一道防线，在轻微的经济衰退和通货膨胀中往往起着良好的稳定作用。但是，当经济发生严重的萧条或通货膨胀时，它们不但不能使经济恢复到没有萧条或通货膨胀的充分就业状态，而且会起到阻碍作用。例如：当经济陷入严重萧条时，政府会采取措施促使经济回升，但是当国民收入增加时，税收增加，转移支付却减少，使经济回升的速度减缓，这时内在稳定器的变化与政府的需要背道而驰。因此，要确保经济稳定，实现宏观调控的政策目标，主要还是依靠政府的相机抉择政策。

相机抉择

相机抉择是指政府在运用宏观经济政策调节经济时，可以根据市场情况和各项调节措施的特点，机动地决定和选择究竟采取哪一种或哪几种政策措施。相机抉择的实质是灵活地运用各种政策措施。

五、财政政策的局限性

经济学家认为，财政政策尽管在调控经济中发挥着重要的作用，但在具体实施时也存在一些困难和问题。

（一）时滞的不良影响

政府在实施财政政策的时候，会遇到时间选择的问题，称为时滞问题，包括认识时滞、实施时滞和反应时滞。

1．认识时滞

认识时滞是指从经济出现衰退或通货膨胀开始，到政府通过经济指标的变化认识到其真正发生的这段时间。由于经济运行非常复杂，它并不是按照经济周期按部就班地缓慢运行的，甚至在经济运行良好的时候，也会穿插着经济放缓的阶段，这就给人们识别经济衰退带来了困难；发生通货膨胀的时候也是一样，等到人们通过经济指标的变化确定通货膨胀确实正在发生的时候，通货膨胀必定已经发生很长一段时间了。同时，因为只有已经发生的变化才会在指标上反映出来，所以经济指标的计算本身就具有滞后性。

因此，经济实体通常会在相关数据报告形成前的 4～6 个月就已经进入衰退期或发生通货膨胀了。由于认识时滞的存在，经济下滑或通货膨胀的程度可能比该情况被发现且采取应对措施时更加严重。

2．实施时滞

西方的民主制度使得政府的决策比较缓慢，在认识到需要采取财政行动到此行动真正被实施之间存在相当长的时滞。特别是多党执政的制度，执政党和在野党的博弈甚至会使得该时间无限延长。在 2001 年"9·11"事件之后，美国国会僵持了五个月的时间，才于 2002 年 3 月通过了一项折中的经济刺激法案。更值得一提的是，如果换了一位总统，新任总统甚至会推翻前任总统的一些政策或方案。例如，特朗普上台后就推翻了奥巴马执政时期的一系列政策。

3．反应时滞

从采取某项行动到该行动对实体经济产生现实影响也需要一段时间，这就是反应时滞。

虽然税收的变化可能比较快地对现实产生影响，但政府的公共工程支出（如修建高铁、机场和公路等）需要很长的计划周期以及更长的建设周期。政府的政策只能在漫长的时间内一点点地发挥作用。

三种时滞的存在使得政府的财政政策有时候不但不能起到调控经济发展的作用，甚至还会雪上加霜、火上浇油，起到相反的作用。例如，当经济开始出现通货膨胀的时候，政府是认识不到的。等到政府通过经济指标的变化认识到通货膨胀存在的时候，可能已经是半年甚至一年之后的事情了。政府开始制定紧缩性财政政策以抑制通胀，又需要一段时间。政策制定之后实施，到政策真正对实体经济产生影响仍需一段时间。这时候，可能已经是一年多甚至两年以后了，此时经济体系自身有可能已经走出过度繁荣，开始转向衰退了，但政府的紧缩性财政政策刚刚才开始发挥作用，从而会起到雪上加霜的作用。同理，当经济出现衰退的时候，由于时滞的影响，政府的政策也可能起到相反的作用。

（二）挤出效应

挤出效应是指政府支出增加而引起的私人消费或投资减少的现象。政府实施扩张性财政政策刺激总需求从而使 GDP 增加的时候，货币需求会因此增加。在货币供给不变的情况下，利率就会上升，使私人投资与消费下降，从而削弱扩张性财政政策的刺激作用。由于投资对利率比较敏感，因而挤出效应主要表现在投资上。

挤出效应的强度如何还存在争议，但挤出效应的存在已经得到经济学家的一致认同。如果经济处在萧条期，挤出效应就不会有多大，因为这时候产品销售比较困难，大多数企业都会减产，剩余产能较多，它们不会再有动力去开展新的投资，所以政府在这一时期投资，促使利率上涨，也不会挤占多少私人企业的投资机会，挤出效应比较小。

相反，如果经济处于繁荣期，需求旺盛，企业都在开足马力生产，各种生产资源利用得比较充分，这时候政府增加投资，只能抢占私人企业的生产资源，从而使挤出效应比较明显。另外，在经济繁荣时期，利率本来就比较高，政府支出的增加使得利率的上涨幅度比较大，由于投资对利率的敏感性，也会使投资减少。

尽管财政政策有着许多问题，但大部分经济学家认为，财政政策在政府的宏观经济"工具箱"里，仍然是一个重要的、有用的政策杠杆。他们认为，财政政策有助于"推动"经济向一个既定的方向前进，但不能将其"微调"到一个精准的宏观经济指标上来。也就是说，财政政策可以调控经济运行的大方向，而难以实现精确的经济指标控制。

第三节 货币政策

案例导入

2024 年第一季度中国货币政策执行报告

2024 年以来，在以习近平同志为核心的党中央的坚强领导下，我国宏观调控力度加大，经济回升向好态势巩固、增强，经济运行中积极因素增多，动能持续增强，社会预期改善，高质量发展扎实推进，呈现增长较快、结构优化、质效向好的特征。一季度国内生产总值（GDP）同比增长 5.3%，居民消费价格指数（CPI）同比转正，国民经济实现良好开局。中国人民银行坚持以习近平新时代中国特色社会主义思想为指导，认真落实党中央、国务院决策部署，强化逆周期调节，稳健的货币政策灵活适度、精准有效，为经济回升向好营造了良好的货币金融环境。

一是保持流动性合理充裕。年初降准 0.5 个百分点，释放中长期流动性超过 1 万亿元，并综合运用公开市场操作、中期借贷便利、再贷款再贴现等工具，保持流动性合理充裕。注重引导金融机构加强信贷均衡投放，为经济提供稳定、可持续的金融支持。二是促进融资成本稳中有降。下调支农支小再贷款、再贴现利率 0.25 个百分点，继续推动存款利率市场化，2 月引导 5 年期以上贷款市场报价利率（LPR）下行 0.25 个百分点。三是引导信贷结构调整优化。设立 5 000 亿元科技创新和技术改造再贷款，放宽普惠小微贷款认定标准，扩大碳减排支持工具支持对象范围，做好金融"五篇大文章"。四是保持汇率基本稳定。坚持市场在汇率形成中起决定性作用，发挥好汇率对宏观经济、国际收支的调节功能，强化预期引导，防范汇率超调风险。五是加强风险防范化解。健全金融风险监测评估机制，稳妥处置重点区域和重点机构风险。有序推进金融支持融资平台债务风险化解。强化金融稳定保障体系建设。

货币政策效果逐步显现。融资总量稳定增长，3 月末社会融资规模存量、广义货币（M_2）同比分别增长 8.7% 和 8.3%，一季度新增贷款 9.5 万亿元。信贷结构持续优化，3 月末普惠小微贷款和制造业中长期贷款同比分别增长 20.3% 和 26.5%，民营经济贷款同比增长 10.7%，均超过全部贷款增速。融资成本稳中有降，3 月新发放企业贷款加权平均利率为 3.73%，较上年同期低 0.22 个百分点。人民币对美元汇率小幅波动，对一篮子货币稳中有升，3 月末中国外汇交易中心（CFETS）人民币汇率指数较上年末上涨 2.4%。

第十章 宏观经济政策

当前我国经济发展战略机遇和风险挑战并存。全球经济复苏动能分化，发达经济体货币政策调整、地缘政治冲突等不确定性因素依然存在，国内经济持续回升向好仍面临诸多挑战。也要看到，我国经济基础稳、优势多、韧性强、潜能大，开局良好、回升向好是当前经济运行的基本特征和趋势，要增强做好经济工作的信心。下阶段，中国人民银行将坚持以习近平新时代中国特色社会主义思想为指导，全面贯彻落实党的二十大、中央经济工作会议、中央金融工作会议和全国两会精神，坚持稳中求进工作总基调，完整、准确、全面贯彻新发展理念，坚定不移走中国特色金融发展之路，加快建设金融强国，建设现代中央银行制度，着力推动高质量发展。保持货币政策的稳健性，增强宏观政策取向一致性，强化逆周期和跨周期调节，加大对实体经济支持力度，切实巩固和增强经济回升向好态势。

稳健的货币政策要灵活适度、精准有效。合理把握债券与信贷两个最大融资市场的关系，引导信贷合理增长、均衡投放，保持流动性合理充裕，保持社会融资规模、货币供应量同经济增长和价格水平预期目标相匹配。把维护价格稳定、推动价格温和回升作为把握货币政策的重要考量，加强政策协调配合，保持物价在合理水平。持续深化利率市场化改革，发挥贷款市场报价利率改革和存款利率市场化调整机制作用，推动企业融资和居民信贷成本稳中有降。坚持聚焦重点、合理适度、有进有退，为普惠金融、科技创新、绿色发展等重点领域和薄弱环节提供有效支持。畅通货币政策传导机制，避免资金沉淀空转。坚持以市场供求为基础、参考一篮子货币进行调节、有管理的浮动汇率制度，发挥市场在汇率形成中的决定性作用，综合施策、稳定预期，坚决对顺周期行为予以纠偏，防止市场形成单边预期并自我强化，坚决防范汇率超调风险，保持人民币汇率在合理均衡水平上基本稳定。持续有效防范化解重点领域风险，坚决守住不发生系统性风险的底线。

（资料来源：中国人民银行货币政策分析小组.2024年第一季度中国货币政策执行报告[EB/OL].https://www.gov.cn/lianbo/bumen/202405/content_6950450.htm，2024-05-10.）

问题：
（1）为什么要让"流动性充裕"？这对我们的生活有什么影响？
（2）为什么要让"融资成本降低"？这对我们有什么好处？

案例解析

（1）流动性可以简单理解为社会上"有足够的钱在流动"，比如银行有钱能放贷，企业有钱能投资，个人有钱能消费。

如果企业能更容易借到钱，就可以扩大生产、提高效率，甚至开发新产品。如果贷款利率下降，比如房贷、车贷更便宜，人们买房、买车的成本就会减少，从而带动消费。当社会上钱多了，大家花钱和投资的意愿都会提高，整体经济就会变得更活跃。

案例中的"年初降准0.5个百分点，释放1万亿元流动性"，相当于为银行和金融机构提供更多资金，让他们能支持企业和个人的资金需求。

流动性充裕就像给经济"加油"，让企业和个人都有更多机会借到钱、花到钱，从而促进经济增长。

（2）融资成本就是借钱的成本，比如银行贷款的利息。如果利息高，借钱贵；如果利息低，借钱就便宜。

如果借钱的利息少了，企业会更愿意借钱扩大生产或开发新产品，从而创造更多就业机会。如果存款利率降低，银行就能提供更便宜的贷款，比如房贷或创业贷款，人们的生活成本就会下降。

> **案例解析**
>
> 案例提到"下调支农支小再贷款、再贴现利率 0.25 个百分点""推动贷款市场报价利率（LPR）下行"，这些措施就是为了让企业和个人借钱的利率更低。比如，一季度企业贷款的利率下降到 3.73%，比去年便宜了 0.22 个百分点，这就是降低融资成本的效果。
>
> 让融资成本降低，相当于让"借钱更便宜"，帮助企业更快发展，减轻个人负担，从而让整个社会的经济活动变得更加活跃。

货币是经济生活中重要的组成部分，市场经济不但是产品经济，而且是货币经济。没有货币的出现，市场经济可能根本就不会出现，更不可能发展到如今的高度市场化的程度。只有具备一个发达的货币体系，才能保持经济的正常运转。

一、货币的职能

西方有句谚语："货币之所以成为货币，是因为货币的职能。"从这个意义上来说，任何能够执行货币职能的东西，都可以成为货币。那么，货币有什么职能呢？

货币有五大职能：价值尺度、流通手段、贮藏手段、支付手段和世界货币。

（1）价值尺度。以货币作为尺度来表现和衡量其他一切商品价值的大小。

（2）流通手段。在商品流通中，货币充当商品交换媒介。

（3）贮藏手段。把货币当作社会财富的代表贮藏起来。

（4）支付手段。货币被用来清偿债务或支付赋税、租金、工资等。

（5）世界货币。货币在世界市场充当一般等价物。

二、货币的供给

任何可以被广泛接受作为交换媒介的东西都可以充当货币。在我国，人民币是法定货币，意思是说以人民币支付中华人民共和国境内的一切公共的和私人的债务，任何单位和个人不得拒收。

（一）货币的基本知识

货币是充当商品交换的媒介物，现代货币有五种。

1. 纸币

纸币是由中央银行发行的，由法律规定了其地位的法定货币。纸币的价值取决于它的购买力。

2. 铸币

铸币是币值微小的货币（也称为硬币），一般用金属铸造。

纸币与铸币统称为通货（currency）或现金（cash）。

3. 存款货币

存款货币又称为银行货币，或信用货币，是指商业银行的活期存款。活期存款可以用支票在市场上流通，所以是一种可以作为交换媒介的货币。

4. 近似货币

近似货币又称为准货币，是商业银行中的定期存款和其他储蓄机构的储蓄存款。近似货币本身并不是货币，但在一定条件下可以起到货币的作用。

5. 货币替代物

货币替代物是指在一定条件下可以暂时代替货币起到交换媒介作用，但并不具有标准货币的其他职能的东西，如信用卡等。

在经济学中，一般把货币分为 M_1、M_2 与 M_3，即

$$M_1 = 通货 + 商业银行活期存款；$$
$$M_2 = M_1 + 商业银行定期存款；$$
$$M_3 = M_2 + 其他金融机构的存款。$$

其中，M_1 称为狭义的货币，M_2 和 M_3 称为广义的货币。在货币政策中，不同地方货币的含义是不同的。

（二）我国货币的定义

根据我国情况，目前中国人民银行公布的我国货币划分口径有三种。

（1）M_0，指流通中的现金，即在银行体系之外流通着的现金，又称为"通货"，包括流通中的纸币和硬币。

（2）M_1，也称"狭义货币供应量"。由 M_0 以及机关、团体、企业、部队和事业单位在银行的活期存款、农村存款和个人持有的信用卡存款组成，不包括居民的储蓄存款，即

$$M_1 = M_0 + 单位活期存款 + 农村存款 + 个人持有的信用卡存款$$

（3）M_2，也称"广义货币供应量"。由 M_0、M_1 以及其他各类准货币组成，包括一切可能成为现实购买力的货币形式，即

$$M_2 = M_1 + 准货币（居民储蓄存款 + 其他存款）$$

2020 年 1 月，我国流通中的现金 M_0 为 93 200 亿元，M_1 为 545 500 亿元，M_2 为 2 023 100 亿元。一般而言，货币通常是指 M_1。M_1 的流动性居中，体现当前市场需求，最直接作用于当前的物价水平，是最直接的购买力。

各国的 M_0、M_1、M_2 代表的含义是一样的吗？

由于国情不同，每个国家的 M_0、M_1、M_2 代表的具体含义也不相同。例如，美国的 M_1 包括现钞 + 支票，M_2 则包括 M_1 储蓄存款。如果 M_1 相同，则美国有实际经济意义的现钞就是 M_1，而中国有实际经济意义的现钞要远远少于 M_1。在这种情况下，中国的经济体系内就没有足够的流通货币，而美国相对于中国有充裕的货币。造成这个差别的原因在于，中国的支票不能直接兑换成现钞，尽管它是货币；而美国的支票随时可以兑换为现钞。

再例如，如果 M_2 相同，则由于中国的储蓄率很高，M_2 被高额储蓄占据，因而经济体系中流通的、有实际经济意义的货币数量较少；而美国由于储蓄率很低，其 M_2 构成里绝大多数是 M_1，实际也基本上全都是 M_0，即绝大部分是现钞，市场上流通的货币量也十分充足。

总体来看，M_1 反映了社会的直接购买能力，商品的供应量应和 M_1 保持合适的比例关系，否则经济会过热或萧条；M_2 反映了现实的购买力，也反映了潜在的购买力，研究 M_2，特别是掌握其构成的变化，对分析、预测整个国民经济状况都有特别重要的意义。

（三）银行的基本知识

货币政策是由中央银行代表国家或政府通过银行体系来实施的。银行是经营管理货币的企业，主要分为两类：商业银行（commercial bank）和中央银行（central bank）。

商业银行与其他企业一样，经营的目的是获得利润，不同的是，商业银行经营的是与货币有关的业务，主要业务是负债业务、资产业务和中间业务。负债业务主要是吸收存款，包括活期存款、

定期存款和储蓄存款；资产业务主要包括放款和投资两类业务；放款业务是为企业提供短期贷款，包括票据贴现、抵押贷款等；投资业务就是购买有价证券以取得利息收入；中间业务是指代为顾客办理支付事项和其他委托事项，从中收取手续费的业务。

中央银行是一国的最高金融当局，它统筹管理全国的金融活动，实施货币政策以影响经济。

当今世界除了少数地区和国家，绝大多数已独立的国家和地区都设立了中央银行。美国的中央银行是联邦储备局，英国的中央银行是英格兰银行，法国的中央银行是法兰西银行，日本的中央银行是日本银行，中国的中央银行是中国人民银行。一般认为，中央银行具有三个职能。

（1）作为货币发行的银行，代表国家发行货币。

（2）作为银行的银行，既为商业银行提供贷款，又为商业银行集中保管存款准备金，还为商业银行集中办理全国的结算业务。

（3）作为国家的银行。第一，它代理国库，一方面根据国库委托代收各种税款和公债价款等收入作为国库的活期存款；另一方面代理国库拨付各项经费，代办各种付款与转账。第二，提供政府所需的资金，既用贴现短期国库券等形式为政府提供短期资金，也用帮助政府发行公债或直接购买公债方式为政府提供长期资金。第三，代表政府与外国发生金融业务关系。第四，执行货币政策。第五，监督、管理全国金融市场活动。

三、货币政策的含义

货币政策就是中央银行通过控制货币供应量来调节利率进而影响投资和使整个经济达到一定经济目标的行为。凯恩斯主义货币政策的直接目标是利息率，最终目标是总需求变动。凯恩斯主义之所以认为货币量可以调节利息率，是以人们的财富只有货币与债券这两种形式的假设为前提的。它与财政政策的不同之处在于：财政政策直接影响社会总需求的规模，中间不需要任何变量；而货币政策通过货币当局货币供给量的变化来调节利率进而间接地调节总需求，因而货币政策是间接发挥作用的。

货币政策一般也分为扩张性的货币政策和紧缩性的货币政策。经济萧条时，多采用扩张性货币政策；在通货膨胀严重时，多采用紧缩性货币政策。

四、货币政策的工具

1. 公开市场业务

公开市场业务，是指中央银行在金融市场上公开买卖政府债券，以控制货币供给和利率政策的行为。中央银行在金融市场上公开买进或卖出政府债券，扩大或缩减商业银行存款准备金，从而引致货币供给量的增减和利率的变化，最终影响物价和就业水平。

公开市场业务过程大致是：当经济过热，即中央银行认为市场上货币供给量过多，出现通货膨胀时，便在公开市场上出售政府债券，承购政府债券的既可能是各商业银行，也可能是个人或公司。当商业银行购买政府债券后，准备金会减少，可以贷款的数量也会减少，整个社会的货币供给量将会按一定比例减少。反之，当经济萧条时，中央银行可在公开市场上买进政府债券，商业银行通过政府的购买增加了准备金，个人或公司出售债券所得的现金也会存入银行。这样，各商业银行的准备金即可增加，银行的贷款能力也可以扩大，整个市场的货币供应量成倍数增加。因此，中央银行可以通过公开市场业务增加或减少货币供给量，以实现宏观经济调控的目的。

2. 调整再贴现

贴现和再贴现是商业银行和中央银行的业务活动之一。一般商业银行的贴现是指客户因急需使用资金，将所持有的未到期票据出售给商业银行，兑现现款以获得短期融资的行为。但商业银行若因准备金临时不足等原因急需现金时，则可以将这些已贴现但仍未到期的票据出售给中央银行，请求再贴现。中央银行有义务帮助解决商业银行的流动性问题。这样，中央银行从商业银行手中买进已贴现但仍未到期的银行票据的活动就称为再贴现。再贴现时，同样要预先扣除一定百分比的利息作为代价，这种利息就称为中央银行对商业银行的贴现率，这里即再贴现率。

中央银行通过变动再贴现率可以调节货币供给量。如果中央银行感到市场上货币供给量不足时，便可以降低再贴现率，商业银行向中央银行的"贴现"就会增加，从而使商业银行的准备金增加，可贷出去的现金增加，使整个社会货币供给量成倍数增加。反之，如果市场上货币供给量过多，中央银行可以提高再贴现率，商业银行就会减少向中央银行的"贴现"，于是商业银行的准备金减少，可贷出去的现金也减少，社会上的货币供给量将成比例减少。

中央银行调整贴现率对货币供给量的影响不是很大，实际上中央银行调整贴现率主要是表达自己的意图，而不是发挥对货币供给量的直接影响。

3. 调整法定存款准备金率

存款准备金是指金融机构为保证客户提取存款和资金清算需要而准备的在中央银行的存款，中央银行要求的存款准备金占其存款总额的比例就是存款准备金率，中央银行规定的存款准备金率被称为法定存款准备金率。例如，我国大中型金融机构某时段存款准备金率为12%，就意味着金融机构每吸收100万元存款，要向央行缴存12万元的存款准备金，用于发放贷款的资金为88万元。中央银行如果将存款准备金率降低到10%，那么金融机构的可贷资金将增加到90万元。可见，中央银行调整法定存款准备金率能够直接影响货币供给量，进而调节经济。

当经济出现通货膨胀时，中央银行提高法定存款准备金率，以降低商业银行信贷能力，减少经济中的货币供给量，利息率进而会上升，达到抑制投资、降低国民收入与物价水平的目的；当经济出现衰退或萧条时，中央银行降低法定准备金率，商业银行产生超额准备金，扩大了商业银行的信贷能力，货币供给量增加，利息率下降，会刺激投资，使经济走出衰退或萧条。

法定准备金率的变动针对所有银行，是一种强有力的手段，中央银行使用时一般都比较慎重。

五、货币政策的运用

货币政策的类型主要以下有两种：

1. 扩张性货币政策

在经济萧条时，总需求小于总供给，为了刺激总需求，就要采用扩张性的货币政策。扩张性货币政策的主要措施是在公开市场买进有价证券，降低贴现率并放松贴现条件，降低法定存款准备金率等。其目的是让企业和居民更容易获得生产资金和消费资金，意在通过投资需求和消费需求规模的扩大来增加社会总需求，刺激经济恢复增长，直至达到复苏、繁荣局面。

2. 紧缩性货币政策

在经济繁荣时，总需求大于总供给，为了抑制总需求，就要采用紧缩性的货币政策。紧缩性货币政策的主要措施是在公开市场卖出有价证券，提高贴现率并严格贴现条件，提高法定存款准备金率等。其目的是减少货币流通量，降低过高的社会总需求，缓解通货膨胀的压力。

货币政策类型的选择主要看社会总供给与社会总需求是否平衡，看经济发展处在何种阶段。在确定采用何种类型货币政策之前，一般要先预测今后一个时期的经济增长幅度，确定货币供应量的增减幅度并出台相应的货币调控措施。

六、货币政策的局限性

货币政策的局限性主要表现在三个方面。

（1）在发生通货膨胀时实施紧缩性货币政策的效果可能比较显著，但在经济衰退时期，实行扩张性货币政策的效果就没有那么明显了。经济衰退时，人们对经济前景普遍预期悲观，即使中央银行增加货币供给，降低利率，人们也不敢轻易增加投资和消费，因而货币政策解决经济衰退的效果较差。即使是控制通货膨胀，货币政策的作用也主要表现在抑制需求拉动型通货膨胀上，对成本推动型通货膨胀作用较小。这是因为如果通货膨胀是由工资增长幅度超过劳动生产率增长幅度导致的，而不是需求的问题，减少货币供给控制需求就解决不了根本问题，所以调控效果较差。

（2）由于货币政策要通过利率这个中间变量起作用，因而如果增加或减少货币供给要影响利率，就必须以货币流通速度不变为前提。在经济繁荣时，货币流通速度会加快，从而导致中央银行减少货币供给时的效果打了折扣；而经济衰退时，货币流通速度会变慢，中央银行增加货币供给时的效果也会打折。可见，如果经济发生波动，货币流通速度发生变化，就会使货币政策的效果打折。

（3）时滞的影响。虽然货币政策的制定与实施比较迅速，但仍然存在时滞。中央银行的货币政策，首先要影响商业银行的行为，才能影响货币供给量；然后再影响利率，使利率变化影响企业的投资行为；企业投资也需要时间，最后才能影响需求。总之，货币政策的制定与实施可能时间很短，但其对经济影响的效果显现还需要一段时间，从而使其效果打了折扣。

主要国家和地区中央银行货币政策委员会制度

英格兰银行的中央银行研究中心曾做过一项调查，发现在调查的88个国家和地区的中央银行中，有79个中央银行由货币政策委员会或类似的机构来制定货币政策。比较有代表性的是美国联邦储备公开市场委员会、欧洲中央银行管理委员会、英格兰银行货币政策委员会和日本银行政策委员会等。

（1）美国联邦储备公开市场委员会。美国联邦储备体系通过三种方式制定货币政策：公开市场操作、制定贴现率和制定法定准备金率。公开市场业务操作是美国日常货币政策工具，在经济和金融运行中最常用，作用最大。美国联邦储备公开市场委员会作为货币政策的决策机构，实际上担负着制定货币政策、指导和监督公开市场操作的重要职责。

（2）欧洲中央银行管理委员会。管理委员会是欧洲中央银行的最高决策机构，负责制定欧元区的货币政策，且就涉及货币政策的中介目标、指导利率及法定准备金等作出决策，同时确定其实施的行动指南。

（3）英格兰银行货币政策委员会。根据《1998年英格兰银行法》，英国成立英格兰银行货币政策委员会，负责制定货币政策。货币政策委员会是个相对独立的机构，它根据英格兰银行各部门提供的信息作出决策，再由相关部门执行。

（4）日本银行政策委员会。1949年，为进一步提高日本银行的自主性，设立日本银行政策委员会，作为日本银行货币政策的决策机构。

第四节　财政政策与货币政策的搭配

情景解析

20世纪60年代初，美国经济萧条，为克服衰退，政府减税的同时采用"适应性的"货币政策，使产量增加时利率基本上保持不变。到20世纪60年代末70年代初，美国经济生活中通货膨胀率过高而失业率较低，为控制通货膨胀，实行了紧缩财政和紧缩货币相结合的政策。20世纪70年代末80年代初，美国里根政府为克服通货膨胀和经济萧条并存的"滞胀"局面，采用了减税和紧缩通货相结合的政策。另一方面刺激需求，增加供给，同时又克服通货膨胀。

问题：

为什么在不同时期，美国选择了不同的财政政策与货币政策组合？

案例解析

观察不同时期的经济问题：

（1）20世纪60年代初：经济萧条，需要刺激经济增长。

（2）20世纪70年代末80年代初：滞胀（高通胀与高失业并存），需要同时解决供需矛盾和通胀问题。

财政政策和货币政策的组合方式取决于经济状况，例如萧条时注重刺激需求，而滞胀时需要平衡供给、需求和物价。

所谓财政政策和货币政策的搭配，是指政府将财政政策和货币政策按某种形式搭配组合，以调节总需求，最终实现宏观经济的内外平衡。财政政策与货币政策的配合使用，一般有四种模式。

（一）扩张性的财政政策和扩张性的货币政策，即"双松"政策

松的财政政策和松的货币政策能更有力地刺激经济。一方面通过减少税收或扩大支出规模等松的财政政策来增加社会总需求，增加国民收入，但也会引起利率水平提高。另一方面通过降低法定准备金率、降低再贴现率、买进政府债券等松的货币政策增加商业银行的准备金，扩大信贷规模，增加货币供给，抑制利率上升，以消除或减少松的财政政策的挤出效应，使总需求增加。其结果是可在利率不变的条件下刺激经济，并通过投资乘数的作用使国民收入和就业机会增加，这样可以消除经济衰退和失业，比单独运用财政政策或货币政策更有缓和衰退、刺激经济的作用。扩张性的财政政策和扩张性的货币政策搭配适用的经济初始状态有五种：

（1）存在比较高的失业率；

（2）大部分企业开工不足，设备闲置；

（3）大量资源有待开发；

（4）市场疲软，没有通胀现象；

（5）国际收支盈余过多。

在此状态下，这种搭配模式一方面会刺激对进口产品的需求，减少国际收支盈余；另一方面对推动生产和降低失业率有促进作用。这种模式能够短时间内提高社会总需求，见效迅速，但运用时应谨慎，如果尺度掌握不好会导致通货膨胀。

（二）紧缩性的财政政策和紧缩性的货币政策，即"双紧"政策

当经济过度繁荣，通货膨胀严重时，可以把紧的财政政策和紧的货币政策配合使用。也就是说通过增加税收和减少政府支出规模等紧的财政政策压缩总需求，从需求方面抑制通货膨胀。而利用提高法定存款准备金率等紧的货币政策增加商业银行的准备金，会使利率提高，投资下降，货币供给量减少，有利于抑制通货膨胀，同时，由于紧的财政政策在抑制总需求的同时会使利率下降，而通过紧的货币政策使利率上升，从而不使利率的下降起到刺激总需求的作用。其结果可在利率不变的情况下，抑制经济过度繁荣，使总需求和总产出下降。实施紧缩性的财政政策和紧缩性的货币政策搭配的初始状态有三种：

（1）经济处于高通货膨胀；

（2）不存在高失业率；

（3）国际收支出现巨额赤字。

削减总需求一方面有利于抑制通货膨胀，保证货币和物价的稳定；另一方面有助于改善国际收支状况，减少国际收支赤字。但是，这一模式如果运用不当往往会造成经济停滞的后果。

（三）扩张性的财政政策和紧缩性的货币政策

这种政策组合的结果是利率下降，总产出的变化不确定。具体来说，这种模式在刺激总需求的同时又能抑制通货膨胀，松的财政政策通过减税、增加支出，有助于克服总需求不足和经济萧条，而紧的货币政策会减少货币供给量，进而抑制由于松的财政政策引起的通货膨胀的压力。实施扩张性的财政政策和紧缩性的货币政策搭配适宜的条件有五个：

（1）经济停滞不前，甚至衰退；

（2）社会总需求不足；

（3）物价稳定，没有通货膨胀迹象；

（4）失业率高；

（5）国际收支赤字。

在这种条件下，用松的财政政策来拉动内需，对付经济衰退；用紧的货币政策来减少国际收支赤字，调节国际收支平衡，从而有助于促进宏观经济的内外均衡。

（四）紧缩性的财政政策和扩张性的货币政策

同扩张性的财政政策和紧缩性的货币政策相反，这种政策组合的结果是利率上升，总产出的变化不确定。一方面，通过增加税收，控制支出规模，压缩社会总需求，抑制通货膨胀；另一方面，采取松的货币政策增加货币供应，以保持经济适度增长。实施紧缩性的财政政策和扩张性的货币政策搭配的适宜条件有四个：

（1）经济过热；

（2）物价上涨、通货膨胀；

（3）社会失业率低；

（4）国际收支出现过多顺差。

在此状态下，紧缩性的财政政策和扩张性的货币政策配合是适宜的，前者可以用来对付通货膨胀，后者可用来减少过多的国际收支盈余（通过刺激进口和以低利率刺激资本流出），从而有助于促进宏观经济的内外均衡。

可以看出，上述四种组合各有特点。在现实生活中，这四种政策如何搭配与选择是个很复杂的问题。采取哪种形式，应视当时的经济情况而定，应灵活、适当运用。

在考虑如何混合使用两种政策时，不仅要看当时的经济形势，还要考虑政治上的需要。这是

因为虽然膨胀性财政政策和货币政策都可以增加总需求，但不同政策的后果会对不同的人群产生不同的影响，也会使 GDP 的组成比例发生变化。例如，实行膨胀性货币政策会使利率下降，投资增加，因而对投资部门尤其是住宅建设部门十分有利。可是，实行减税的膨胀性财政政策，如果是增加政府支出，如兴办教育、防止污染、培训职工等，则人们收益的情况又不相同。正因为不同政策措施会对 GDP 的组成比例产生不同的影响，进而影响不同人群的利益，因此，政府在做出混合使用各种政策的决策时，必须考虑各行各业、各个阶层的人群的利益如何协调的问题。

课程思政

《老者·孙子和驴》

一个老者携孙子去集市卖驴。路上，开始是孙子骑在驴背上，爷爷在地上牵着毛驴走，有人指责孙子不孝。听到指责后，祖孙二人立刻调换了位置。调换位置后，又听到有人指责老人虐待孩子。于是，祖孙两人都骑上了驴。一位老太太看到后又为驴鸣不平，说他们不顾驴的死活。最后，祖孙二人都从驴背上下来了，徒步跟驴走。不久又听到有人讥笑："看！一定是两个傻瓜，不然为什么放着现成的驴不骑呢？"爷爷听罢，叹口气说："还有一种选择，就是咱俩抬着驴走，可这样一来，岂不更让人笑掉大牙？"

问题：
这则故事对相机抉择的财政政策与货币政策有何启示？

1. 宏观经济政策应该同时达到四个目标：充分就业、物价稳定、经济增长和国际收支平衡。
2. 宏观经济政策工具是指用来达到政策目标的手段。在宏观经济政策工具中，常用的有需求管理、供给管理和对外经济管理。需求管理政策主要包括财政政策和货币政策。
3. 财政政策是指通过支出与税收来调节经济的政策。财政政策的主要内容包括财政收入政策和财政支出政策。
4. 货币政策是指国家根据既定的经济发展目标，通过中央银行运用其政策工具，控制货币供给量和利率，以影响经济活动水平的政策。
5. 财政政策和货币政策具有不同的特点，可以根据具体情况有效配合，可能的搭配方式有"双紧"的政策搭配、"双松"的政策搭配、"紧松"的政策搭配、"松紧"的政策搭配。

一、单项选择题
1. 在以下三种政策工具中，属于需求管理的是（　　）。
   A. 收入政策　　B. 人力政策　　C. 货币政策
2. 在以下三种政策工具中，属于供给管理的是（　　）。
   A. 财政政策　　B. 货币政策　　C. 指数化政策

3. 当经济中存在失业时，应该采取的财政政策工具是（　　）。
   A. 增加政府支出　　　　　　　　B. 提高个人所得税
   C. 提高公司所得税

4. 属于紧缩性财政政策工具的是（　　）。
   A. 减少政府支出和增加税收　　　B. 减少政府支出和减少税收
   C. 增加政府支出和减少税收

5. 属于内在稳定器的财政政策工具是（　　）。
   A. 社会福利支出　　　　　　　　B. 政府公共工程支出
   C. 政府购买

6. 当法定准备金率为20%，商业银行最初吸收的存款为10 000美元时，银行能创造的货币总量为（　　）。
   A. 2 000　　　　B. 8 000　　　　C. 50 000

7. 中央银行在公开市场上买进和卖出各种有价证券的目的之一是（　　）。
   A. 调节债券价格　　　　　　　　B. 调节利息率
   C. 调节货币供给量

8. 公开市场业务是指（　　）。
   A. 商业银行的信贷活动
   B. 中央银行增加或减少对商业银行的贷款
   C. 中央银行在金融市场上买进或卖出有价证券

9. 中央银行提高贴现率会导致（　　）。
   A. 货币供给量的增加和利息率提高　　B. 货币供给量的减少和利息率提高
   C. 货币供给量的增加和利息率降低

10. 当经济中存在失业时，采用的货币政策是（　　）。
    A. 在公开市场上买进有价证券　　B. 提高贴现率并严格贴现条件
    C. 提高准备金率

二、多项选择题

1. 宏观经济政策的目标是（　　）。
   A. 充分就业　　　　　　　　　　B. 物价稳定
   C. 经济增长　　　　　　　　　　D. 国际收支平衡

2. 紧缩性货币政策的运用会导致（　　）。
   A. 减少货币供给量　　　　　　　B. 增加货币供给量
   C. 提高利息率　　　　　　　　　D. 降低利息率

3. 宏观经济政策的工具是（　　）。
   A. 需求管理　　　　　　　　　　B. 供给管理
   C. 对外经济管理　　　　　　　　D. 国内经济管理

4. 一般性货币政策工具包括（　　）。
   A. 公开市场业务　　　　　　　　B. 法定存款准备金率
   C. 再贴现率　　　　　　　　　　D. 税收

5. 扩张性的财政政策和扩张性的货币政策搭配适用的经济初始状态是（　　）。
   A. 存在比较高的失业率　　　　　B. 大部分企业开工不足，设备闲置
   C. 大量资源有待开发　　　　　　D. 市场疲软，没有通胀现象

三、判断题

1. 宏观经济政策的目标之一是使失业率降到自然失业率之下。（   ）
2. 中央银行发行的钞票是中央银行的负债。（   ）
3. 提高贴现率可以刺激银行增加贷款。（   ）
4. 如果一个存款者从银行提取了现金，那么银行的准备金率就会下降。（   ）
5. 如果中央银行希望降低利率，那么它可以在公开市场上出售政府债券。（   ）
6. 扩张性的财政政策和紧缩性的货币政策组合的结果是利率下降，总产出的变化不确定。（   ）

四、问答题

1. 什么是财政政策？财政政策的主要工具有哪些？如何实施财政政策？
2. 什么是转移支付？政府购买支出增加 100 亿元和转移支付增加 100 亿元相比，哪个政策的效果好？为什么？
3. 什么是货币？"现金一旦被存入银行，就退出了流通领域，因此，货币供给 M_1 就减少了。"你同意这种说法吗？请说明理由。

五、案例分析

财政部发布 2022 年上半年中国财政政策执行情况报告

2022 年是我国进入全面建设社会主义现代化国家、向第二个百年奋斗目标进军新征程的重要一年。上半年，面对复杂严峻的国际形势和艰巨繁重的国内改革发展稳定任务，在以习近平同志为核心的党中央的坚强领导下，各地区各部门认真贯彻落实党中央、国务院决策部署，有力统筹疫情防控和经济社会发展，加大宏观政策调节力度，有效实施稳经济一揽子政策措施，扎实做好"六稳""六保"工作，疫情反弹得到有效控制，国民经济企稳回升，民生保障有力有效，高质量发展态势持续，社会大局保持稳定。上半年国内生产总值同比增长 2.5%，其中第二季度国内生产总值同比增长 0.4%，主要指标止住下滑态势，实现正增长。

2022 年以来，各级财政部门坚持以习近平新时代中国特色社会主义思想为指导，弘扬伟大建党精神，坚持稳中求进工作总基调，完整、准确、全面贯彻新发展理念，加快构建新发展格局，认真贯彻落实"积极的财政政策要提升效能，更加注重精准、可持续"要求，加强财政资源统筹，实施新的组合式税费支持政策，兼顾稳增长和防风险需要，适当降低赤字率，合理安排债务规模，保证财政支出强度，优化支出重点和结构，推动财力下沉，持续改善民生，严肃财经纪律，着力稳定宏观经济大盘。

问题：

分析我国近几年经济形势及中央政府采取的系列宏观经济政策，注意五个要求：
（1）熟知需求管理的有关政策措施；
（2）了解有关政策的运用背景；
（3）了解中央财政政策的使用及效果；
（4）了解中央货币政策的使用及效果；
（5）了解财政政策和货币政策搭配使用的效果。

参考文献

[1] 黄英娜,张天柱,颜辉武.循环经济产生和发展的经济学基础[J].环境保护,2004(8):33-35.

[2] 梁小民.微观经济学纵横谈[M].上海:三联书店,2000.

[3] 伍柏麟,尹伯成.经济学基础教程[M].上海:复旦大学出版社,2001.

[4] 翔高教育经济学教学研究中心.高鸿出版《西方经济学》(宏观部分·第五版)学习手册[M].北京:中国人民大学出版社,2011.

[5] 尹伯成,许晓茵.西方经济学基础教程[M].上海:格致出版社,2011.

[6] 罗卫东.经济学基础文献选读[M].杭州:浙江大学出版社,2007.

[7] 杨德明.当代西方经济学基础理论的演变:方法论和微观理论[M].北京:商务印书馆,1988.

[8] 许妍谢.高职经济学基础课程教学中思政元素的融入与构建研究:评《经济学基础》[J].领导科学,2022(8):1.

[9] 邓钰靖.高职院校专业课程融入思政元素的探讨:以"经济学基础"课程改革为例[J].安徽电子信息职业技术学院学报,2022,21(3):48-50+72.